以制度型开放促进服务业
外资准入管理路径优化研究

季剑军◎著

中国言实出版社

图书在版编目（CIP）数据

以制度型开放促进服务业外资准入管理路径优化 /
季剑军著 . -- 北京：中国言实出版社，2022.10

ISBN 978-7-5171-4175-4

Ⅰ.①以… Ⅱ.①季… Ⅲ.①服务业—外商投资—管
理模式—研究—中国 Ⅳ.① F726.9

中国版本图书馆 CIP 数据核字（2022）第 181123 号

以制度型开放促进服务业外资准入管理路径优化研究

责任编辑：王战星
责任校对：张　丽

出版发行：中国言实出版社
　　地　　址：北京市朝阳区北苑路180号加利大厦5号楼105室
　　邮　　编：100101
　　编辑部：北京市海淀区花园路6号院B座6层
　　邮　　编：100088
　　电　　话：010-64924853（总编室）　010-64924716（发行部）
　　网　　址：www.zgyscbs.cn　电子邮箱：zgyscbs@263.net

经　　销：新华书店
印　　刷：北京虎彩文化传播有限公司
版　　次：2022年11月第1版　2022年11月第1次印刷
规　　格：710毫米×1000毫米　1/16　13.75印张
字　　数：180千字

定　　价：49.00元
书　　号：ISBN 978-7-5171-4175-4

摘要

当前，服务业已成为引领和推动全球经济发展的重要引擎，我国也一直高度重视服务业开放，通过扩大服务业开放促进我国服务业在国民经济中规模扩大和结构优化，从而提升我国综合竞争力。但我国服务业发展水平总体仍相对较低，近年来虽然因疫情原因导致出境旅游、出国留学等服务需求大规模下降使得服务业逆差收窄，但从服务业细分行业的角度看，在一些高附加值行业领域我国服务企业尚不具备竞争优势。在我国经济新常态下，服务业实现供给和需求结构的转型发展对经济增长新动力的形成至关重要。加快服务业发展，既是适应经济发展客观规律的必然要求，也是推进我国产业结构调整和优化升级的有效抓手。而服务业竞争力的提升和相关体制机制的改革势必要放在经济全球化的条件下进行探讨，我国目前在服务业市场准入方面已经取得了长足进展，特别是外资市场准入负面清单的实施和不断缩减，使外资可以进入的服务业领域不断扩大，但外资企业普遍反映在准入后的诸多环节仍面临各类限制和障碍，准入后开放方面仍略显滞后，主要体现为各类制度和管理体制机制方面的瓶颈，这就涉及我国边境后一系列规则、规制、管理、标准的改革以及与国际规则的对接，特别是在服务业领域，由于服务业发展对人才、技术、信息、数据等创新性要素的需求极高，而这类要素的跨境流动和管理往往涉及一国边境后诸多制度的国际协调，需要在边境后领域大胆推行制度型开放。因此，有必要全面梳理服务业准入前和准入后诸多障碍和限制，找准下一步以边境后制度型开放推进服务业开放体制机制改革的突破点。另外，新时期推进服务业有序开放，放开外资市场准入限制成为必然选择，也是我国与国际投资规则对接的必然要求，一些发达国家主导推动的新"服务贸易协定"谈判，开始制定国际服务贸易新规则。在此背景下，我国更加需要以制度型开放为主线，加快提升国际经贸规则领域的引领作用，制定相应的制度型开放战略策略。此外，我国服务业开放滞后，竞争力有待提升，迫切需要以开放倒逼改革，推动国内相关外资管理体制的改革，在服务领域进一步降低市场准入后诸多门槛，制定规制、规范、标准等方面需要大胆地破旧立新，破除各种行政干预和各种利益集团的束缚，深入推进市场化改革。

本书的主要内容安排如下：

第一，在我国服务业外资准入门槛不断降低、准入环节管理体制不断优化的大背景下，服务业进一步有效利用外资亟待突破的是准入后一系列制度瓶颈，因此，以制度型开放为服务业进一步扩大开放提供支撑，促进外资准入后各环节体制机制障碍的突破是未来我国服务业开放面临的主要课题。该部分对制度型开放在服务业开放以及扩大利用外资中的重要意义进行了分析，提出本书的主要研究内容，并细致梳理相关理论体系，探讨服务业对外开放与服务业产业竞争力之间的关系、影响因素和传导机制等，全面分析制度型开放的内涵、路径以及在服务业进一步开放中的地位和作用机制等。

第二，系统分析制度型开放与服务业开放和服务业扩大利用外资的理论联系，以及两者相互促进的理论逻辑和实践机制。从全球服务业和服务贸易发展趋势看，服务贸易规则重构以及各国服务业扩大开放的重点也从边境措施转向边境后规则、规制、管理、标准等的开放，而制度型开放更多涉及边境后领域规则、规制、管理、标准与国际的接轨，这就需要依靠边境后诸多管理体制机制改革的持续深化来实现，这也对开放领域的国内相关法律和制度体系的协调提出了更高要求。因此，服务业扩大开放和进一步扩大利用外资需要在制度层面寻求更大的空间，以制度开放为引领，着力构建与国际高标准规则、标准相衔接的国内法律、体制机制、政策体系，为持续推动服务业更深层次开放奠定制度基础。

第三，在梳理制度型开放与服务业开放的理论逻辑基础上，对制度型开放的内涵、推进路径进行分析，分析制度型开放自身特征及其在服务业开放中的作用和意义。同时，我国以制度型开放作为服务业开放相关政策和体制机制攻坚的主要方向，通过对代表性国家制度型开放的路径及其在服务业中促进作用进行梳理，总结相关经验，可以对我国推动服务业制度型开放提供有益借鉴。

第四，服务业外资准入管理政策体系可以分别从准入前和准入后两个环节来具体分析，准入前外资管理体制的近年来的重大改革突破主要体现在负面清单制度的实施，其重大意义不仅仅在于外资准入门槛的降低，还在于在外资准入环节实现了管理理念和管理方式的转变，为今后外资准入管理理念和管理方式向制度型管理转变打下了基础，可以说是奠定了以制度型开放的基础。因此，对服务业外资准入管理优化路径的分析需要首先从负面清单管理模式开始，对负面清单目前存在的问题和未来改革方向进行分析。

第五，服务业领域外资在准入后各环节仍面临一系列的软性和硬性障碍，服务业领域外资准入管理体制机制的改革依然任重道远，这就需要全面梳理我国服务业外资准入政策体系，包括外资促进政策和相关安全保障体系，特别是负面清单管理模式实施以来，服务业领域外资准入后各类与制度型开放原则不符的落地障碍，从边境和边境后各环节政策和监管措施中精准定位外资准入和准入后面临的各类壁垒。该部分重点从国际比较的角度出发，利用 OECD 服务贸易限制指数数据库的分析框架，对我国服务业外资准入后一系列政策壁垒和制度障碍进行梳理，为下一步准入后环节的优化找准突破点。

第六，在分别度服务业外资准入前和准入后面临的障碍壁垒进行分析后，可以看出，以制度型开放扩大服务业开放空间的重点在于准入后环节，即需要对我国边境后一系列外资管理政策体系中亟待突破的重点方向和重点领域改革任务进行梳理，提出以制度型开放促进服务业外资准入管理优化的思路和路径以及具体政策建议。

目录

第一章　导论

一、问题的提出

从供给端看，服务业成为各国经济发展新引擎，在国民经济中比重不断攀升，各国参与国际竞争的焦点逐渐从货物贸易拓展到服务贸易，服务业开放合作正日益成为推动发展的重要力量。随着我国经济开放程度的不断加深和产业结构升级步伐的不断加快，我国也抓住了加入 WTO 的发展机遇，深度融入全球经济，实现了服务贸易和服务业投资的持续快速增长。作为全球第二大的外资流入国和对外投资国，2011 年，服务业利用外资所占比重首次超过制造业，"十三五"时期，我国服务业吸收外资年均增长 4.4%，占比从 2015 年的 69.8% 提高至 2020 年的 78.5%。2020 年，我国服务业实际利用外商直接投资 7767.7 亿元，同比增长 13.9%；2020 年末，中国对外直接投资存量的八成集中在服务业，主要分布在租赁和商务服务、批发和零售、信息传输、软件和信息技术服务、金融、房地产、交通运输、仓储和邮政等领域。但服务业整体竞争力不强，服务贸易逆差常年存在，服务业供给和需求结构仍待优化是我国服务业面临的主要问题。根据《2020 中国服务贸易行业发展研究报告》显示，我国服务贸易发展的产业基础还相对较弱，服务业在 GDP 增加值中的占比仅为 54.5%，远低于世界服务业在世界 GDP 增加值中的占比 67%；服务贸易在国际贸易中的占比只有 14.64%，同样远低于全球服务贸易在国际贸易中的占比 24%。"十三五"期间，中国服务出口世界排名仅提升了一位，居第 4 位，位于美国、英国和德国之后，服务贸易逆差依然处于较高水平。服务业扩大开放不仅有助于我国进一步优化国家经济产业发展布局，提升服务贸易竞争力，还有利于提升利用外资质量，为外资提供更多机遇。近几年，服务业平均占全球GDP 比重一直保持在 70% 左右的水平，但 2021 年中国第三产业增加值占GDP 的比重只有 53.3%，不升反降。此外，中国服务贸易占整个贸易的比重为 15% 左右，而从全球看，这个比重为 25% 左右。因此，中国服务扩大开放还有很多提升空间。一直以来，我国在农业、采矿业、制造业、电力、交通运输等领域对外资开放步伐不断加快，下一步，加快服务业重点领域开放进程将是更高水平开放的核心领域。近年来，我国服务业领域的开放稳步有序，除了金融、教育、文化、医疗等服务业领域进一步加大开放外，育幼养老、建筑设计、会计审计、商贸物流、电子商务等服务业领域也放开外资准入限制，通过金融、医疗、卫生、教育、文化、电信、互联网、大数据、交通运输、仓储等服务业扩大开放，外商投资企业将会获得更多的投资机遇。国内从事相关行业的企业在全面开放的既竞争又合作的大环境中也加强了向先进外资服务业企业学习，提高了自身硬实力和软实力。因此，在当前服务业开放步伐不断加快的大背景下，服务业吸引外资相关管理体制机制也相应地进行了调整，从服务业开放举措看，虽然我国外资准入负面清单年年缩减，服务业对外资的开放度也不断提升，服务业外资准入环节得以持续优化，通过进一步优化服务业外资准入，促进国内外市场主体广泛公平竞争，是促进服务业供给和需求结构转型与增长动力的进一步强化的有效手段。但从服务业外资准入后一系列管理体制机制看，服务业开放仍需要突破诸多准入后环节的制度瓶颈。根据《2020 中国服务贸易行业发展研究报告》，我国服务业制度型开放也相对不足，服务业市场准入后面临壁垒较多，外资准入后面临的规则和制度体系势必要在更高层级上探索如何与国际标准和规则接轨。而目前我国已出台的全国版和自贸区版外资准入负面清单对行业准入的限制范围和限制方式仍然较为复杂，这显然是无法满足进一步扩大服务业外资准入的要求的，因此，未来服务业制度型开放将成为进一步降低外资准入、扩大开放的重中之重，服务业领域的开放业已成为建设更高水平开放型经济新体制、塑造国际竞争新优势的客观需要。而当前全球服务业开放重点正从传统的进出口关税、外资准入等边境措施向竞争法规、知识产权、监管透明度等边境内措施拓展。根据 OECD 服务贸易限制指数（Services Trade Restrictiveness Index，简称 STRI 指数），2014—2020 年 46 个样本国家 27.3% 的服务行业边境内措施的限制程度下降，OECD 国家 22.7% 的服务行业边境内措施的限制程度下降，9 个新兴市场和发展中国家 45.5% 的服务行业边境内措施的限制程度下降。由于边境内措施触及一国法律主权管辖下的国内制度体系，有大量部门内及部门间的事务需要协调，加之服务业的"异质性"使得不同行业的规则、规制、管理、标准等差别明显，因此，服务业开放和一国制度型开放进程息息相关，从制度型开放的角度深化对服务业开放的认识，拓展服务业开放的内涵并探寻服务业开放的制度环境优化路径就成为当前研究服务业开放的重要切入点。

（一）制度型开放在进一步扩大服务业开放中的作用

服务业发展高度依赖制度环境的提升。从服务业的发展历程来看，服务业发展需要更多地投入人力资本、研发等高级要素，即更多地需要依靠人才、技术、数据等服务型、创新型要素的投入，而人才、技术、数据等要素的流动和配置高度依赖一国的市场环境和相关体制机制。按照 WTO 于 1994 年签署的《服务贸易总协定》，服务贸易有四种提供方式，即跨境交付、境外消费、商业存在和自然人流动[1]。从一国推进制度型开放的角度看，跨境交付和境外消费更多地需要遵循东道国相关制度和政策，尚未在更深层次上涉及本国与规则、规制、管理、标准等相关的制度环境的开放。而商业存在和自然人流动更多涉及本国在边境后领域的制度协调和对接，尤其是外部人才的流入以及服务业利用外资两个层面的相关

---

[1] 跨境交付：指服务的提供者在一成员方的领土内，向另一成员方领土内的消费者提供服务的方式，如在中国境内通过电信、邮政、计算机网络等手段实现对境外的外国消费者的服务；

境外消费：指服务提供者在一成员方的领土内，向来自另一成员方的消费者提供服务的方式，如中国公民在其他国家短期居留期间，享受国外的医疗服务；

商业存在：指一成员方的服务提供者在另一成员方领土内设立商业机构，在后者领土内为消费者提供服务的方式，如外国服务类企业在中国设立公司为中国企业或个人提供服务；

自然人流动：指一成员方的服务提供者以自然人的身份进入另一成员方的领土内提供服务的方式，如某外国律师作为外国律师事务所的驻华代表到中国境内为消费者提供服务。

制度和政策的国际协调，因此，从制度型开放的角度看，一国服务业开放的核心在于促进服务业发展所依赖的人才、技术、数据等特殊的服务型要素的跨境流动，这就涉及自然人流动、技术交易、数字经济等服务型、创新型高端要素壁垒的突破，对境外服务型、创新型要素的引进和利用大多需要各国国内与外资相关的制度的对接，以及国内规则、监管、政策等瓶颈的突破。因此，一国是否能形成有利于服务业发展所需要素高效配置和流动的制度环境、政策体系以及相关的体制机制就成为服务业发展的关键。发达的服务业势必需要较为完善的现代市场经济环境支持，需要以市场化、法治化、便利化的营商环境来提升各类要素流动和配置的效率。

制度型开放是服务业继续扩大开放的核心路径。既然服务业发展高度依赖制度环境的提升，那么服务业开放就涉及各国制度环境的国际协调，这不仅需要各国在边境领域降低人才、技术、数据等要素流动的壁垒，还需要在边境后领域促进各国制度环境的衔接和协调，而人才、技术、数据这种服务型、创新型要素的流动更加需要降低国内外要素流动和融合壁垒等制度型壁垒，这就涉及各国国内制度环境、监管、市场治理、政策体系等的协调和对接。从全球来看，当前服务贸易中政策壁垒和监管差异、治理水平方面的成本占比达到 31%，比货物贸易高出 18 个百分点，而降低服务贸易制度性成本除了国家间的贸易谈判外，主要是通过各国自身的制度改革实现[①]。由此可见，扩大服务业开放与推进服务业体制机制改革紧密相关。以开放促进体制机制改革，并在不断扩大开放中深化改革，形成有利于服务业发展所需要素实现更佳配置的制度变迁模式。服务业扩大开放不仅仅契合了我国经济高质量发展要求以及建设更高水平开放型经济新体制的需要，同时也是中国适应全球经济形势、接轨国际贸易新规则的要求，是当前制度型开放的重要一环。服务业开放与制度型开放在很大程度上是相辅相成的。当前，我国已进入制度型开放的关键阶段，规则、规制、管理、标准则是制度型开放的重点内容，这四项核心内容的开放是更

---

① 国务院发展研究中心市场经济研究所课题组. 以制度型开放促进服务业改革深化的思路建议 [J]. 中国经济报告，2020：（5）：38-41.

高水平开放型经济新体制的重要任务，而不同于实体经济的开放，服务业开放不仅要促进商品、资本、资源的跨境流动和融合，更重要的是促进制度融合，创造有利于服务业发展所必需的人才、数据、技术等要素流动的制度环境，在规则、规制、管理、标准等制度领域加强国际协调，尤其是在诸多边境后规则领域促进国内规制与国际通行规制接轨，实现监管一致性。现阶段全球服务业开放重点也正从传统的边境措施向边境内措施拓展，而全球国际服务贸易规则面临重大调整甚至重构，对各国加快完善法律法规和制度体系提出了更高要求。我国进一步提升服务业开放水平亟须加快破除制约服务业提质增效发展的体制机制障碍。因此，以制度型开放为引领，着力建立与国际先进规则相衔接的服务业法律法规、管理体制、运行机制、政策体系，在持续推动服务业向更大范围、更宽领域、更深层次开放中，加快形成科学规范、运行有效、成熟定型的服务业发展制度框架，打造具有国际竞争力的制度优势，是服务业进一步扩大开放的重要任务。

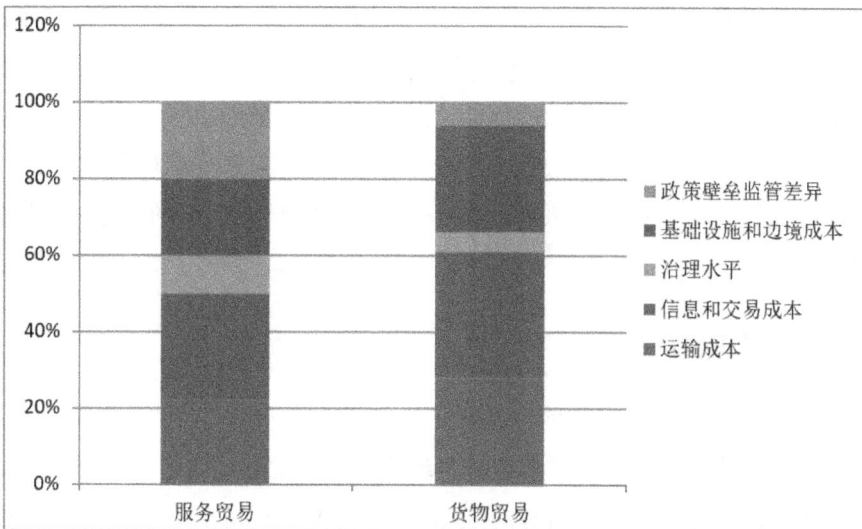

图 1-1　服务贸易和货物贸易成本构成对比

资料来源：Ian Gillson， Martin Molinuevo and Sebastián Sáez，
Trade Facilitation in Services：A Conceptual and Empirical Analysis，
World Bank Policy Research Working Paper 9233， May 2020.

（二）边境后制度层面的开放是未来服务业开放体制机制改革的核心

随着我国逐年缩减外资市场准入负面清单，以及服务贸易负面清单试点工作的不断推进，可以看出，服务业外资准入门槛大大降低，边境措施持续朝着便利化、自由化的方向改进，服务业开放取得长足进展。但外资在准入后诸多环节仍面临诸多复杂规制，尤其在行业许可、服务提供者资质认可和申请等方面仍存在种类繁多的监管措施甚至是限制类、禁止类措施。服务业外资准入负面清单的不断缩减仅仅是从"面子"层面放大了服务业开放的口子，但服务业开放水平的整体提升还需要相应的制度型开放的持续推进，还需进一步突破准入后一系列监管政策壁垒和瓶颈，即从"里子"的层面降低服务业发展所需的人才、技术、信息、数据等要素流动壁垒，完善和提升服务业开放相关促进和保障政策体系。

因此，本书从服务业开放的"面子"和"里子"两个方面入手，从服务业外资准入负面清单进一步优化路径入手。一方面，分析服务业外资准入继续推进的路径；另一方面，对标服务业开放水平较高的发达国家的标准，梳理我国现阶段服务业发展所需的人才、技术、数据、信息等要素流动壁垒情况，从制度型开放的角度出发，探析我国服务业外资准入负面清单管理模式在制度型开放方面存在的问题和体制机制障碍，对标国际先进规则，探讨需要深化服务业开放体制机制改革的重点领域和内容。

二、文献综述

（一）关于制度型开放的相关研究

在中国特色社会主义政治经济学理论中，制度型开放是一个全新的概念。最早提出制度型开放概念的是 2018 年底中央经济工作会议，此次会议指出："推动全方位对外开放。要适应新形势、把握新特点，推动由商品和要素流动型开放向规则等制度型开放转变。"2019 年政府工作报告中则提出"继续推动商品和要素流动型开放，更加注重规则等制度型开放，以高水平开放带动改革全面深化"。同时，2019 年 11 月 5 日，党的十九届四中全会通过的《中共中央关于坚持和完善中国特色社会主义制度推进国家治理体系和治理能力现代化若干重大问题的决定》在建设更高水平开放型经济新体制部分提出"健全外商投资准入前国民待遇加负面清单管理制度，推动规则、规制、管理、标准等制度型开放"。而在2020年5月11日发布的《中共中央 国务院关于新时代加快完善社会主义市场经济体制的意见》（以下简称《意见》）中再次强调了"推动由商品和要素流动型开放向规则等制度型开放转变，吸收借鉴国际成熟市场经济制度经验和人类文明有益成果，加快国内制度规则与国际接轨，以高水平开放促进深层次市场化改革"，并再次提出"健全外商投资准入前国民待遇加负面清单管理制度，推动规则、规制、管理、标准等制度型开放"。

从中央文件的表述中可以看出，要明确制度型开放的内涵，需要回答以下几个方面的问题：一是制度型开放的提出是在对比商品要素流动型开放的前提下提出的。改革开放的开放和政策实施逻辑均表明，任何促进商品要素自由流动的开放政策均会涉及开放制度的设计，那么制度型开放和商品要素流动型开放的区别是什么？二是从字面含义理解，开放是和封闭相对应的，显然强调的是"出"和"入"的自由。过去四十多年间，对外开放的重点在于商品、服务、要素等的出入境自由化，规则、规制、管理、标准等领域的制度型开放的重点是否也是输出或输入规则、规制、管理或标准？三是《意见》中明确将制度型开放和加快国内制度规则和国际接轨、促进深层次市场化改革紧密结合起来，制度型开放和市场化改革之间的关系究竟如何？本部分将针对这些问题进行论述。

从历史视角看，制度型开放注重解决我国自古以来"重政策设计、轻制度体系设计"的问题，确保我国对外开放大战略的稳定性和系统性。中华文明在人类文明史上处于非常重要的地位，为人类社会的进步和发展作出了巨大的贡献。但是，和其他文明特别是西方文明相比，古代中华文明也存在诸多不足。如在科学技术领域，中华文明相对强调实用主义，而相对缺乏以严密的逻辑体系构建一套科学规律的能力，这也成为"李约瑟之谜"的一种解释。而在经济制度领域，中华文明在具体的政策设计层面同样不亚于，甚至优于西方文明，无论是管仲的"盐铁专卖"政策还是王安石的青苗法，其政策精巧程度也达到当时的世界最高水准。但和科学技术领域相似，中国古代也并未建立起一套从理论到实践均较为完善、逻辑自洽的经济管理制度，无论是市场经济，还是计划经济的制度体系均未发源于我国。

改革开放以来我国对外开放的实践同样存在这一特点。四十多年来，我国围绕获取外汇、吸引先进技术、融入全球价值链等诸多目标，设计了加工贸易管理政策、外商投资促进政策、出口退税政策、"走出去"政策等诸多对外开放领域的政策体系，取得了举世瞩目的伟大成就。但这些领域的政策设计仍然是典型的局部目标导向的，彼此之间相互独立甚至存在冲突，尚未能形成一套有机的整体。更为重要的是，这些政策体系和国内的产业政策体系、国有企业管理政策体系等也是相对独立的，彼此之间也未能形成有机的整体。因此，在"开放带来进步，封闭必然落后"的理念已经深入人心的当下，我国有必要构建一套完善的、系统的开放型经济制度体系，以保证我国始终坚持对外开放的大方向，这就构成了制度型开放的历史内涵。

从现实视角看，相较商品和要素流动型开放，制度型开放突出强调对各个经济领域进行全方位系统性的制度设计。制度型开放与商品和要素流动型开放一直都是密不可分的。制度型开放的最终结果必然会影响商品、服务和要素在不同国家之间的跨境流动与优化配置，商品和要素流动型开放同样需要制度设计来实现。因此，将制度型开放与商品和要素流动型开放割裂起来的认识显然是不确切的。这两者不仅仅是有着密切联系的关系，甚至在一定程度上可以被定义为对外开放的两个不同方面：制度型开放是从政策实施主体的角度进行论述的，而商品和要素流动型开放是从政策实施客体的角度进行论述的。

但制度型开放与商品和要素流动型开放同样存在着明显的差异性。这一差异主要体现在两者之间的因果关系上：是从促进某类商品和要素自由流动的目的出发去设计体制机制，还是从更为宏观、更为全局的视角设计系统性的体制机制以促进商品和要素自由流动。过去四十多年以来，我国对外开放主要按照前者的理念进行的，如针对商品流动的开放多次调整关税、技术壁垒等商品出入境所面临的各种管理措施；针对资本流动的开放多次调整直接投资和证券投资所面临资金入境的管理措施。目前看，随着我国对外合作的深度和广度由简单的扩大贸易、引进外资和"走出去"提升到构建多元化、多维度、全方位的对外合作网络时，传统针对某个具体问题的对外开放模式已经"力不从心"，这就要求我国对外开放从根本理念上进行转变，推动我国开放型经济体制和世界现行体制、未来理想化体制相互包容和融合。这就构成了制度型开放的现实内涵。

从国际视角看，制度型开放是我国参与构建国际高标准经贸规则的重要桥梁。在全球化迅速发展之前的数千年间，各国之间的经济联系并不紧密，因此各国的经济运行制度基本上不存在对其他国家经济的外溢效应。随着大航海时代以来经济全球化的逐步发展，商品、服务乃至资本、自然人的跨境流动规模持续上升，各国的经济运行制度开始对其他国家产生影响，以 WTO 为代表的多边经贸规则体系也随之逐渐形成。但在这一阶段，各国经济制度对其他国家的影响更多集中于对商品、服务、资本、自然人跨境流动的直接管理方式，一般称之为"边境"政策。如关税政策直接影响在本国市场内部本国商品和其他国家商品的相对竞争力，对外商直接投资的限制程度直接影响对本国相关产业的保护水平等。

但随着各国之间经贸合作的深入发展，特别是各种商品和要素跨境流动壁垒的逐渐减轻，影响商品和要素在各国范围内配置的制度正在逐渐由"边境"政策拓展到各国的国内政策范畴。如各国国内的产业政策、竞争政策、知识产权保护政策等均会直接影响各国的微观主体，进而通过微观主体的活动对其他国家的经济发展产生影响。因此，WTO 成立以来，其涉及的相关议题一直在不断拓展，诸如知识产权保护、竞争政策、政府采购乃至国有企业等议题一直是近年来 WTO 改革的热点。因此，构建一个涵盖诸多外溢效应具体政策领域的开放型经济制度体系，是有效参与国际经贸规则的制定，为世界经济和本国经济创造一个相对良好的规则环境的前提条件，这就构成了制度型开放的国际内涵。

从国内视角看，制度型开放全方位实现了各个领域深化改革和扩大开放的有机融合。改革开放四十多年来，深化改革和扩大开放一直是相辅相成、相互促进的关系。深化改革有效地促进生产要素的优化配置，释放了需求潜力，为我国对外开放合作创造了良好的条件；对外开放既引进了各种先进的生产要素，也引进了现代市场经济体系中的各种管理制度，有效促进了改革。但整体上看，改革和开放仍然是相对独立的。国有企业改革、金融体制改革、投资管理体制改革等重大改革任务在进行的过程中，主要还是从实现一系列国内具体改革目标出发，并未将和对外开放制度创新的协同作为改革的重点，也并未充分考虑对其他国家的外溢影响。而对外开放的重心一直集中于"边境"领域，主要关注的是商品和要素如何跨境自由流动的问题，而并未关注商品和要素入境或出境后的运行机理。

然而，随着开放型经济新体制的逐渐完善，改革和开放的有机融合已经是大势所趋。特别是在边境上对商品、服务和资本的限制已经大幅度减轻的情况下，当前真正影响我国集聚全球高端要素，提升在全球价值链中地位的体制机制约束更多的是在国内体制机制层面。如现行体制对于人才从事各种创新活动仍然存在诸多约束，客观上导致即便在边境上放开自然人限制，吸引全球优秀人才来华创业仍然存在较大障碍；国内部分行业仍然存在一定程度的行政垄断，特别是国有企业在部分领域仍然相较民营企业和外资企业享受商业贷款低利率等事实上的优惠政策，这也导致引进的技术等高端要素未能在市场机制上得以全面优化配置。知识产权保护水平相对偏低也严重影响了我国企业引进先进技术。因此，从经济高质量发展的最终目标出发，从全球视野而非局部视野将国内各个领域的重大改革任务和构建开放型经济新体制实现有机统一，是未来我国对外开放的重点之一，也构成了制度型开放的本土内涵。

（二）关于中国服务贸易竞争力及其相关问题的研究

近年来，随着中国服务贸易的快速发展，国内学者对中国服务贸易竞争力这一问题的研究也日益丰富。由于对中国服务贸易竞争力的研究主要是针对各项类服务贸易竞争力的研究，因此，对这一领域的研究也可以视为对广义的中国服务贸易商品结构问题研究的一部分。对这一领域的研究可以包括三个方面：一是单纯的对中国各项类服务贸易国际竞争力的研究；二是对中国服务贸易国际竞争力现状及原因的研究；三是对单独的研究部分服务行业竞争力的情况。在分析方法上，在对服务贸易竞争力的研究中，主要利用贸易竞争力指数（TC 指数）、显示性比较优势指数（RCA 指数）、进出口增长率、进出口市场占有率、各服务行业劳动生产率等相关指标进行分析。在对影响中国服务贸易竞争力因素的分析中，主要是运用计量经济学中的最小二乘法（OLS）、自回归分布滞后模型（ADL）、向量自回归模型（VAR）、误差修正模型（ECM）以及格兰杰因果关系检验（Granger causality test）等方法建立各影响因素与中国服务贸易竞争力之间的计量模型，通过检验各影响因素对中国服务贸易的影响是否显著，来验证各因素是否影响中国服务贸易竞争力发展。

本书在对这一问题进行综述时，也将按照上述各位学者的研究重点的不同，将关于中国服务贸易竞争力这一研究领域细分为单纯的对中国服务贸易竞争力的研究、对中国服务贸易竞争力影响因素的研究、对某一特定服务行业国际竞争力的研究三部分。

1. 对中国服务贸易竞争力的研究

谭晶荣（2006）利用 TC 指数分析了 2001—2003 年间中、日、韩三国各项类服务贸易 TC 指数的变化情况，认为这一时期中国在旅游、建筑、通信、计算机与信息服务和其他商业等项类服务贸易的竞争力与日、韩两国相比略显优势，但在金融和保险、专有权利使用费和特许费以及个人、文化和休闲服务等项类服务贸易的竞争力上与日、韩两国尚有较大的差距。

殷凤（2007）从服务贸易增长率、服务贸易开放度、国际市场占有率、服务出口占贸易出口总额的比重、TC 指数、RCA 指数、服务贸易出口结构等方面对中国和世界主要服务贸易国家进行了比较，得出中国服务贸易出口结构低级化，服务贸易优势部门主要集中在传统的劳动或资源密集型行业，知识、技术密集型服务的比重严重偏低，RCA 指数不仅低于发达国家，与印度、韩国等国相比也有较大差距，显示出极弱的竞争力。与上述学者进行相类似的研究，得出相似的结论，只是所选取的指标有所不同的还有如张岩（2004）、王小平（2004）、范纯增、于光（2005）、周怀峰（2005）、赵书华、李辉（2005）、卢素梅（2006）、姚孝军（2006）、万红先（2008）、陈宪、殷凤（2008）、吕世平等（2009）、杨丽琳（2009）等。

2. 关于中国服务贸易竞争力影响因素的研究

伍再华（2006）利用波特（M.Porter）的钻石模型，从生产要素、需求要素、相关支撑产业、企业战略结构和竞争状态、政府和机遇六个方面研究了中国服务贸易竞争力的问题，并从微观和宏观两方面分析了中国服务贸易竞争力较低的原因。

陈宪、殷凤（2008）在首先分析了中国服务贸易国际竞争力情况的基础上利用自回归分布滞后模型（ADL）对影响中国服务贸易发展的因素进行实证分析，认为服务业增加值、服务业外商投资额、货物进出口额是影响中国服务贸易发展的主要因素。

庄惠明、黄建忠、陈洁（2009）利用波特（M.Porter）的钻石模型对中国服务贸易竞争力的影响因素进行了实证检验，得出人口结构素质、货物贸易出口总额、服务业劳动生产率、城市化水平和农业劳动生产率对当前中国服务贸易竞争力有较大的影响。

3. 对某一特定服务行业国际竞争力的研究

在对运输服务贸易国际竞争力的研究中，孙江明、苏琴（2006）基于1999—2003 年的数据，利用国际市场占有率、RCA 指数、TC 指数等指标对这一时期中国和世界主要发达国家运输服务贸易国际竞争力的变化情况进行比较，得出上述时期我国运输服务贸易的国际竞争力还很弱，与发达国家尚有较大差距，我国虽是运输服务贸易大国，却还不是运输服务贸易强国的结论，并从政府、企业和人才培养三个方面提出了提升中国运输服务贸易国际竞争力的政策建议。对这一问题进行过类似研究的还有贾大山（2006）、何伟、何忠伟（2008）等，其所得出的结论与孙江明、苏琴（2006）所得结论也基本相同。

在对旅游服务贸易国际竞争力的研究中，金雯飞、刁化功（2001）研究了2000年以前我国旅游服务贸易的发展情况；高静、梁昭（2006）通过对比加入WTO前后我国旅游服务贸易的发展情况，分析了我国旅游服务贸易国际竞争力的变化情况。李彦勇、郭欣昌（2006）的研究也得出了与上述学者类似的结论。

在对旅游服务贸易竞争力的评价方法上，姜义茂、刘慧芳、李俊（2006）认为目前以一国旅游收入占该国GDP和对外贸易额的比重或占世界旅游收入的比重来衡量一国旅游服务贸易竞争力的评价标准难以准确反映旅游服务贸易在世界上的竞争力，进而建立了从旅游资源、旅游成本、旅行社竞争力、相关配套服务及设施、政策环境等方面，通过加权平均的方式评价一国旅游服务贸易竞争力的方法。

在旅游服务贸易的影响因素上，周经、吕计跃（2008）利用最小二乘法（OLS）对中国旅游服务贸易竞争力的影响因素进行了实证检验，认为中国旅行社的数量对提高旅游服务贸易竞争力有促进作用，旅游交通对中国旅游服务贸易出口有显著影响，中国旅游人力资源状况对旅游服务贸易竞争力的影响不显著。

通过以上分析可以发现，各位学者在对中国服务贸易竞争力的分析上，主要是采用服务业产值占一国GDP的比重、服务业从业人员占一国GDP的比重、服务贸易进、出口市场占有率、服务贸易进、出口在世界的排名、TC指数、RCA指数、服务贸易开放度等指标衡量中国服务贸易竞争力的强弱，虽然这些方法对衡量中国服务贸易竞争力有一定的合理性，但这些衡量方法都只是对中国服务贸易竞争力的间接、静态的衡量，只是根据过去所发生的服务贸易的相关数据而进行的衡量，因此，在利用各种静态指标对中国服务贸易竞争力进行测度时，应辅助以相应的定性分析和如计量分析等定量分析，才能更好地对中国服务贸易竞争力进行测度，这是目前在对中国服务贸易竞争力的研究中一个主要不足之处。

（三）服务业开放与产业竞争力关系文献综述

当前，全球经济正在向服务型经济转型，服务业成为世界经济发展的制高点，也成为新形势下各国竞争的焦点。然而，服务业开放是否符合一国经济利益和维护产业安全的需要仍是颇具争议的话题。我国自加入WTO以来逐步履行关于服务业开放方面的承诺，服务市场开放程度不断扩大，但与发达国家和一些发展中国家相比仍有差距。此外，服务业开放是否有利于优化产业结构并提升产业竞争力，并通过产业整体效率的提升和更多竞争的引入进而提升企业竞争力的问题仍未有定论。那么，服务业开放对经济增长的贡献体现在哪？服务业开放与产业竞争力之间的关系到底是怎样的，服务业开放是否有利于提升企业竞争力？未来中国服务业进一步开放的方向如何设计就成为当下我国服务业政策领域亟待研究和梳理的问题。

从现有研究看，直接对服务业市场开放与产业竞争力关系的进行分析的文献较少，对两者关系的研究一般从服务业对产业结构变动的作用、服务业与制造业关系、服务业开放对东道国技术效率的影响等问题入手，间接分析服务业市场开放对产业竞争力的作用和影响机制。

1. 服务业开放与经济增长

在经济增长过程中服务业到底扮演了什么角色，这一直是经济学家所关注的。传统的经济发展理论认为，经济增长过程本身是一个结构转换的过程，随着人均 GDP 的增加，服务业在 GDP 中的比重逐步上升。UNCTAD（1984）认为，在经济发展过程中，服务业所扮演的角色比其在 GDP 中的份额更为重要。由于服务业与其他许多经济活动相关联，因此服务业对整个国家的经济表现有着深远的影响。传统的观点认为，服务部门的增长是随着 GDP 的增长而自动出现的。Riddle（1986）认为，服务业在经济发展中并不是一个被动的角色，从经济史的角度来看，商业革命是工业的前奏和先驱，而服务业的创新则成为工业革命的支撑。例如，职业研究活动的出现、教育系统的改进、运输方式的改善、金融创新的出现等，都为工业革命提供了良好的基础。因此，Riddle 提出服务业份额的上升不是经济增长的结果，而是经济增长的原因。

Goldsmith（1969）的研究指出，一国经济的增长状况和本国服务业的开放程度与发展水平是正相关的。Dee 和 Hanslow（2000）的研究表明，服务贸易自由化提高了全球的产出水平与福利水平；Mattooetal（2001）采用 CGE

模型，通过计算分析得出，发展中国家通过开放电信与金融服务业使其经济增长了千分之十五。Banga 和 Goldar（2004）从实证角度分析了 20 世纪 90 年代印度服务业利用外商直接投资对其产业的作用，结果表明，服务贸易自由化对服务业的发展有积极的影响，提高了工业产出水平且促进生产率的提高。

韩玉军（2006）系统分析了服务贸易自由化对国内经济的影响。一是对经济效率的影响，服务业开放可以通过以下途径促进中国经济效率的提高：（1）由于外国服务提供者的进入，中国企业有更多机会可以选择价廉质优的服务，提高企业的经济效率；（2）中国能够进口经济发展急需而本国又不能满足需求的生产性服务，从而有利于解决生产发展与服务业落后的矛盾；（3）外国企业的竞争将迫使中国的服务业企业向国际先进水平看齐，吸收国外先进服务经验与技术，降低成本，走向国际市场；（4）有利于中国发展自己具有优势的服务业，进口不具有相对优势的服务，从而促进资源的有效配置。

2. 服务业市场开放对促进产业结构变动的影响

一般而言，国内学者对服务业开放对产业竞争力带来的影响的研究大致集中在两大领域，首先是服务业市场开放对产业结构变动和升级的带动；其次是服务业开放是否可以通过技术效率的提升进而提高产业竞争力。

裴长洪（2006）认为外商直接投资带来的先进技术、现代化管理知识以及产生的溢出效应，直接推动了产业结构的优化升级，从而很大程度上影响着我国产业结构转型升级。刘庆林和廉凯（2006）分析了服务业外包对承接国产业结构的影响，研究指出，承接服务业外包能够有助于承接国的产业结构升级，但对于提高承接国外包行业质量的促进作用则有限。

此外，国内学者注意到服务业市场开放在不同地域的产业结构优化作用程度的不同，认为鉴于我国各省经济发展的差异，服务业外资对各省经济发展及产业结构的影响不尽然会完全一致。刘庆林和廉凯（2009）在分析服务业国际转移经济效应中，认为服务业国际转移推动国民经济运行质量提高的其中一个重要途径就是促进产业结构升级，并采用地区比较分析法测算了服务业国际转移对我国经济运行质量的影响，结果显示，服务业国际转移通过优化产业结构推动国民经济质量提升的这种效应，因东部、中部、西部三大地区而各不尽相同：在东部地区，服务业 FDI 会带来服务业比重的提高，但是，产业结构对国民经济运行质量的影响却是负向的，因而，通过服务业国际转移促进产业结构升级这个路径对经济运行质量的影响也是负向的。他们指出这可能与当前中国东部地区经济主要依靠第二产业的拉动有关；在中部地区，服务业国际转移对产业结构有着明显的正向作用，进而对中部地区经济运行质量产生正向的促进作用。

Francois（1990）、Rivera-Batiz FL 和 Rivera-Batiz LA（1992）从分工和专业化的角度分析服务业 FDI 有助于促进东道国分工，提高制造业的劳动生产率。Markusen 等（1989，1990）运用比较静态模型研究发现服务业 FDI 自由化提高了利用其作为中间投入的最终产品部门的生产力，有利于增加东道国的福利。江静、刘志彪和于明超（2007）分析了服务业促进制造业效率提升的机理。在实证研究方面，OECD（2006）研究表明服务市场开放所引起的技术转移和扩散效应能促进所有经济部门的生产率；Javorcik 等（2006）认为服务业 FDI 会促进企业效率的提升；庄丽娟（2007）认为，服务贸易可通过物质资本积累效应等途径影响一国的技术进步。江锦凡（2004）、陈景华（2010）、施永（2011）等学者实证分析了中国服务业利用外资与经济增长存在着显著的正相关关系。此外，Mary Amiiti 等（2004）、Egger（2001）、Fernandes Ana M. 和 Paunov Caroline（2008）、沈坤荣、耿强（2001）研究了服务业国际转移对劳动生产率的促进作用，这些实证分析都充分证明了服务业开放对经济增长及制造业效率的促进作用。

3. 服务业与制造业融合发展

在探讨服务业增长、发展的历史过程及原因的基础上，国内外学者还分析和验证了服务业与制造业之间相互依赖、相互作用、良性互动的关系，以及当前世界经济发展过程中出现的服务业与制造业的融合趋势等。尤其是 20 世纪 70 年代以来，在制造业增加值比重和就业比重不断下降的同时，生产者服务业部门增加值和就业比重呈现逐年上升趋势。生产者服务业的迅速发展引起了经济学家的广泛关注，开始重新思考服务业在国民经济中的地位，以及服务业与制造业的关系问题。服务业与制造业的关系一直是争论的焦点，总结起来，主要存在以下观点：

第一，认为制造业是服务业发展的前提和基础，服务业则是制造业的补充，如 Cohen 和 Zysman（ 1987 ）、Row thorn 和 Ramaswamy（ 1999 ）、Klodt（ 2000 ）、Guerrieri 和 Meliciani（ 2003 ）。Cohen 和 Zysman（ 1987 ）强调，许多服务业部门的发展必须依靠制造业的发展，因为制造业是服务业产出的重要需求部门，没有制造业，社会就几乎没有对这些服务的需求。

第二，认为服务业尤其是生产者服务业是制造业生产率得以提高的前提和基础，没有发达的生产者服务业，就不可能形成具有较强竞争力的制造业部门（ Pappas 和 Sheehan，1998；Karaomerlioglu 和 Carlsson，1999；Eswaran 和 Kotwal，2001 ）。如 Eswaran 和 Kotwal（ 2001 ）指出，服务业部门的扩张有两条途径可以使制造业部门收益：首先是能够引起进一步的专业化和劳动分工；其次是降低了投入到制造业部门的中间服务的成本。而专业化水平的不断提高，正是促进劳动生产率提高的驱动力（杨小凯、张永生，2000）。作为制造业的中间投入，生产者服务所内含的知识资本、技术资本和人力资本可以降低交易成本、深化专业化分工，从而可以大幅度提升制造业效率（ Van Marrewijk 等，1997；Markusen，2005 ）。

第三，认为服务业和制造业部门表现为相互作用、相互依赖、共同发展的互补性关系（ Park and Chan，1989；Shugan，1994；Bathla，2003 ）。他们认为，随着经济规模特别是制造业部门的扩大，对服务业的需求，如贸易、宾馆、金融、交通、社会服务，以及教育、医疗服务等会迅速增加，同时也提高了制造业部门的生产率；反之，服务业部门的增长依靠制造业部门中间投入的增加。而且，随着经济发展程度的提高，服务业与制造业之间彼此依赖的程度加深。

第四，近年来出现了更新颖的观点。一些学者认为，随着信息通信技术的发展和广泛应用，传统意义上的服务业与制造业之间的边界越来越模糊，两者出现了融合趋势，如 Lundvall 和 Borras（ 1998 ）、植草益（ 2001 ）、周振华（ 2003 ）。

（四）国内外有关负面清单管理模式的相关研究

国外为数不多的学者结合理论与实证探究了负面清单对不同产业的经济影响和福利影响，负面清单与正面清单的对比，以及负面清单管理模式的国际横向比较。在产业发展、经济效应和福利分析方面，Magiera（2011）通过逐一对比 2007 年和 2010 年印度尼西亚投资负面清单中涉及医疗服务、高等教育、电信和快递服务业的相关条款，认为负面清单管理有助于放松外汇管制、开放国内市场、促进公平竞争和吸引外资，而敏感行业投资的放开将使印尼遭遇经济和政治困境。因此，强化政府政策导向和细化负面清单产业条款的内容十分必要。此外，不同于大部分贸易政策制定者偏好在不完美的替代框架下使用局部均衡模型评价贸易政策的效果，Gopalan、Malik 和 Reinert（2013）将巴印贸易史、政治经济史与负面清单管理模式相结合，在不完美替代框架下开发了一般均衡模型，并且从中发现巴基斯坦与印度的"负面清单"上的敏感性行业（两国烟草业、医药制造业、汽车零配件加工制造业、服装、皮革制品、运动商品、鞋袜、造纸）的贸易自由化将促进总福利增加，但皮革、运动器材和鞋履等行业却发生显著调整。这些行业变化亟须解决，以保证贸易自由化（特别是零关税）下印度从巴基斯坦私营行业的进口。Pepera（2009）运用 GTAP 模型分析了采取不同贸易政策（完全自由贸易、负面清单模式的部分自由贸易、不同区域一体化形式）对斯里兰卡经济和福利的影响，发现多边贸易自由化是斯里兰卡最佳的贸易政策。南亚关税协定次之，其对斯里兰卡经济的促进效应不及南亚自由贸易协定（FTA）和印度—斯里兰卡 FTA。Peinhardt 和 Allee（2012）选取与美国签署 FTA 的国家样本，实证检验了 FTA 与负面清单对缔约国引进外资的影响。结果显示，它们对引资的促进并不显著，只在少数几个国家表现为正效应。除了通过标准经济福利分析发现福利的显著增加外，Hegre、Oneal 和 Russett（2012），以及 Mamoon 和 Murshed（2010）指出巴印负面清单上的行业的贸易自由化将更多地为两国在非经济领域创造积极效应。例如，两国政府间互相增加的信任感和协同合作，从而促进双边承诺。

在负面清单与正面清单管理模式的对比方面，Mukherji（2003）从亚太组织贸易与投资自由化的视角出发，指出实施负面清单外资管理模式有助于加速亚太地区经济增长与区域经济一体化进程，并列举了负面清单相对于正面清单的六大优势。Soderholm（2013）以全球汞产品禁令为例，在政治经济学的框架下对比了正面清单与负面清单两种管理方法的利弊，以及两种模式的内在机制，如信息的潜在无效性、合规措施的灵活度、行政成本的不同，以及其他相关政策执行等问题，认为负面清单模式可以促进成本节约型的效益，但也要求一国对选定行业或产品进行长期规定和管制，而正面清单模式可能导致汞用户隐藏其选择其他替代产品的真实成本。Ha、Choi、Kim、Chung & Lee（2011）运用 Logistic 回归发现，药品行业正面清单管理模式通过降低药品上市率和延长报销时间对韩国医疗成本上升、医药产品消费人口的老龄化和需求的增加起到了缓解作用。Han、Kim、Jeung & Lee（2013）采用固定效应面板回归发现，韩国政府对制药行业的正面清单管理模式通过影响该行业企业的研发支出而带来溢出效应。正面清单实施后，企业研发投入逐年递减，而且该负面影响和总效应仅在未开设新的医药实体的企业中显著。Sung et al.（2012）则评价了韩国 2006 年底实施医药补贴正面清单管理两年后的政策效果，指出其健康保险审查和评估服务（HIRA）的补贴决策与其他国家的医药补贴决策具有相当程度的一致性。

国内针对负面清单的研究主要集中在三大领域，一是负面清单管理模式的国际比较和经验借鉴等方面；二是采取负面清单管理模式对我国产业竞争力的影响以及负面清单模式的国内实践和应用方面；三是我国外资管理体制在负面清单模式下的总体思路转变和改革路线等方面。

张相文和向鹏飞（2013）结合文献梳理了负面清单在世界各国相关领域的具体应用。其他学者则对负面清单概念进行界定，如卢进勇和杨杰（2013）指出，作为一国在引进外资时做出义务承诺的方式之一，负面清单列出针对外资的，与最惠国待遇、国民待遇、业绩要求和高管要求不符的管理措施，有利于规范和约束政府行为，为企业创造稳定、透明和可预期的营商环境。龚柏华、张淑芳（2013）在各自的文章中，就负面清单的法理和性质进行了详尽的分析，在比较分析美国 2012 年 BIT 范本的基础上，根据中国的具体国情，提出了适合本国国情的"负面清单"。由于中美BIT 协议谈判的基础是准入前国民待遇与负面清单，因此，如何最大限度地争取本国利益以及创造良好的投资环境成为焦点之一，因此，将准入前国民待遇与负面清单相结合，并且以上海、福建等四大自由贸易区的实践的基础上，先试先行，找出适合我国的双边投资协议模式。赵玉敏、崔凡（2014）教授列举了不同的外资管理模式。孙元欣、牛志勇（2014）比较了美国 2012 年 BIT 范本与上海自由贸易区 2013 年负面清单，分析了中美在该方面的分歧和差距。

其他学者则从负面清单的应用对本国产业竞争力的影响、负面清单管理的国内实践以及上海自贸试验区试点现状等入手，立足中国国情具体分析实施负面清单管理存在的难点、挑战与实施负面清单的战略意义。王中美（2014）指出，由于中国未来新产业发展的不确定性，使得采用负面清单外商投资管理模式存在一定风险。中国应该明确提出，支持以肯定清单为基础的准入前国民待遇谈判模式，其与中国现有投资体制改革的渐进性相吻合。以开放促改革，通过逐渐扩大肯定清单开放范围的方式给予外国投资者以准入前国民待遇，有利于国内投资体制的进一步改革。但负面清单模式正在被国际社会（尤其是亚太地区国家）广泛接受，采用负面清单有利于中国与国际投资新规则接轨，有助于解决中国长期在投资自由化谈判中停滞不前的问题。因此，深入探讨负面清单模式对中国产业政策和外资审批制度的影响，以及高标准投资自由化可能在金融、战略性行业与投资争端解决等方面存在的风险，具有重大战略意义。

关于我国外资管理体制在负面清单管理模式的下一步改革的相关论述主要包括外资行政审批、外资企业跟踪协调服务方面，国内学者从现代公共管理理论、服务型政府模式的角度上，为外资行政管理组织在观念和体制上逐步完成由"管理"到"服务"的转变提供理论基础，服务型政府的本质是社会本位、人民本位，政府管什么不管什么全看社会、公民是否需要，并以此作为政府职能定位的依据。政府作为公共机构应该承担为社会和经济发展提供基本公共物品和服务的职能。吴玉宗、刘熙瑞、吴敬琏等学者都认为公共服务的内容应该由民意决定。从外资行政管理组织的角度上看，社会要进步，人民的物质文化需求要改善，城市外向经济度要提高，就要求行政组织提供相应的外资招商服务。周庆行教授认为，外资审批的一站式服务虽然已达到企业本位的行政思考模式，但服务的理念还不够深刻，并没有根本改变管理者与被管理者的关系，外资行政管理组织还应该进一步加强自身的理论、业务素养。

在外资中介理论方面，在政府与社会的关系方面，政府仍然包揽过多，社会中介组织还没有充分发挥有效作用，市场机制应在社会经济调节中处于基础性地位，政府的作用是指导、辅助、顺应市场机制，张兴杰教授的这一观点基本代表了目前中国外资行政改革、构建服务型政府理论中的基本观点。李军鹏教授也认为，政府能力有限，职能有限，权力有限，责任有限，它的有限性要求政府是多中心治理模式下的服务型政府。

三、研究方法

本书研究的问题既有理论性又有现实性，在遵循理论分析、实证分析、政策建议的逻辑的基础上，联系中国企业的实际状况分析，采用的研究方法主要有：

1. 逻辑分析与历史分析相结合的方法：本书从制度型开放对促进服务业外资准入的作用的角度出发，分析制度型开发对我国服务业扩大开放、利用外资以及服务业竞争力的促进的具体作用和传导机制，并在此基础上探讨服务业领域外资准入管理的政策路径和事中事后监管理念和模式的改进路径，运用制度的分析对政策路径的变化给出一致性的、有逻辑性的解释。此外，本书还从我国外资管理相关体制演进的角度出发，对制度变迁过程中制度因素对服务业外资发展及我国服务业竞争力的影响进行定性分析，分析我国服务贸易非均衡的原因和未来演变趋势，并结合负面清单管理模式相关改革的推进，分析我国服务业扩大开放面临的主要瓶颈，对构建我国服务业开放政策体系框架提出建议。

2. 定性分析与定量分析相结合的方法：在分析有关我国服务业准入壁垒的变化的问题方面，本书从服务业利用外资和相关开放政策等方面给出了理论解释和实证分析，分析服务业外资准入后面临的壁垒的根源；另外，通过运用 OECD 服务贸易壁垒相关数据，从定量分析的角度把握我国服务业外资准入和准入后面临的各种壁垒的变迁，为定性分析提供了验证。

3. 国际经验对比分析的方法：在分析我国服务业负面清单管理模式下外资管理体制的改革路径和趋势方面，本书大量借鉴了已经采用负面清单管理模式的国家的相关改革经验和做法，尤其是于我国具有可比性的转型国家和发展中国家的经验思路，分析其外资管理体制改革的核心要点和成功经验，为我国下一步相关改革提供借鉴。

第二章　以制度型开放促进服务业扩大开放、优化服务业利用外资的理论逻辑和实践进展

以制度型开放促进服务业进一步扩大开放，有利于优化服务业利用外资结构，提高服务业利用外资质量，促进本国服务业竞争力持续提升。在这一过程中，制度型开放是关键，即强调和国际规则、标准的接轨，对标发达国家的先进做法，突破服务业开放面临的诸多政策和监管壁垒，尤其是在当前我国针对服务业领域外资准入已经取得了长足进步的大背景下，准入阶段进一步降低门槛的空间愈来愈小，服务业进一步扩大开放的瓶颈大多存在于准入后各环节，即项目落地运营所需各项行政管理要求、业务许可限制等，因此，突破准入后领域一系列"弹簧门""玻璃门""旋转门"等瓶颈，是未来我国服务业进一步扩大开放，尤其是服务业进一步扩大利用外资的关键，而这一关键瓶颈的突破有赖于制度、规则、规制、标准的国际接轨和开放，这又是制度型开放的核心内容。同时，我国作为发展中国家，服务业发展相对落后于发达国家，制度型开放也没有先例可循，以制度型开放促进服务业扩大开放需要开辟独特的路径，必须立足中国的具体国情和背景，盲目照搬，简单重复，不仅要受制于人，也不可能构建起中国特色社会主义的服务业开放型战略或体制机制。

第一节　以制度型开放促进服务业扩大开放的理论逻辑

从对制度型开放的内涵和开放路径的分析来看，制度型开放更多涉及边境后领域规则、规制、管理、标准与国际的接轨，这就需要依靠边境后诸多管理体制机制改革的持续深化来实现。而从全球服务业和服务贸易发展趋势看，服务贸易规则重构以及各国服务业扩大开放的重点正在从边境措施转向边境后规则、规制、管理、标准等的开放，这就对各国国内相关法律和制度体系的协调提出了更高要求。这种趋势要求我国服务业进一步开放、服务业扩大利用外资需要在制度层面寻求更大的空间，以制度开放为引领，着力构建与国际高标准规则、标准相衔接的国内法律、体制机制、政策体系，为持续推动服务业更深层次开放奠定制度基础。

一、推动制度型开放是服务业进一步扩大开放的重要内容

服务贸易是服务业开放的重要载体，也是反映服务业开放度的重要指标，加快服务业的开放，有利于提高中国的服务贸易竞争力，进而缩小中国服务贸易逆差。扩大服务业对外开放，促进服务业与制造业融合，以及货物贸易与服务贸易协调发展，扩大服务业对外开放，有利于加速提升服务业国际竞争力，促进服务贸易发展。

（一）服务业扩大开放高度依赖制度层面的开放

对于传统货物贸易而言，其开放重点在于关税减免和市场准入等边境措施，而服务贸易更多涉及人员、信息、技术等要素的跨境流动，这类要素的跨境流动更加依赖于各国边境后诸多规则的对接，开放已由一般意义上的边境开放扩展到边境后体制机制改革层面，包括对境内企业国民待遇、安全标准和技术标准、知识产权、劳动待遇和环境保护等进行国际

协调。

对于服务业开放而言，随着外资市场准入负面清单的不断缩减和各地服务业开放试点工作的有序推进，服务业开放的范围和领域已经不断扩大，从2021年新出台的外资市场准入负面清单看，禁止开放和限制开放的服务业领域已经屈指可数，但这并不意味着我国服务业已经实现了高水平开放，服务业高水平开放依赖于准入后各领域法律法规、政策体系、监管理念、监管方式等一系列制度的市场化、法治化改革，这一系列规则就是边境后开放的重点内容，即服务业准入后的管理制度改革需进一步深化。从这个角度看，服务业领域的制度型开放和国内服务业相关制度体系的改革其实是一个硬币的两面，以制度型开放推进服务业领域相关体制机制改革是服务业进一步扩大开放的关键路径。

（二）高水平的服务业开放需要转化国内相应的监管理念和监管制度体系

我国监管理念和规则与国际标准无法对接，监管领域的市场化导向并未完全形成。这主要体现在我国与国外监管理念、方法不同，不仅会对外资企业有所制约，也给中国企业"走出去"带来阻碍。目前各国都并未实现跨境投资的完全自由化，对跨境投资的监管大致可以细分为事前审批和事中事后监管两部分，这也是各国跨境投资监管的重要环节。而从当前各国监管模式看，针对外资的监管主要体现在外资审查环节，鲜少出现针对外资企业投资行为的直接干预。而我国对外资的监管仍存诸多针对企业投资行为的直接干预，外资负面清单中仍存在部分对企业经营资质、业绩要求、股比限制等管理措施。

随着国家对外政策的松绑和行政职能的改革，审批制度也有了更宽泛的解释，不仅仅局限于严格的审查，而且发展为聚焦于区分不同投资项目的具体情况设置相应的审核备案标准，审批管理模式也经历了严格审批制到全面"核准制"，再到"备案为主，核准为辅"，如今又创新设立了"鼓励发展＋负面清单"的备案/核准模式的发展历程。但这类监管理念和监管模式仍然存在过多针对外资的"弹簧门""旋转门"等障碍，特别是我国实施的前置审批程序对外资企业进入国内市场设置了过度门槛。这种事前准入"备案为主，核准为辅"、事中事后各类审批的监管模式实际上与制度型开放理念相违背，导致了服务业开放的事中事后监管中存在大量可人为随意操作、制造障碍的空间，这种放管结合的开放必然是"非棘轮"式开放，监管部门完全可以根据国内宏观经济形势和国际经济大环境下国家对外投资政策的变化，从逐步放松管制随意切换到"紧急刹车"。具体到服务贸易四种模式而言，即跨境交付、境外消费、自然人流动、商业存在，自然人流动和商业存在更多涉及边境后领域的开放，这就涉及国内服务业发展的体制机制中各类障碍的突破。比如：外资以商业存在形式进入医疗、养老、教育等服务业领域，面临用地成本高问题；国际高端服务引进不足，需进一步提升供给数量和质量，而相关业务许可难以获得；在医疗产业方面，创新药品和医疗器械审评审批速度还不能满足外资发展需求；外籍人员跨境流动及在国内执业便利化、资质互认还需提升等问题，与服务贸易有关的知识产权制度还需完善等，这都需要加快制度层面改革创新步伐，落实落细政策。

二、制度型开放对服务业扩大开放以及促进服务业利用外资的意义

制度型开放的提出标志着我国对外开放进入更高质量、更高水平开放新阶段，这对服务业开放提出了更高要求，同时也为服务业开放、服务业扩大利用外资带来更多新机遇。以制度型开放促进深层次改革，破解复杂艰巨的服务业开放难题和瓶颈，有利于加快服务业发展新动能的培育，有利于促进服务业开放结构性优化，促进服务贸易均衡发展，有利于建设高标准市场体系和开放规则，构建开放型经济新体制。

（一）加快培育服务业发展新动能、提升服务业竞争力的内在要求

自 2015 年来，我国服务业增加值占 GDP 比重突破 50%，服务业领域新业态、新模式不断涌现，已经成为国民经济发展的重要支柱和引擎。但服务业进一步释放新动能仍面临诸多体制机制障碍，服务业整体国际竞争力还有待提升。服务业市场准入问题、准入不准营问题、准入后一系列监管理念和监管模式无法适应新业态、新模式发展，知识产权保护不到位等

问题还依然存在，一系列与服务业快速发展相适应的体制机制还有待建立和健全。而服务业发展新动能的培育、服务业国际竞争力的提升均离不开高度开放的市场环境，尤其是制度开放基础上的全球服务业相关资源、要素的利用、集聚和创新利用，从全球视野谋划服务业发展创新，深化和拓展贸易、投资、人才、技术、信息方面的合作，以制度型开放促进服务业准入，推进事中事后监管能力提升，通过高质量利用外资促进国内服务业主体参与充分竞争，能够为服务业发展谋求更大市场空间，在高起点推动服务业进一步扩大准入，通过对外开放带动对内开放，填补制度洼地，丰富市场主体，激发市场活力，扩大优质服务供给，加快新旧动能转换和高质量发展。

（二）建设高标准市场体系、加快完善社会主义市场经济体制的重要支撑

党的十九届四中全会通过的《关于坚持和完善中国特色社会主义制度推进国家治理体系和治理能力现代化若干重大问题的决定》提出要加快完善社会主义市场经济体制，建设高标准市场体系，这是新时代以经济体制改革加快全面深化改革的重点任务。服务业未来建设高标准市场体系的关键就在于要素市场体系建设、产权保护、消除公平竞争的体制机制弊端等。以制度型开放为引领，构建更加完善的要素市场化配置体制机制、完善市场准入负面清单制度、建立刚性的公平竞争审查制度、健全以公平为原则的产权保护制度等改革任务非常迫切。推动服务业制度型开放，有利于直接破解这些制约服务业发展的深层次体制机制难题，优化服务业开放的法治环境，进一步明确服务业相关领域改革的突破口，降低要素跨境流动成本。

（三）参与和引领服务贸易规则制度、塑造国际竞争新优势的迫切要求

以制度型开放促进服务业开放和深层次体制机领域改革，有利于加快建立与国际服务贸易和投资规则相衔接的制度体系，推动相关服务业行业改进监管体制机制，完善对外投资促进机制，加快建设更高水平开放型经济新体制，进一步打通国内外两个市场，促进要素资源自由流动、高效配置。同时，服务业领域制度型开放的推进，有利于我国在高起点上参与和引领国际贸易投资规则体系改革。特别是在当今世界百年未有之大变局背

景下，服务业成为新一轮国际经贸规则重塑的焦点，推动服务贸易、服务业投资自由化便利化已经成为各国参与经贸协定谈判的主要内容和目标，也是 WTO 未来改革的重点领域，跨境服务贸易领域新规则正在不断被纳入国际经贸规则体系中，在很大程度上体现了未来高标准国际服务贸易规则的发展趋势，这也与我国建设更高水平开放型经济新体制的方向是一致的。因此，以制度型开放为基石，可以加快服务业改革的推进，充分发挥我国作为数字经济大国的优势，增强服务业体制机制对国际高标准规则体系的适应度，进而掌握服务贸易规则领域话语权。

第二节　近年来我国服务业以制度型开放促改革的实践进展

近年来，我国服务业开放步伐加快，开放水平明显提高。通过实行负面清单管理模式和拓宽开放领域，推动了我国服务业审批制度、监管体制机制的改革以及部分法律法规的"立改废"；通过重视与国际通行规则的对接，一定程度上提高了服务业改革的针对性；通过推动"引进来""走出去"的双向开放，促进了服务业相关改革的整体推进；通过多样化开放平台试点和区域间协同开放，促进了服务业改革的差异化探索和协同联动。服务业利用外资负面清单管理模式的实行实际上从制度型开放的角度确立了服务业利用外资各项体制机制的改革的基础。

一、外资准入负面清单管理模式奠定了服务业利用外资的基本制度环境

（一）外资准入负面清单管理模式奠定

截至目前，我国已先后公布 8 版全国版和自贸试验区负面清单，其中，在自贸区外资准入负面清单中，涉及服务业的特别管理措施由 2013 年版的 95 条减少到 2021 年版的 22 条，充分展示了我国扩大服务业开放的决心和

力度。近年来，服务业外资准入领域显著扩大，外资准入各项禁止和限制措施明显减少。电信、医疗、教育、养老等服务业领域有序开放，银行、证券、保险、基金管理、期货、金融资产管理陆续放宽外资股比限制，在设立形式、股东资质、业务范围、牌照数量等方面也给予了外资企业更大空间，有序开放银行卡清算等市场，统一中外资银行市场准入标准。自贸试验区和自由贸易港已占据服务业开放的高地，对标发达经济体FTA和国际自由港规则标准，发挥示范带动效应，促进我国服务业发展和产业结构升级。在自贸试验区实践的基础上，2018年开始我国在全国全面推行了外资准入负面清单管理模式，相继公布了4版负面清单，将自贸试验区探索的较为成熟、风险可控的开放措施给予推广，促进了服务业开放力度的提高。2020年，服务业实际使用外资7767.7亿元人民币，增长13.9%，占比77.7%，成为吸引外资的绝对主力。

但从服务业利用外资质量来看，我国服务业对外开放仍相对滞后，产业整体发展水平有待提升，仍是经济发展和结构升级的"短板"。世界500强跨国公司在我国的服务业投资规模和质量远逊于制造业，大幅放宽服务业市场准入仍是未来引进外资的重点。同时，我国还将负面清单的概念从外资准入管理引入国内经济治理中。2016年，率先在上海、天津、广东、福建开展市场准入负面清单制度改革试点；2017年试点范围扩大到15个省市；2018年正式在全国推开。外资市场准入负面清单制度，在国外没有先例可循，是我国完善社会主义市场经济体制的重要创新，为各类所有制企业、内外资企业奠定了规则平等、权利平等、机会平等的制度基础，促进了市场配置资源决定性作用的发挥。

我国以自贸试验区探索为先导，初步建立了相对完整的负面清单制度体系，并形成清单动态调整机制，促进了政府宏观管理理念的转变，推动了"放管服"改革特别是行政审批制度改革的深化。据统计，2013年以来，国务院部门行政审批事项削减超过40%，非行政许可审批彻底终结，取消减征减免中央和省级政府行政事业性收费超过1000项，全面改革工商登记、注册资本等商事制度，企业开办、不动产登记等事项办理时间压缩50%以上。一些地方探索的行之有效的做法也在全国得到复制推广。例如，浙江的"最多跑一次"改革、江苏的"不见面审批"改革、天津的"一枚印章管审批"等。这些实践对于破解行政审批"中梗阻""最后一公里"、将改革引向更深层次和更高水平起到促进作用。

（二）自贸区和自贸港政策创新背景下服务业扩大开放试点

自由贸易区原指两个国家借助相互签订一些自由贸易协定的方式，相互给予对方一定的贸易优惠条件，比如取消相应的关税，或者降低非关税壁垒。通过降低相关的对市场准入的限制，促进要素的自由流通，使得技术、资本和人员等生产要素在两国或者两个地区间互通有无，从而达到优势互补，促进了它们共同的发展。狭义来讲，有时它也用来形容一个国家或地区中的一片区域，在这里相比园区外对外商投资干预的较少，且关税以及贸易壁垒较低。自由贸易区的实质是自由，也就是园区内货物自由、来回运货的船舶自由，同时园区内也取消原有的进出口配额管理制度，使得贸易达到一种自由化的程度。与之前出现的出口加工区和保税港区一脉相承，都是为了更好地吸引外商投资，而设定的一块具有特殊外商管理制度的区域，只是伴随着经济的快速发展，园区相比之前的出口加工区和保税港区有了更大的自由度，各国可以在此区域内自由地开展加工贸易以及转加工贸易。

2013 年在上海建立的自贸区和原有的两国或者两个地区间划定的自贸区有一定的区别，这是一个境内关外的概念，上海自贸区根据我国相关法律法规，在我国的上海成立了一个境内关外的特殊的开放园区。相比于原来的出口加工区和保税港区，上海自由贸易区在外商投资管理方面有了巨大的改革，对外商的管理由原有事先审批转为事中、事后监管制度，对外商投资准入实施"负面清单"和准入前国民待遇管理模式，最终希望通过设立自由贸易园区来改变不适应我国经济发展的园区投资模式，更好地促进我国经济的发展，和国际接轨，大力发展服务贸易，促进国内各项改革，最终带动我国产业结构的升级。

《进一步深化中国（上海）自由贸易试验区改革开放方案》中明确提出："对外商投资准入特别管理措施（负面清单）之外领域，按照内外资一致原则，外商投资项目实行备案制（国务院规定对国内投资项目保留核准的除外）；根据全国人民代表大会常务委员会授权，将外商投资企业设立、变更及合同章程审批改为备案管理，备案后按国家有关规定办理相关手续。"

通过对上海自由贸易试验区已出台的自由化改革方案的初步分析可见，第一，上海自由贸易试验区的重点强调于"自由"与"试验"。第二，上海自由贸易试验区的金融自由化改革要与自贸区各项改革协同推进。武剑（2013）对利率市场化、资本项目可兑换、金融监管与风险防范等方面问题进行了分析。市场利率化首先要在上海自贸区率先实施。因为上海自贸区将是一个高度开放的经济贸易区域，并且自贸区最主要的功能就是与国际市场充分融合（焦武，2013）。利用自贸区做试验点，可以防范一定的风险。资本项目开放需要特别谨慎，就全国而言，最好安排在利率和汇率市场化之后。就上海自贸区而言，资本项目在一线开放没有任何障碍，但在二线开放则要看准时机，把握好进度。对于自贸区的金融监管，可以考虑实行条线式监管，设立一个独立的"金融监管局"，这样便于更好地发挥监管作用，为自贸区的运营带来便利。对于离岸金融的建立，更有助于促进国内保税港区向自贸区转型和发展（闻增，2013）。

（三）服务业扩大开放和服务贸易创新发展综合试点进展

自 2015 年开始，国务院先后 4 次批复了在北京开展服务业扩大开放综合试点工作方案，逐步扩大服务业开放试点领域和范围，2021 年 4 月，将服务业扩大开放综合试点范围扩大至天津、上海、海南和重庆[①]，科技、金融、教育等 12 类重点服务行业均被纳入，并提出建设重点示范园区、促进区域协同开放等创新措施，并且，从陆续出台的试点方案内容看，服务业扩大开放试点内容逐步将针对外资的准入、事中事后监管与国内相关新业态、新模式的培育和集聚等相互融合提升，并且深入带动国内相关体制

[①] 2015 年 5 月，国务院批复了商务部、北京市出台的《北京市服务业扩大开放综合试点总体方案》；2017 年 7 月，国务院批复了商务部、北京市出台的《深化改革推进北京市服务业扩大开放综合试点工作方案》；2019 年 2 月，国务院批复了商务部、北京市出台的《全面推进北京市服务业扩大开放综合试点工作方案》；2020 年 9 月，国务院批复了商务部、北京市出台的《深化北京市新一轮服务业扩大开放综合试点建设国家服务业扩大开放综合示范区工作方案》；2021 年 4 月，国务院同意在天津市、上海市、海南省、重庆市（以下称四省市）开展服务业扩大开放综合试点，试点期 3 年。

机制改革、营商环境提升。充分体现了以服务业扩大开放在稳外资、经济增长持续培育新的发展动能、塑造国际竞争和合作新优势等全方位、多层次任务和目标中的积极作用。

表 2-1　服务业扩大开放综合试点核心内容

重点任务	试点措施
聚焦重点领域扩大外资准入	聚焦科学技术服务业、交通运输、文化体育、金融、商务服务业、医疗等服务业领域，试点取消针对外资准入的业绩要求、外籍技术人员比例要求、业务禁止和限制，放宽审批权限，降低注册资本要求、股比限制、资质要求等，取消对外国投资者在中国境内已设立外商投资企业的数量要求等
深化对外投资管理体制改革	确立企业和个人对外投资主体地位，简化境外投资核准程序，实行以备案制为主的管理模式
形成与国际接轨的制度创新体系	支持在特定区域内试行跨境服务贸易负面清单管理模式，放宽跨境交付、境外消费、自然人移动等模式下的服务贸易市场准入限制
探索服务业开放发展要素跨境流动便利	推进资金跨境流动便利。完善数据分类分级安全保护制度，提供国际人才工作生活便利等
进一步放宽境外专业服务人才业务准入、专业资质要求等	进一步放宽执业资格考试对境外专业人才的限制，境外的从业经历可视同国内从业经历
倒逼国内相关配套体制机制改革	加快简政放权，打造贸易投资便利、行政效率高效、政务服务规范、法治体系完善的国际一流营商环境，推进贸易投资便利化，强化知识产权及数据保护等

2016 年以来，国务院先后 3 次批复了商务部提出的《服务贸易创新发展试点方案》和深化方案[①]，旨在推进服务贸易领域供给侧结构性改革，

① 2016 年 2 月，国务院同意在天津、上海、海南、深圳、杭州、武汉、广州、成都、苏州、威海和哈尔滨新区、江北新区、两江新区、贵安新区、西咸新区等省市（区域）开展服务贸易创新发展试点；2018 年 6 月，国务院批复了商务部提出的《深化服务贸易创新发展试点总体方案》，同意在北京、天津、上海、海南、深圳、哈尔滨、南京、杭州、武汉、广州、成都、苏州、威海和河北雄安新区、重庆两江新区、贵州贵安新区、陕西西咸新区等省市（区域）深化服务贸易创新发展试点。2020 年 8 月，《全面深化服务贸易创新发展试点总体方案》获批，同意在北京、天津、上海、重庆（涪陵区等 21 个市辖区）、海南、大连、厦门、青岛、深圳、石家庄、长春、哈尔滨、南京、苏州、杭州、合肥、济南、威海、武汉、广州、成都、贵阳、昆明、西安、乌鲁木齐和河北雄安新区、贵州贵安新区、陕西西咸新区 28 个省、市（区域）全面深化服务贸易创新发展试点，试点期限为 3 年。

健全服务贸易促进体系，探索适应服务贸易创新发展的体制机制和政策措施，着力构建法治化、国际化、便利化营商环境，打造服务贸易制度创新高地。依照《方案》的要求，各地政府在坚持深化简政放权、放管结合、优化服务等改革领域将围绕培育主体、探索新模式、提升服务贸易便利化水平、优化政策支持等方面积极开展相关试点。

表2-2　服务贸易创新发展试点方案核心内容

重点任务	试点措施
完善服务贸易管理体制	建立与国际服务贸易通行规则相衔接的促进、服务和监管体系，探索适应服务贸易创新发展的体制机制。开展服务贸易领域地方性法规立法探索，构建法治化、国际化、便利化营商环境。加强统筹协调，建立服务贸易跨部门协调机制，促进产业政策、贸易政策、投资政策的有效衔接、良性互动。健全政府、协会、企业协同配合的服务贸易促进和服务体系，建立服务贸易重点企业联系制度。
探索扩大服务业双向开放力度	结合本地区产业特色，稳步推进金融、教育、文化、医疗、育幼养老、建筑设计、会计审计、商贸物流等行业对外开放。支持本地区旅游、研发设计、会计咨询、资产评估、信用评级、法律服务、商贸物流等领域企业开展跨国经营，支持企业深度开拓国际市场。
探索培育服务贸易市场主体	加强部门协作，整合公共资源，加大对服务出口重点领域企业的支持力度，推动扩大服务出口。依托服务贸易重点领域的大企业，探索建立一批项目对接平台、国际市场推广平台、共性技术支撑平台等公共服务平台，为行业内中小企业提供公共服务，支持有特色、善创新的中小企业发展，引导中小企业融入全球价值链。
探索创新服务贸易发展模式	积极探索信息化背景下服务贸易发展新模式，依托大数据、物联网、移动互联网、云计算等新技术推动服务贸易模式创新，打造服务贸易新型网络平台。促进技术贸易、金融、中医药服务贸易领域加快发展。积极承接离岸服务外包，提升服务跨境交付能力。
探索提升服务贸易便利化水平	创新通关监管机制和模式，为服务贸易企业进出口货物提供通关便利。探索便利跨境电子商务、供应链管理等新型服务模式发展的监管方式。依托海关特殊监管区域，发展特色服务出口产业。推动境内外专业人才和专业服务便利流动，为外籍高端人才在华工作居留等提供便利。
探索优化服务贸易支持政策	发挥财政资金引导作用，加大对服务贸易发展的支持力度，优化资金安排结构，完善和创新支持方式，引导更多社会资金投入服务贸易，支持服务贸易企业加强创新能力建设。探索设立服务贸易创新发展引导基金，拓宽融资渠道，扶持服务贸易企业发展壮大。鼓励金融机构积极创新金融产品和服务，按照风险可控、商业可持续原则，积极为"轻资产"服务贸易企业提供融资便利。

续表

重点任务	试点措施
探索健全服务贸易统计体系	建立统计监测、运行和分析体系，拓展基础数据来源，整合各部门服务贸易统计信息，实现共用共享。创新统计方法，完善重点企业数据直报工作，创新数据采集方式，扩大统计覆盖面，实现应统尽统。探索建立对服务贸易四种模式（跨境提供、境外消费、商业存在和自然人移动）的全口径统计。
探索创新事中事后监管举措	进一步简政放权、放管结合，寓管理于服务之中。完善技术、文化等领域进出口监测，探索创新事中事后监管举措，形成各部门信息共享、协同监管和社会公众参与监督的监管体系，确保政治经济文化安全。建立服务贸易市场主体信用记录，纳入信用信息共享平台，探索对严重失信主体实施跨部门联合惩戒，对诚实守信主体实施联合奖励。实施"互联网＋监管"，探索运用大数据技术，依据信用记录和信用评价，对相关主体实行差别化分类监管。将服务贸易创新发展试点情况纳入地方政府考核评价指标体系，完善考核机制。

资料来源：上海自贸区官网

二、制度型开放引领的一系列政策创新为服务业扩大开放和利用外资优化制度供给

将制度开放的理念融入服务业开放和利用外资政策体系，为优化外资准入管理创造稳固的制度环境。开放领域不断拓宽促进了服务业制度环境的改善。近年来，我国服务业开放领域不断拓宽，卫生和社会工作、教育、信息传输、软件和信息技术服务业、金融业等实际利用外商直接投资增长迅猛，开放领域不断拓宽促进了服务业国内市场充分竞争。与此同时，与服务业开放相关的法律法规、事中事后监管、知识产权保护等方面的改革不断跟进，改善了服务业准入的制度环境，如进一步完善了服务业准入法律环境，早在2016年，我国就对《外资企业法》《中外合资经营企业法》《中外合作经营企业法》等作出修改，明确"对不涉及国家规定实施准入特别管理措施的，将相关审批事项改为备案管理；国家规定的准入特别管理措施由国务院发布或批准发布"。此后，随着利用外资"质"和"量"的双重提升以及外资准入领域的不断增加，2019年我国出台《外商

投资法》，从法律层面为新常态下积极有效利用外资提供了有力的法治保障和顶层设计。

以对接国际高标准规则引领国内制度进一步优化，为服务业开放创造良好的外部环境。近年来，我国对照多边规则对《服务出口重点领域指导目录》《鼓励进口服务目录》等进行调整，修订了《禁止进口限制进口技术目录》和《禁止出口限制出口技术目录》（2018）等。其中，《服务出口重点领域指导目录》在全面覆盖 WTO 确定的服务大类的基础上，重点加强了对研究开发和技术服务、广播影视和视听服务等附加值较高、发展潜力较大的服务领域的支持引导，并注重与有关行业引导支持方向和已出台的行业指导目录相一致。《鼓励进口服务目录》重点支持满足高质量发展要求、符合经济社会发展趋势且国内急需的研发设计、节能环保、咨询服务、环境服务等进口，注重与有关行业已有鼓励支持的进口领域相衔接。《禁止进口限制进口技术目录》《禁止出口限制出口技术目录》进一步明确了新形势下包括服务在内的技术进出口管理和促进的基本原则和重点内容。此外，我国还积极推动与重点国别商签服务贸易合作备忘录，建立服务贸易多双边合作机制。

以制度型开放倒逼服务业国内体制机制改革，为内外资一致的公平竞争市场环境奠定基础。近年来，我国服务业扩大开放越来越重视对接国际通行规则。由于不同服务行业异质性强，面临的体制机制障碍差别大，通过有针对性地进行国际对标，一定程度上促进了服务业改革重点的把握，提高了改革措施的有效性。事中事后监管制度逐步建立。在推进服务业扩大开放的过程中，我国积极探索服务业事中事后监管，在构建部门协同监管机制、扩大智能监管覆盖、规范重点领域监管流程等方面取得了明显进展。以"双随机、一公开"监管为基本手段、以重点监管为补、以信用监管为基础的新型监管机制逐步健全，减轻了企业负担。同时，信用监管实行守信联合激励和失信联合惩戒机制，让市场主体"一处违法、处处受限"，增强了对市场主体的威慑力，市场环境更加公平有序。知识产权保护力度明显加强。随着经济结构调整和高质量发展深入推进，我国对知识产权使用等生产性服务需求快速增长，与知识产权相关的服务进口大幅提升。为进一步加强知识产权保护，确立知识产权"严保护"的政策导向，2019 年我国出台《关于强化知识产权保护的意见》，在强化制度约束、加强社会监督共治、优化协作衔接机制、健全涉外沟通机制等方面提出多项创新举措，为加强对中外企业知识产权的一视同仁和同等保护创造了良好环境。我国还公布了《优化营商环境条例》，从完善相关制度的角度对近年来改善营商环境的有效做法和经验加以固化，确立了对内外资企业一视同仁的营商环境基本制度规范，针对现阶段营商环境的突出短板和市场主体反映强烈的问题，也从完善体制机制层面作出规定。

第三章 制度型开放内涵研究和以制度型开放促进服务业发展的历史经验借鉴

在制度型开放方面，以美、日、韩等国为代表的经济体一直走在前列，这些国家积极推进高标准贸易投资协定的签署，在新一轮国际经贸规则体系构建中也更加关注知识产权保护、政府采购、竞争中立、数字贸易等新议题。中国是开放速度最快、开放领域最广、开放政策最多的国家之一，也是在向经济高质量发展转型的关键时期主动推动制度开放的发展中大国，在未来推动制度开放方面面临前所未有的挑战，对于中国而言，制度型开放的内涵更加广泛复杂，实现制度型开放的路径也没有先例可循。但通过比较主要经济体制度开放演进历程，借鉴主要经济体推进制度型开放的经验做法和一般性规律，分析其以制度型开放对服务业发展的促进作用，可以为国内制度层面系统性改革提供参照，在自贸试验区进行探索试验，并且做好风险测试和压力测试，为参与国际经济规则制定奠定基础。

第一节 制度型开放的内涵和路径

2018 年底中央经济工作会议指出："要适应新形势、把握新特点，推动由商品和要素流动型开放向规则等制度型开放转变"，这一论述为未来我国开放型经济的持续深化发展指明了方向。在 2019 年初全国"两会"上，国务院总理李克强在政府工作报告中也强调指出："进一步拓展开放领域、优化开放布局，继续推动商品和要素流动型开放，更加注重规则等制度型开放，以高水平开放带动改革全面深化"。2020 年 5 月 11 日发布的《中共中央 国务院关于新时代加快完善社会主义市场经济体制的意见》（以下简称《意见》）中再次强调了"推动由商品和要素流动型开放向规则等制度型开放转变，吸收借鉴国际成熟市场经济制度经验和人类文明有益成果，加快国内制度规则与国际接轨，以高水平开放促进深层次市场化改革"，并强调要"健全外商投资准入前国民待遇加负面清单管理制度，推动规则、规制、管理、标准等制度型开放"，进一步明确了这一战略部署和任务举措。

一、制度型开放的内涵探讨

从制度型开放的理论逻辑看，自制度型开放提出以来，国内学者对制度型开放的内涵和路径设计展开了大探讨。多数学者从高标准对标国际经贸规则的角度拓展了制度型开放的内涵，即制度型开放就是从以往"边境开放"向"境内开放"的拓展、延伸和深化（张二震，2019），在促进规则变革和优化制度设计中，形成与国际经贸活动中通行规则相衔接的基本规则和制度体系，是对新一轮高标准化的国际经贸规则调整和完善具有引领作用的先进制度安排（戴翔，2020）。这种边境后开放的重点在于建立适应国际经济合作大趋势的规则体系，需要在体制层面进行创新与开放，建立与开放型经济形态和发展模式相适应的管理制度与政策体系，还应包括基本经济制度范畴的变革与完善（徐康宁，2019），这也是顺应中国自身高质量发展的需要，是顺应经济全球化新发展趋势的需要，也是参与全球经济治理变革大势的需要（钱克明，2019）。而建立并形成与国际高标准经济规则接轨的基本制度框架和行政管理体系，关键是促进规则变革，优化制度供给的安排，鼓励大胆试、大胆闯、自主改，建立一套与国际高标准贸易与投资规则相接轨的基本制度框架和行政管理体系，形成与国际投资、贸易通行规则相衔接的基本制度体系和监管模式（何立胜，2019）。从大多数学者对制度型开放的解读来看，其核心就是在制度层面寻求开放红利，通过改革国内相关体制机制、政策体系和监管模式，建立适应国际经济合作大趋势的规则体系。

从制度型开放的体系设计和政策路径来看，国内学者对制度型开放内涵的探讨大多涵盖了如何实现制度型开放的问题。制度型开放对政策制度的系统性要求更高，呈现出平台载体以及产业领域的政策制度设计更趋非标准化、定制化，且政策制度获得感不显著等特征，因此，需要在制度型开放重点、产业开放策略、开放平台载体、开放政策制度上采取更有针对性、更有时代特色的策略和举措（崔卫杰，2020），应积极推动"边境"规制改革以持续降低商品服务要素跨境自由流动壁垒，以政府采购、国有企业、补贴政策、知识产权保护为重点，加速深化"边境后"规制改革以实现和"边境"规制协同发力，积极构建和其他经济体的全领域规则协调机制，有效提升我国规则体系的正向外溢效应（李大伟，2020）。

从制度型开放的历史借鉴和现实需要看，制度型开放虽然是近年来提出的新概念，但从全球主要经济体和多双边贸易机制的开放实践看，制度型开放则早已有之。"二战"后美国作为国际经贸规则的设计者和主导者，奠定了多边贸易体制的基本框架，国际经贸活动则遵循该规则体系得以顺利开展，多边贸易体制推动了发达国家之间的贸易自由化，并促进了从"二战"结束到20世纪70年代初的世界贸易快速发展，同时也为80年代以来的区域以及全球生产网络的发展打下基础（宋泓，2020），可以说，当时的国际经贸规则体系和框架已经纳入了制度开放的内容，具备了制度型开放的属性，只不过这种制度开放是对各国边境前贸易投资活动进行规制和协调，尚未深入触及边境后领域。随着国际贸易投资新模式、新业态的不断涌现，如电子商务、服务贸易等近年来在国际经贸活动中的比重日益提升，对这类新的贸易模式和业态的规制和监管就涉及诸多边境后规制和制度的协调和对接，这势必涉及各国国内各项制度和体制的对接和协调，制度型开放的内涵和范围也相应地从边境前开放拓展至边境后，深入触及各国国内规则体系的开放，并且国内规则体系的开放和对接大致通过两种路径实现，一是在多边层面，各国国内制度安排要能够实现与国际通行规则协调一致；二是在区域层面，国内制度安排与其他国家国内制度安排相协调，边境后规制和体制的协调也愈来愈多地被纳入多双边贸易投资协定的谈判中，原有的以 WTO 为代表的多边贸易体制谈判之所以停滞不前，也是因为各国国内制度的差异性和相应的利益诉求无法平衡和兼顾，导致制度协调难上加难。

二、我国对外开放由由商品和要素流动型开放逐渐走向制度型开放的必然性

（一）商品和要素流动型开放不符合我国经济高质量发展的创新要求

一是依靠低成本优势和市场规模对外部要素的吸收和融合不利于自主创新能力的提升。高质量发展的核心在于创新，相应的对外开放模式也需要服务于这一核心。而改革开放以来，我国开放型经济发展一直存在效益不高、创新能力不强的问题，从产业结构和贸易结构看，产业结构有待调整和升级，产品质量和生产效率还有待提高，产品处在全球价值链的中低端，仍面临出口产品结构不合理、出口产品质量不高以及进口结构有待调整等难题；从要素配置效率看，对外部资本要素的吸收并实现与国内劳动力要素和资源的融合后，较多地配置在中低端生产制造环节，要素配置效率较低，对整体劳动力素质提升作用有限。而依靠各种政策优势的招商引资模式也仅仅停留在引资阶段，不能满足高质量发展对引智引技的要求，无法推动我国产业向全球价值链中高端迈进。

二是制度开放相对滞后增加了国际制度协调成本，不利于创新要素资源的流动和集聚。在国内比较优势动态变化和外部环境趋紧的大背景下，要素流动型开放的红利已经释放得比较充分，经济高质量发展要求进一步提升对外部创新要素的集聚能力，尤其是提升高端人才、数据等新型创新要素的集聚能力，而这类创新要素的流动更多地需要在边境后制度领域开展国际协调，比如知识产权、数据安全等与国内相关制度息息相关的领域。而目前我国在相关领域的标准规则与国际先进标准存在差异，尤其是市场准入许可、产业政策、竞争政策、环境保护、知识产权等领域，与发达国家存在不协调的地方甚至是制度摩擦，影响了创新领域的交流合作，较高的制度协调成本成为集聚创新资源的主要掣肘。

（二）构建更高水平开放型经济新体制要求要素流动型开放向制度型开放转变

从国内规则制度改革的角度看，经济高质量发展要求我国必须提升对高端要素和资源的集聚能力，培育新的国际竞争优势，不仅要促进资本融合、资源融合、市场融合，更重要的是促进制度融合，创造有利于人才、数据等新型创新性要素流动的制度环境，在规则制度领域加强国际协调，尤其是在诸多边境后规则领域促进国内规制与国际通行规制接轨，实现监管一致性。同时，着眼于规制层面，进一步提升营商环境。这就要求更高水平开放型经济新体制在制度领域有所突破，提高制度开放水平。

从国际经贸规则领域的竞争看，一方面，我国经济高质量发展面临的国际环境出现不利变化，和主要贸易伙伴之间经贸摩擦加剧。同时，各国发展理念之争、发展模式之争层出不穷，以美国为首的单边主义和贸易保护主义的破坏性正在不断发酵，贸易保护主义不断升级，外部挑战和压力急剧增加。另一方面，我国面临的国际经贸规则领域的竞争态势也在加剧。当前国际经贸规则面临大调整、大重塑，全面与进步跨太平洋伙伴关系协定（CPTPP）、美加墨自贸协定（USMCA）、日本与欧盟的经济合作协定（EPA）等带有区域保护主义色彩的区域合作框架正在加快构建，对以 WTO 为代表的多边合作框架产生冲击，而 WTO 自身也在酝酿新一轮规则改革。这些新情况和形势加剧了国际规则领域竞争态势，这就要求我国在制度开放、高标准对接和引领国际经贸规则方面加快步伐，加快推动规则、规制、管理、标准等制度型开放，并积极争取在国际规则改革领域发挥主导作用。

第二节　美德日韩制度型开放路径比较及其在促进服务业发展方面的作用

通过分析各国在每一阶段国内经济发展和外部国际市场环境、与主要贸易伙伴关系等深层次因素及其动态变化以及开放模式、开放政策相应的演变，在比较分析的基础上，总结发达国家制度型开放的成功经验，分析制度型开放对其服务业发展的作用，可以为我国推进制度型开放，形成国内服务业体制机制改革与外部规则竞争的相互促进、良性互动的格局提供借鉴。各国每一阶段国内经济发展要求、外部环境的变化与对外开放模式之间的关系总体呈现相互适应、协调并进的特征，进而决定了制度型开放的阶段性特征和具体路径。总体看，各国对外开放策略一般由较低层级的商品和资本输出促进策略逐渐向主动构建多双边经贸框架、积极开展边境后议题的规则协调的方向转变。与此同时，制度开放的深化发展往往可以倒逼国内相对滞后的市场经济体系各方面的改革加快推进。对外部市场依赖度较高的后发国家基本经历了以工业发展为主要支撑的出口导向战略向投资、金融等服务业领域开放、由促进要素流动的开放向更高层次的制度开放演变的过程，而由于服务业自身发展对规则、规制、标准、管理等制度的需求更大，制度型开放对于一国服务业发展至关重要，可以说，一国制度型开放和其国内服务业发展基本是相互支撑、齐头并进的，制度型开放在一定程度上决定了其国内服务业发展水平。

一、"二战"之后美国突出强调以国内规则为蓝本构建全球经贸规则

（一）制度引领一直贯穿美国战后对外政策演进历程

"二战"后，领先的科技优势和市场规模使得美国在国际分工体系中占据引领地位，而只有达成一定程度的制度和规则协调才能为其大规模的要素流动和国际贸易投资活动提供稳定的规则环境，优化全球资源配置的效率。因此，美国相继推动了工业制成品贸易自由化、金融自由化以及服务贸易自由化等相关规则制定进程，建立了以经济自由化为价值引领、以多边主义为治理方式、以有约束力的规则为治理手段的布雷顿森林体系，涵盖了现行全球经济治理体系中最重要的三大支柱——国际货币基金组织、世界银行和世界贸易组织，在国际贸易、投资、金融等领域获取了巨大收益。并且其对外开放政策体系始终服务于本国利益，政策目标与国家战略逻辑主线相吻合，突出强调以国内规则为蓝本构建全球经贸规则，旨在减

少贸易和投资壁垒，推动全球经贸规则向着有利于彰显自身实力的自由化方向演变。虽然西欧、日本、新兴经济体和发展中国家不断崛起，但是美国规则引领者的地位难以撼动。

（二）规则竞争压力下制度开放路径的主动调整

随着全球政治经济发展与力量对比关系变化，新兴经济体和发展中国家逐渐崛起，同时，美国也面临欧盟、日本等发达国家和地区在科技、产业、市场等领域的竞争，国际规则构建领域中有影响力的声音愈来愈多，各国均基于本国利益在国际制度协调和规则构建领域进行博弈，比如欧盟与日本、南美国家的南方共同市场达成贸易协定、中国大力推进"一带一路"倡议，在亚欧大陆和太平洋地区合作建设基础设施等。美国在规则体系中的支配地位受到挑战。同时，诸多涉及美国优势领域的多边经贸规则尚不完善，如知识产权、数字贸易规则等，无法有效保障美国优势产业在国际分工体系中的利益。现行的多边经贸规则体系逐渐与美国保障自身利益的初衷相背离，美国调整和重构现行多边经贸规则体系的需求日益增长。因此，美国奉行的以新自由主义秩序为目标的制度开放路径发生调整，这种调整主要围绕多边规则和区域规则层面展开，在多双边经贸规则构建中始终坚持"美国优先"的核心原则，一方面，退出原有的不利于保障其国内利益的若干全球多边治理框架；另一方面，以单边主义路线重塑区域国际经贸制度规则体系，并且大幅提升区域规则体系标准，企图构建以美国为核心的区域规则体系。如特朗普时代的"零关税、零壁垒、零补贴"政策导向，并且美国在区域贸易协定中对知识产权、电子商务、投资、政府采购、环境与劳工保护、国有企业、规则的协同性和透明度以及反腐败等新规则领域都进行了严格界定。这些高标准强化了美国在区域价值链上游和下游结构中的绝对优势地位，提高了发展中国家参与国际经贸规则体系的门槛。

二、德国从早期贸易保护主义战略转向"二战"后与欧洲其他国家的制度和规则协调

（一）德国战后推动欧洲经济制度协同步伐相对快于其他区域

战后德国为拓展国际发展空间，选择完全融入欧洲和西方联盟，争取

欧洲认同，坚定不移地推动欧洲一体化建设。德国在制定贸易壁垒审查、市场准入、贸易保护等贸易投资相关法案时以欧洲一体化为目标，同时力求推动国内相关规则和欧盟其他经济体相关规则的协调和对接。德国领导人曾在公开场合多次表示，德国的未来与欧洲是紧密联系在一起的，德国追求的终极目标是"欧洲的德国，而不是德国的欧洲"。并且德国把经济货币联盟的建立看作欧洲一体化的重要一环，西德前总理科尔甚至以放弃本国货币马克为代价，支持创建欧洲统一货币欧元。德国在欧洲一体化进程中也积极发挥自身影响力，使欧洲一体化在部分领域体现出鲜明的德国特色，以标准体系为例，近年来欧盟在数据隐私保护方面出台的《通用数据保护条例》在很大程度上借鉴了德国的相关规则体系。

（二）积极在区域和多边层面制度协调中发挥自身影响力

近年来德国在参与全球多边经贸规则构建方面也展现出了德国特色，一方面，近年来德国在数字贸易规则、应对气候变化、投资争端等诸多领域主张与美国不同的规则路径，通过发挥自身在欧盟的影响力，拓展欧盟区域经贸合作网络，并在此进程中积极灌输德国主张。比如联合日、韩、加拿大、澳大利亚等国组建"多边主义联盟"，积极推动欧日、欧非、欧澳、欧新（西兰）、欧盟—东盟等自贸协定签署等。尤其德国凭借其在欧盟的影响力，对欧盟整体投资规则的重塑和调整发挥了重大影响力，进而影响欧美之间关于国际投资规则的竞争，以跨大西洋贸易与投资伙伴协议（TTIP）谈判为例，在投资争端解决问题上，德国主张投资争端在国内法院解决，强调投资者应该在本国法院得到应有法律保障，而美国主张纳入传统的投资者—国家争端解决机制；在劳工条款中，美国提出如果劳工违反雇主标准，雇主有权对劳工进行处罚，欧盟则坚持劳工和雇主双方应该建立协商机制或者将劳动争议案件提交给专家小组，雇主无权直接处罚劳工。德国还坚持将可持续发展条款纳入多双边区域协定的序言中，比如将执行《巴黎协定》具体承诺纳入日欧EPA中。在德国的引领和支持下，欧盟在WTO改革中也提出了具有自身特点的方案。

纵观主要经济体制度开放进程，其制度开放路径和开放步伐的快慢在很大程度上是由其对制度国际协调的需求决定的，而这又与各国在每一阶段的经济实力、对外开放范围和层次息息相关，一国经济实力和产业基础奠定了其参与国际分工体系的能力，随着其对外开放范围的扩大和层次的提升，制度开放的内涵也得以不断扩充和升级。而当前制度型开放步伐较快的国家也基本以发达国家为主，如美国、日本等国，基本是在其进入发达国家阶段后，具备了一定经济实力和产业优势，并且国内市场经济体制逐渐成熟，在规则、规制、管理、标准等领域积累了一定的比较优势后，再逐步推进制度型开放。而我国作为世界第二大经济体、制造业第一大国、货物贸易第一大国、外资流入第二大国，对外开放已经处于从商品和要素流动型开放向更高水平的制度型开放转变的关键阶段。但同时我国仍是发展中国家，对外开放质量和层级尚有待提升，社会主义市场经济体制改革仍在加速推进，与发达国家相比，在制度竞争和经贸规则构建领域并无优势，加之当前全球供应链深刻调整、贸易保护主义抬头、多边规则体系改革前景并不明朗，并且越来越多的新兴经济体和发展中国家在规则竞争舞台上崭露头角，发达国家之间、发达国家与发展中国家之间的规则竞争日益激烈，我国推进制度型开放面临的内部挑战和外部环境更加复杂，制度型开放面临加快推进国内体制机制改革和积极参与国际规则构建的双重紧迫任务。尽管发展中国家推进制度型开放无先例可循，但美国、日本等经济体制度型开放的历程仍为我国未来制度开放前景和目标提供了重要参照。

三、日韩从早期服务于出口导向的对外开放战略，转向基本形成和美国相似的经贸规则体系

（一）日韩出口导向发展模式对外部市场的高度依赖要求其积极融入WTO为代表的多边贸易体制

战后日韩积极融入以WTO为代表的多边贸易体制与当时两国实行的赶超发展战略密不可分，这种赶超阶段的出口导向发展战略带有明显的政策倾斜性和政府主导色彩，政府通过产业政策、计划调节、行政指导等手段，在外部资源和要素的利用与配置、产业发展和对外开放重点等方面进行干预，通过一系列具有强烈政府主导色彩的制度安排，实现有限的生产

要素相对集中使用，在较短时间内为国内产业赶超式发展提供市场支撑，极大地提升出口型产业竞争力，实现其经济赶超目标。由于出口导向型经济增长模式对外部市场依赖较大，两国需要积极融入多边贸易体制，拓展外部市场网络，积极与主要贸易伙伴市场对接，降低贸易投资壁垒。因此，两国实行的是"WTO一边倒"的多边主义立场，并且，对外合作层次的深化推动其在制度层面加快融入多边经贸规则体系。随着日韩对外经济合作由贸易投资向技术合作、人员流动、服务贸易等更宽领域拓展，日韩对外开放路径由降低进出口壁垒向结构调整、规则改革等制度层面演进，知识产权、公平竞争、劳工标准、环境保护等边境后议题成为日韩进一步融入多边经贸体制的重要议题。日韩后续的制度开放重点即着眼于在规制层面与WTO为代表的多边经贸规则积极接轨，融入多边贸易规则体系，从而倒逼国内市场化改革步伐加快，开放政策体系朝着更加均衡、更深层次、更广范围的模式演进。

（二）在农产品保护领域对WTO多边经贸规则的重塑和影响

在融入多边规则体系的同时，日韩也积极参与规则构建，在一定程度上影响了部分领域规则走向。比如在农产品领域，日韩竞争优势较弱，在农产品贸易保护问题上立场十分强硬，有效运用所谓"合规性"贸易壁垒保护本国农业，包括对关税、配额、反倾销反补贴措施、技术性贸易壁垒及卫生和植物卫生措施等规则加以利用。比如，日韩两国不同程度地采取了设置关税高峰[①]的手段来保护本国农业，尤其是加工食品行业。并且两国都采取了关税升级措施，即针对不同的农产品加工程度而征收不同关税的"倾斜式结构"。两国还实行了关税配额制度、技术性壁垒等阻碍农产品进口。日韩对农产品贸易规则的利用在一定程度上影响了全球农产品贸易规则的利用倾向，导致农产品是当前全球贸易中问题最多的领域，贸易扭曲严重。

（三）区域制度协调进程后来居上

随着国际经济格局和市场力量逐渐多元化，区域层面的经济合作逐渐

---

① 按照联合国贸发会议和世界贸易组织的界定，对发达国家而言，超过15%的最惠国关税税率一般被认为是关税高峰。

兴起，特别是东亚区域市场逐渐发展壮大，尤其是中国超越日本成为世界第二大经济体，并取代美国成为日本、韩国等东亚主要国家最大的出口市场和最重要的投资目的地，区域层面的经济合作日益活跃。同时，在经济起飞阶段之后，日韩国内经济进入转型发展期，增长动力有所下滑，为寻求更多海外产业发展机遇和市场空间，日韩加快推行以自由贸易协定为代表的区域合作战略。并且，区域合作的深化发展需要进一步扩大制度协调范围，各国在边境后议题领域相对于多边协定也较易达成共识，制度协调的深度和广度明显大于多边层面的贸易框架。如日本以日本—新加坡 EPA 为契机，加快了区域贸易协定谈判进程，先后与墨西哥、智利、东盟、瑞士、印度、秘鲁、澳大利亚和欧盟等国家或地区签署自由贸易协定和 EPA 协定，并在区域贸易协定纳入了更多的边境后议题，逐渐构建了囊括其主要贸易伙伴的巨型区域贸易协定网络。

第三节　主要经济体制度型开放的一般性规律以及对我国服务业扩大开放的启示

国际分工体系的正常运转离不开各国制度和规则协调和统一，只有达成一定程度的制度和规则协调才能为要素流动和国际贸易投资活动提供可遵循的规则和稳定的规则环境，从而优化全球资源配置效率。而制度和规则是一种具有正外部性的国际公共产品，而有能力和动力提供这一公共产品的国家往往是国际分工参与度较高的国家。从主要经济体的制度型开放历程也可以看出，一国参与国际分工体系的广度和深度相应地决定了其制度开放的范围和深度。从供给端看，若一国能够成为全球生产制造中心，广泛和深入地融入全球产业链，则更加需要国际规则协调来降低其商品和要素的流动成本，对制度开放的需求相对较高；从需求端看，若一国成为全球市场中心，能够为其他国家提供大规模市场，则能够在规则构建中拥有较大话语权，能够以国内规则为蓝本构建以其为主的多双边规则体系。

一、主要经济体制度型开放的一般性规律

（一）领先的科技优势和产业优势确立了一国全球创新中心和生产中心地位，对制度开放和规则协调的需求也较高

领先的科技优势和产业优势为一国成为全球创新和生产中心奠定了强大基础，奠定了其在国际分工体系中的引领地位，能够引领全球产业链供应链创新链，由此带来大量的商品、要素乃至信息、数据、人才等创新要素的跨境流动，这类国家往往需要在规则层面与贸易投资伙伴国进行协调对接，降低商品和要素跨境流动成本，特别是对各类边境后投资活动进行规制，以降低交易成本和争端解决成本，由此产生了对制度开放和规则协调的需求。因此，全球创新和生产中心国家更有动力去构建于己有利的国际经贸规则体系，尤其是在本国具有比较优势并且开放度较高的产业领域，率先成为规则制定的主导者，如美国根据本国产业竞争优势的演变，相继推动了工业制成品贸易自由化、金融自由化以及服务贸易自由化等相关规则制定进程，通过主导并控制这一进程，美国在国际贸易、投资、金融等领域获取了巨大收益。当前，由于数字经济和数字贸易发展势头较快，且美国在信息技术方面具有绝对领先的优势，因此，美国坚定地推行"确保自由和开放的互联网"为原则的国际经贸规则，同时也在多边、双边及诸边协定中不遗余力地推行符合美国利益的数字贸易规则。

（二）市场规模优势则为一国在国际规则体系中争取到更多的话语权和影响力

市场规模在国际经济规则博弈过程中的作用机制非常简单，要么接受我的规则，要么退出我的市场，市场往往就是国际经贸规则谈判中的重要筹码。因此，国内市场规模大、市场准入门槛低的国家能够凭借市场规模优势为他国提供市场，进而在国际经贸规则博弈中掌握了更多主动权。此类国家往往会将国内规则作为国际规则协调的准绳和依据，力推国内规则的国际化。历史经验也充分证明，谁能给世界提供持续、稳定的大市场，谁就能在很大程度上成为国际经贸规则的主导者。"二战"后的美国也同样依托国内巨大的市场，向全球推行自由贸易政策，积极推动了关税与贸

易总协定的八轮谈判，大大降低了全球关税水平，并在国际规则协调过程中呈现出明显的单边主义特点，即以国内规则为核心对国际规则体系进行重塑。

（三）实行赶超型发展战略的后起国家的早期开放政策具有不可持续性和非均衡性

从日韩等实行过赶超型发展战略的国家看，其凭借出口导向战略改善本国资源的配置，从中获得贸易利益和推动本国经济的发展，但这种出口导向战略和相关体制具有偏向性和不可持续性，导致在对外贸易和投资也出现偏向性发展，即根据自身的经济利益和战略需求限制产品进口或外资进入，对外开放的演进是按照政府设定的方向进行的，针对竞争力各不相同的产业采取了不同程度的贸易自由度，分步骤地、选择性地对商品和产业实行自由化，并运用各种贸易壁垒限制进口，采取各种优惠政策促进出口，不断促进产业结构朝着预期目标升级，同时有效地保护国内市场。当经济处于赶超阶段时，这种开放模式有助于实现有限的生产要素相对集中使用，在较短时间内为国内产业赶超式发展提供市场支撑，实现其经济赶超目标并跻身于经济大国行列，但随着赶超任务的完成，日韩国内市场的封闭性和对外开放模式的局限性反而阻碍了国内市场化改革的推进，进而导致其市场经济体系的相关制度、体制机制落后，改革进展极其缓慢。并且，这种开放政策、措施和相关规则与国际市场规则标准是相背离的，导致两国面临的经贸摩擦由商品、资本流动层面的摩擦继续上升至规则和制度争议，"看不见的壁垒"成为西方国家频频抨击的对象，不利于长期稳定、可持续地推进对外开放合作。因此，后起国家开放型发展到一定阶段后，开放政策红利进一步缩减，需要进一步推动制度层面的规则、标准、管理、规制等与国际体系对接，走向更高层次、更加均衡的开放阶段，而制度层面的开放则需要国内各项体制机制的市场化自由化改革的深化来配合，两者是相辅相成的。

（四）制度协调基本遵循由周边协调向区域和多边协调扩张的路径，且当前各国区域制度协调进程快于多边协调进程

对外经济活动的范围直接决定了一国进行制度国际协调的范围，

大多数国家对外经济活动的扩张都遵循由周边向区域和多边乃至全球的扩张路径，而一国经济发展跨越国境，并逐步与别国经济乃至世界经济相互联系、相互渗透的过程必然伴随着与经济伙伴在制度体系方面的对接和协调，即国内制度体系需要走向周边、区域乃至全球制度协调和融合，与外部的制度协调的范围和深度也基本遵循对外经济活动的扩张路径。以日本制度开放路径为例，伴随着区域经济活动的扩张，日本越来越多地以与各国签署多双边经贸协定等方式确立相应范围的经贸规则和经济秩序，其制度型协调也经历了与东亚区域内各国签订FTA 为基础的制度协调向与欧美等东亚区域外国家的巨型 FTA 基础上的制度协调的发展历程。而从当前区域制度协调和多边制度协调进程对比看，多边规则体系协调明显受挫。以 WTO 为代表的多边贸易体制规则协调趋于停滞，主要国家尤其是中美针对 WTO 改革的方案尖锐对立，未来一段时间内，WTO 为主导的多边贸易体制规则谈判进程存在诸多不确定性，原有的多哈回合框架下的规则谈判势必要进行拓展和调整，甚至不排除破旧立新的可能性，在 WTO 框架之外重新建立新的多边贸易规则体系。但多边规则谈判进程无论是沿着哪种路径进行，均不会在短期内尘埃落定，国家贸易投资新模式、新业态的不断变化发展亟须确立一套与之相匹配的国际经贸规则和制度体系，因此，多数国家转向和经贸联系紧密的若干伙伴国之间先行进行区域规则谈判，建立区域规则体系，如当前在全球各大区域以及各区域之间基本都形成了较有影响力的区域经贸协定，如《全面与进步跨太平洋伙伴关系协定》（CPTPP）、《区域全面经济伙伴关系协定》（RCEP）、《美墨加协定》（USMCA）等。

（五）边境后协调是制度型开放的重要推动力

随着全球化深化发展，各主要经济体经济活动的影响范围不断扩大，国际协调势必涉及更多国内事务和相关体制，即边境后议题，包括市场准入、公平竞争、环境、劳工、服务贸易、投资、知识产权等国内规则和制度的协调。对于各主要经济体而言，不仅要促进资本融合、资源融合、市场融合，更重要的是促进制度融合，创造有利于人才、数据等新型创新性要素流动的制度环境，在规则制度领域加强国际协调，尤其是在诸多边境后规则领域促进国内规制与国际通行规制接轨，实现监管一致性。同时，着眼于规制层面，进一步提升营商环境。因此，各国开放型经济发展到一定阶段后，需要进一步降低制度性壁垒，这就需要边境后各类领域在标准、程序、规则、监管等方面的国际对接和协调，实现制度层面的开放，从制度层面降低交易成本，培育新的国际竞争优势。因此，各类边境后领域的制度协调和规则博弈是推进制度型开放不断深化的重要任务和动力。

（六）边境后议题逐渐被纳入各国对外开放范畴，为服务业创新要素的跨境流动创造了条件

一方面，各国对外开放路径由降低商品和资本进出口壁垒向规则改革等制度层面的开放演进，知识产权、公平竞争、劳工标准、跨境人员流动、电子商务等边境后议题逐渐被纳入国际协调的范畴，推动这些原本属于一国边境后领域的制度逐渐在国际层面达成共识，使各国边境后议题的国际规则体系逐渐成型。另一方面，服务业发展需要各国提升对技术、人才、数据、信息等要素的吸引力和集聚能力，这在很大程度上取决于这几类要素的跨境流动的便利化程度，而知识产权、公平竞争、劳工、环境、跨境人员流动、电子商务议题的充分谈判和国际规则成型无疑在很大程度上降低了这类要素的跨境流动壁垒。因此，各国制度型开放的推进提升了服务业发展所需创新要素的跨境流动便利化程度，这成为各国吸纳全球创新要素的先决条件，而只有经过对创新要素的一定时期内的集聚，才能为各国服务业发展持续提供创新动能，提升其服务业国际竞争力。随着边境后议题的开放进程加快，也可以看出，各国服务贸易出口占对外贸易出口的比重也是不断上升的。比如，21世纪初以来，日本加快推进区域经贸协定网络构建进程，为其后来在服务业开放发展方面奠定了基础，2010年以后，日本服务出口占其对外贸易出口的比重也快速上升。

单位：%

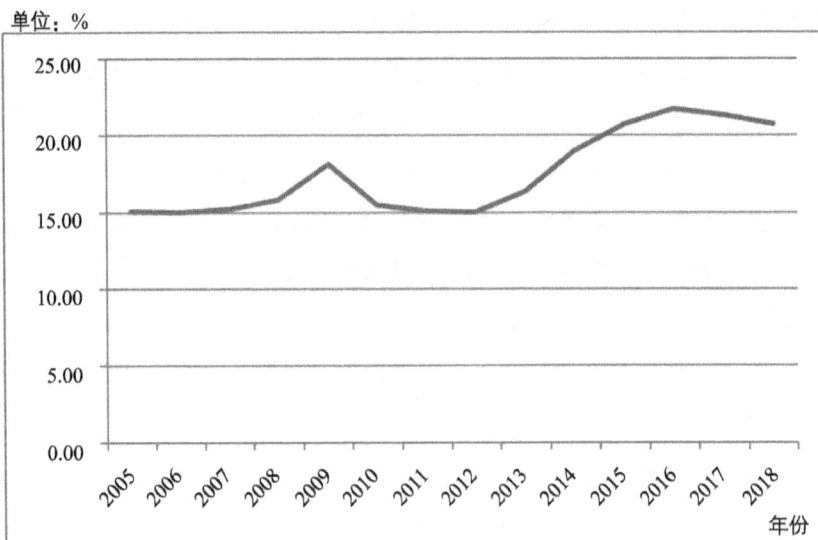

图 3-1：日本服务出口占日本对外贸易出口的比重

资料来源：联合国贸发会议（UNCTAD）数据库

二、主要经济体制度开放历程对我国服务业扩大开放的启示

（一）我国已经具备制度型开放所需的科技和产业优势以及市场优势

1. 从供给侧看，我国科技和产业优势奠定了全球创新和生产中心地位，对制度协调的需求日益上升

从科技实力看，2018 年，我国研发人员总量稳居世界首位，按折合全时工作量计算的全国研发人员总量为 419 万人年；研发经费投入 2018 年达 19657 亿元，按汇率折算，我国已成为仅次于美国的世界第二大研发经费投入国家。截至 2018 年底，我国发明专利申请量已连续 8 年居世界首位；商标注册申请量达 737.1 万件，同样已连续多年稳居世界首位。从产业链竞争力看，"十三五"以来，通过深入推进供给侧结构性改革，我国产业链供应链核心竞争力不断增强，在全球产业链供应链中的地位持续攀升。我国是全世界唯一拥有联合国产业分类中全部工业门类的国家，2019 年制造业增加值占全球 28% 以上，世界第一制造大国地位更加巩固。一定的创新实力和全球生产制造中心地位决定了我国在全球产业链分工中占据重要一

环，具备较高的国际分工参与度。因此，一方面，我国需要相应地推进制度开放和对接，提高参与国际分工体系便利化自由化程度；另一方面，较高的国际分工参与度决定了国际经贸规则的发展趋势与我国国际分工活动以及利益息息相关，这就对我国积极主动参与并把握规则制定主导权提出了要求。

2. 从需求侧看，国内大市场的日益壮大奠定了我国在制度型开放和规则竞争中已经具备一定的话语权和影响力

加快构建以国内大循环为主体、国内国际双循环相互促进的新发展格局背景下，我国国内大循环的条件和基础日益完善。从市场规模和需求潜力的看，我国已形成拥有 14 亿人口、4 亿多中等收入群体的全球最大最有潜力的市场，我国社会消费品零售总额从 1952 年的 277 亿元人民币，增长到 2018 年的 38 万亿元人民币，已成为全球第二大消费市场。2019 年我国利用外资逆势增长，规模再创历史新高，稳居全球第二位。随着向高收入国家迈进，规模巨大的国内市场不断扩张。而当前市场是全球最稀缺的资源，在制度竞争和规则博弈中，谁掌握了市场，谁就拥有话语权，提供巨大国内市场的能力决定了我国在制度型开放和规则竞争中具备了一定的主导权，在国际经贸规则体系构建中能够发挥积极影响力。

（二）制度型开放是我国构建更加均衡、更加全面开放型经济体制的内在要求

1. 制度型开放是商品和要素流动发展到一定阶段后对我国开放路径、开放模式转型提出的新要求

作为发展中国家，改革开放以来，我国的对外开放走的是一条非均衡的、递进式的区域对外开放路径，侧重于要素集聚和生产集聚，具有明显的出口导向特征，在产业政策支持和资源配置方面相对偏向于出口端。在当前世界经济复苏缓慢又遭遇新冠肺炎疫情巨大冲击的背景下，外部市场势必无法为国内经济发展继续提供需求端支撑，生产要素集聚带来的长期资本净流入、商品净流出的开放型经济发展模式是不可持续的。同时，内需已成我国经济中高速增长中的决定性力量和"顶梁柱"，扩大进口成为刺激内需扩大的重要路径，而当前进口面临的壁垒和进口环节税费仍有进

一步降低的空间，进口潜力仍有待激发。在国内比较优势动态变化和外部环境趋紧的大背景下，要素流动型开放的红利已经释放得比较充分，经济高质量发展要求进一步提升对外部创新要素的集聚能力，尤其是提升高端人才、数据等新型创新要素的集聚能力，而这类创新要素的流动更多地需要在边境后制度领域开展国际协调，比如知识产权、数据安全等与国内相关制度息息相关的领域。而目前我国在相关领域的标准规则与国际先进标准存在差异，尤其是市场准入许可、产业政策、竞争政策、环境保护、知识产权等领域，与发达国家存在不协调的地方甚至是制度摩擦，影响了创新领域的交流合作，较高的制度协调成本成为集聚创新资源的主要掣肘。因此，从开放型经济体制发展的新阶段新要求看，制度型开放是商品和要素流动发展到一定程度后对我国开放路径、开放模式提出的新要求。当商品和要素流动规模与流动便利化程度发展到一定程度后，人员、信息、技术等要素的流动逐渐频繁，服务贸易以及交易模式的发展触及各国边境后规则和制度协调的范畴，原有的侧重于促进商品和要素流动的开放型体制愈发不适应新型要素流动和跨境贸易投资新模式新业态的发展，这势必对开放型经济体制在制度开放和协调领域提出了更高要求，包括不同国家间规则、标准、规制、管理等一系列制度领域的协调，在规则制度领域加强国际协调，尤其是在诸多边境后规则领域促进国内规制与国际通行规制接轨，实现监管一致性。

3. 制度型开放有利于倒逼国内市场化体制机制改革

从推进国内市场化体制机制改革的角度看，经济高质量发展要求我国必须提升对高端要素和资源的集聚能力，培育新的国际竞争优势，不仅要促进资本融合、资源融合、市场融合，更重要的是促进制度融合，创造有利于人才、数据等新型创新性要素流动的制度环境，这首先就要求在国内规制层面进一步提升营商环境，推进有利于要素集聚和创新的市场化体制机制的形成，从外而内地倒逼国内一系列不适应这种体制机制的各领域进行深层次改革，加快发展技术要素市场、加快培育数据要素市场等，提升市场化配置资源水平。主动推进制度型对外不仅能够充分利用创新型要素，还能够倒逼国内体制机制改革，改善国内营商环境，为产业升级提供良好的外部环境，能够做到"以我为主"，结合自身发展阶段和国际环境，灵活选择相关政策工具和实施时机。

（三）制度型开放是积极参与国际规则竞争和缓解经贸摩擦的战略举措

从国际经贸规则领域的竞争看，一方面，我国经济高质量发展面临的国际环境出现不利变化，和主要贸易伙伴之间经贸摩擦加剧逐渐由商品流动领域向边境后规则、制度摩擦转变。同时，各国发展理念之争、发展模式之争层出不穷，以美国为首的单边主义和贸易保护主义的破坏性正在不断发酵，贸易保护主义不断升级，外部挑战和压力急剧增加。另一方面，我国面临的国际经贸规则领域的竞争态势也在加剧。当前国际经贸规则面临大调整、大重塑，《全面与进步跨太平洋伙伴关系协定》（CPTPP）、《美墨加协定》（USMCA）、《日本与欧盟的经济合作伙伴关系协定》（EPA）等带有区域保护主义色彩的区域合作框架正在加快构建，对以 WTO 为代表的多边合作框架产生冲击，而 WTO 自身也在酝酿新一轮规则改革。这些新情况和形势加剧了国际规则领域竞争态势，这就要求我国在制度开放、高标准对接和引领国际经贸规则方面加快步伐，加快推动规则、规制、管理、标准等制度型开放，并积极争取在国际规则改革领域发挥主导作用。

第四章　我国服务业外资准入负面
清单管理政策体系以及存在的问题

自负面清单制度实施以来，我国服务业领域外资准入政策体系和外资监管模式发生了关键性转变。在外资准入前环节，负面清单的实施极大地体现了与国际通行管理规则和标准的衔接，可以说奠定了我国制度型开放的基石，其重大意义不仅仅在于外资准入门槛的降低，还在于在外资准入环节实现了管理理念和管理方式的转变，为今后外资准入管理理念和管理方式向制度型管理转变打下了基础。但外资在准入后各环节仍面临一系列的软性和硬性障碍，服务业领域外资准入管理体制机制的改革依然任重道远，这就需要全面梳理我国服务业外资准入政策体系，包括外资促进政策和相关安全保障体系，特别是负面清单管理模式实施以来，服务业领域外资准入面临的变化，以及准入后各类与制度型开放原则不符的落地障碍，从边境和边境后全环节政策和监管措施中精准定位外资准入和准入后面临的各类壁垒。

第一节　我国服务业外资准入管理政策体系

我国服务业对外开放政策可分为三类：第一类是"三重门"的管理政策，这类政策对服务业开放发挥控制和规范作用；第二类是促进政策，这类政策对服务业开放发挥鼓励作用；第三类是安全保障政策，这类政策目的是消除服务业开放带来的国家安全风险，在开放与安全之间保持平衡。

一、服务业外资准入的"三重门"管理政策

（一）第一重门：WTO服务贸易领域开放的正面清单、多双边自贸协定中的服务贸易正面清单以及外商投资准入负面清单

这类清单是专门针对外商投资的。境外资本要进入我国服务业领域，首先受到这类清单的准入领域限制。2001年我国加入WTO时，在WTO分类的12大类服务部门的160个分部门中，承诺开放9大类100个分部门，接近发达成员平均承诺开放108个分部门的水平。目前我国服务贸易领域开放承诺全部履行完毕。同时，我国在WTO框架下逐步降低服务领域外资准入门槛，按期取消服务领域的地域和数量限制，不断扩大允许外资从事服务领域的业务范围。其中，在快递、银行、财产保险等54个服务分部门允许设立外商独资企业，在计算机、环境等23个分部门允许外资控股，在电信、铁路运输、旅游等80个分部门给予外资国民待遇。

我国目前签订的20个自由贸易区协定（除CEPA）中大多以服务具体承诺表的形式列明我国服务业外资准入的领域（在RCEP协定中承诺在协定生效6年内完成服务贸易正面清单向负面清单的转换工作），相关外资企业在准入环节相应地必须遵循其母国与我国签订的自贸协定中服务具体承诺表对准入领域的规定。

党的十八大后，我国逐步推广实施准入前国民待遇加负面清单的外商投资管理模式。当前，外商投资准入有两个负面清单。一个适用于除自贸试验区外的全国其他地区，一个适用于自贸试验区。2021年12月27日，国家发展改革委、商务部发布了《外商投资准入特别管理措施（负面清单）（2021年版）》和《自由贸易试验区外商投资准入特别管理措施（负面清单）（2021年版）》，全国和自贸试验区负面清单进一步缩减至31条、27条。从负面清单演变总体趋势看，外资准入负面清单在服务业领域开放程度不断扩大。

（二）第二重门：市场准入负面清单

2016年我国在天津、上海、福建、广东四省市试行《市场准入负面清单》，并于2018年在全国推广，自2018年正式实施负面清单制度以来已发布了4个版本。2021年《市场准入负面清单》列有禁止准入事项6项，许

可准入事项 111 项，共计 117 项。外资在准入环节还应在内外资一致的原则下遵循《市场准入负面清单》，并且在 2021 年出台的最新版外资准入负面清单中，为做好外资准入负面清单与市场准入负面清单衔接，在负面清单说明部分增加"境内外投资者统一适用《市场准入负面清单》的有关规定"。因此，此负面清单内外资都适用。境外资本要进入我国服务业领域，此清单是需要闯过的"第二重门"。

（三）第三重门：与服务业相关的要素和货物跨境流动管理政策

服务是一项附着物，不可能单独存在。人员是服务的主体，相关设备和耗材是服务的载体，服务过程中可能还涉及数据、技术、人才的跨境流动。关于人员和货物的不少管理政策，虽不直接针对服务业，但会影响服务业开放水平，甚至导致相关服务企业面临"能进不能干"的问题。比如在人员管理方面，比较突出的是境内外职业资格互认问题，尤其在商务服务、教育培训、医疗护理服务、生活服务业领域，国外执业人员资格不被认可，不允许参加国内相关职业资格考试等，使这些领域的服务业开放水平大打折扣。比如，一些中外合资或合作的教育、医疗机构，其雇用外籍教师或医师受到职业资格不能互认的限制，提供国际服务的能力自然打折扣。在货物管理方面，医疗设备和药品进口限制会制约国际医疗机构设立；生物制品进口限制会制约医药研发服务开放；二手设备较高进口关税会制约全球检测和维修服务发展，等等。这些与人员和货物相关的管理政策，散见于各地各部门规章制度中，是境外资本要进入我国服务业领域真正开展运营必须闯过的"第三重门"。

二、服务业外资准入领域的促进政策

突出体现在三方面：一是在《外资准入负面清单》的同时发布了《鼓励外商投资产业目录》；二是开展服务贸易创新发展试点；三是开展服务业扩大开放综合试点。《鼓励外商投资产业目录（2020 年版）》总条目 1235 条，其中，全国鼓励外商投资产业目录（以下简称全国目录）480 条，涉及服务业的大致有 84 项；中西部地区外商投资优势产业目录（以下简称"中西部目录"）755 条。

2016 年 2 月，国务院批复同意开展第一批服务贸易创新发展试点，同意在天津、上海、海南、深圳、杭州、武汉、广州、成都、苏州、威海和哈尔滨新区、江北新区、两江新区、贵安新区、西咸新区 5 个国家级新区开展服务贸易创新发展试点，提出了完善服务贸易管理体制、扩大服务业双向开放力度、培育服务贸易主体、创新服务贸易发展模式、提升服务贸易便利化水平、优化服务贸易支持政策、健全服务贸易统计体系 8 个方面重点任务。

2018 年 6 月，第二批服务贸易创新发展试点从进一步完善管理体制、进一步扩大对外开放、进一步培育市场主体、进一步创新发展模式、进一步提升便利化水平、进一步完善政策体系、进一步健全统计体系和进一步创新监管模式 8 个方面，提出 42 项任务和 34 项政策保障措施。其中，进一步完善政策体系的任务包括：一是修订完善《服务出口重点领域指导目录》等服务贸易领域相关目录，充分利用现有资金渠道，积极开拓海外服务市场，鼓励新兴服务出口和重点服务进口。二是研究完善试点地区面向出口的服务型企业所得税政策。三是结合全面实施营改增改革，对服务出口实行免税，符合条件的可实行零税率，鼓励扩大服务出口。四是发挥好服务贸易创新发展引导基金作用。五是加大出口信用保险和出口信贷对服务贸易的支持力度。六是拓宽服务贸易企业融资渠道。七是完善外汇管理措施。八是加快推进人民币在服务贸易领域的跨境使用。

2020 年，国务院原则同意商务部提出的《全面深化服务贸易创新发展试点总体方案》，同意在 28 个省市（区域）开展为期 3 年的全面深化服务贸易创新发展试点。

2021 年，国务院服务贸易发展部际联席会议办公室印发第一批 16 个最佳实践案例。在扩大对外开放方面积极探索制度型开放新路径；在提升便利水平方面着力构建有利于服务贸易自由化便利化的营商环境；在创新发展模式方面进一步拓展服务贸易新业态新模式；在健全促进体系方面重点打造面向全球的服务贸易公共服务平台；在优化支持政策方面持续完善适应服务贸易发展特点的政策体系。

2022 年，国务院服务贸易发展部际联席会议办公室印发全面深化服务贸易创新发展试点第二批 17 个"最佳实践案例"，涉及完善管理体制、扩大对外开放、提升便利水平、创新发展模式、健全促进体制、优化政策体系 6 个方面。

表 4-1　深化服务贸易创新发展试点开放便利举措

领域	涉及行业	开放便利举措	现行相关规定
金融服务	银行业	允许外商独资银行、中外合资银行、外国银行分行在提交开业申请时同时申请人民币业务。	《中华人民共和国外资银行管理条例》第三十四条规定，外资银行营业性机构经营本条例第二十九条或者第三十一条规定业务范围内的人民币业务的，应当具备下列条件，并经国务院银行业监督管理机构批准。（一）提出申请前在中华人民共和国境内开业 1 年以上；（二）国务院银行业监督管理机构规定的其他审慎性条件。
电信服务	离岸呼叫中心业务	对于全部面向国外市场的服务外包企业经营呼叫中心业务（即最终服务对象和委托客户均在境外），不设外资股权比例限制。	《外商投资电信企业管理规定》第四条规定，外商投资电信企业可以经营基础电信业务、增值电信业务，具体业务分类依照电信条例的规定执行。第六条规定，经营基础电信业务（无线寻呼业务除外）的外商投资电信企业的外方投资者在企业中的出资比例，最终不得超过 49%。经营增值电信业务（包括基础电信业务中的无线寻呼业务）的外商投资电信企业的外方投资者在企业中的出资比例，最终不得超过 50%。第十七条规定，外商投资电信企业经营跨境电信业务，必须经国务院工业和信息化主管部门批准，并通过国务院工业和信息化主管部门批准设立的国际电信出入口局进行。《国务院办公厅关于鼓励服务外包产业加快发展的复函》（国办函〔2010〕69 号）规定，同意完善支持中国服务外包示范城市发展服务外包产业的政策措施，对于全部面向国外市场的服务外包企业经营呼叫中心业务（即最终服务对象和委托客户均在境外），在示范城市实施不设外资股权比例限制的试点。
旅行服务	签证便利	1. 探索建立来华就医签证制度。 2. 推动广东全省实施 144 小时过境免签政策。	《中华人民共和国出境入境管理法》第十五条规定，外国人入境，应当向驻外签证机关申请办理签证。第十六条规定，对因工作、学习、探亲、旅游、商务活动、人才引进等非外交、公务事由入境的外国人，签发相应类别的普通签证。普通签证的类别和签发办法由国务院规定。第二十二条规定，持联程客票搭乘国际航行的航空器、船舶、列车从中国过境前往第三国或者地区，在中国境内停留不超过二十四小时且不离开口岸，或者在国务院批准的特定区域内停留不超过规定时限的，可以免办签证。《中华人民共和国外国人入境出境管理条例》对签证的类别和签发、停留居留管理、调查和遣返等作了具体规定。

续表

领域	涉及行业	开放便利举措	现行相关规定
旅行服务	跨境自驾游	完善跨境自驾游监管举措，允许境外旅行社与国内企业合作，拓展自驾游旅游产品；完善自驾游艇、车辆等交通工具出入境手续，包括担保制度，降低入境成本。	《中华人民共和国海关事务担保条例》第五条规定，当事人申请办理货物和运输工具过境的，按照海关规定提供担保。《中华人民共和国海关对海南省进出境游艇及其所载物品监管暂行办法》（海关总署2011年第十五号公告）第九条规定，经核准进境的境外游艇，游艇所有人或者其委托的游艇服务企业应当依法向进境地海关缴纳相当于游艇应纳税款的保证金或者海关依法认可的其他担保。经海关总署核准，也可以由其委托的游艇服务企业为其提供总担保。
专业服务	工程咨询服务	1.允许符合条件的外籍人员在试点地区执业提供工程咨询服务（法律法规有资格要求的除外）。2.对外资工程设计（不包括工程勘察）企业，取消首次申请资质时对工程设计业绩要求。	中国加入世界贸易组织议定书—附件9：《中华人民共和国服务贸易具体承诺减让表》对建筑设计服务（CPC8671）、工程服务（CPC8672）在跨境交付项下市场准入限制为"要求与中国专业机构进行合作，方案设计除外"。（其中，工程服务（CPC8672）项下包括工程咨询服务）《建设工程勘察设计管理条例》第八条规定，建设工程勘察、设计单位应当在其资质等级许可的范围内承揽建设工程勘察、设计业务。第九条规定，国家对从事建设工程勘察、设计活动的专业技术人员，实行执业资格注册管理制度。《外商投资建设工程设计企业管理规定实施细则》第二条规定，外商投资建设工程设计企业，首次申请工程设计资质，其外国服务提供者（外国投资方）应提供两项及以上中国境外完成的工程设计业绩，其中至少一项工程设计业绩是在其所在国或地区完成的。
	法律服务	探索密切内地（大陆）律师事务所与港澳台地区律师事务所业务合作的方式与机制。	《外商投资产业指导目录（2017年修订）》禁止外商投资中国法律事务咨询（提供有关中国法律环境影响的信息除外）。

资料来源：作者自行整理

2015年5月，国务院同意在北京市开展服务业扩大开放综合试点，试点期为自批复之日起3年。原则同意《北京市服务业扩大开放综合试点总体方案》。

2017 年 7 月，国务院同意在北京市服务业扩大开放综合试点期内继续深化改革推进服务业扩大开放综合试点。原则同意《深化改革推进北京市服务业扩大开放综合试点工作方案》（以下简称《深化试点工作方案》）。

2019 年 2 月，国务院同意在北京市继续开展和全面推进服务业扩大开放综合试点，期限为自批复之日起 3 年。原则同意《全面推进北京市服务业扩大开放综合试点工作方案》（以下简称《工作方案》）。

2020 年 9 月，国务院原则同意《深化北京市新一轮服务业扩大开放综合试点建设国家服务业扩大开放综合示范区工作方案》。

2021 年 4 月，国务院同意在天津市、上海市、海南省、重庆市（以下简称四省市）开展服务业扩大开放综合试点，试点期为自批复之日起 3 年。原则同意四省市服务业扩大开放综合试点总体方案。

表 4-2　全面推进北京市服务业扩大开放综合试点开放措施

行业分类	相关规定	法律法规依据	开放措施
租赁和商务服务业	外商投资旅行社不得经营中国内地居民出国旅游业务以及赴香港特别行政区、澳门特别行政区和台湾地区旅游的业务，但是国务院决定或者我国签署的自由贸易协定和内地与香港、澳门关于建立更紧密经贸关系的安排另有规定的除外。	《旅行社条例》	在扩大中外合资旅行社开展出境旅游业务试点中，支持在京设立并符合条件的中外合资旅行社从事除台湾地区以外的出境游业务。
			允许在京设立的外商独资经营旅行社试点经营中国公民出境旅游业务（赴台湾地区除外）。
租赁和商务服务业	参与试点的外籍律师应当符合下列条件：1. 不具有中华人民共和国国籍的自然人；2. 在中国境外从事律师职业不少于 3 年，且系正在执业的律师。	《司法部关于开展国内律师事务所聘请外籍律师担任外国法律顾问试点工作的通知》（司发通〔2017〕32 号）	进一步探索密切中国律师事务所与外国及港澳台地区律师事务所业务合作的方式与机制，在国内律师事务所聘请外籍律师担任外国法律顾问试点中，适当降低参与试点的外籍律师在中国境外从事律师职业不少于 3 年的资质要求。

续表

行业分类	相关规定	法律法规依据	开放措施
租赁和商务服务业	申请设立投资性公司应符合下列条件：1.外国投资者资信良好，拥有举办投资性公司所必需的经济实力，申请前一年该投资者的资产总额不低于四亿美元，且该投资者在中国境内已设立了外商投资企业，其实际缴付的注册资本的出资额超过一千万美元；2.外国投资者资信良好，拥有举办投资性公司所必需的经济实力，该投资者在中国境内已设立了十个以上外商投资企业，其实际缴付的注册资本的出资额超过三千万美元。	《商务部关于外商投资举办投资性公司的规定》（商务部令2004年第22号）	放宽外商设立投资性公司申请条件，申请前一年外国投资者资产总额降为不低于两亿美元，取消对外国投资者在中国境内已设立外商投资企业的数量要求。
信息传输、软件和信息技术服务业	外商投资电信企业，是指外国投资者同中国投资者在中华人民共和国境内依法以中外合资经营形式，共同投资设立的经营电信业务的企业。经营增值电信业务（包括基础电信业务中的无线寻呼业务）的外商投资电信企业的外方投资者在企业中的出资比例，最终不得超过50%。电信公司：限于中国入世承诺开放的电信业务，增值电信业务的外资股比不超过50%（电子商务除外），基础电信业务须由中方控股。	《外商投资电信企业管理规定》《外商投资准入特别管理措施（负面清单）（2018年版）》（国家发展改革委、商务部令第18号）	在北京市服务业扩大开放综合试点示范区和示范园区，取消存储转发类业务、国内多方通信服务业务、互联网接入服务业务（仅限为用户提供互联网接入服务）等增值电信业务外资股比限制。
金融业	合格境内机构投资者是指经批准在中华人民共和国境内募集资金，运用所募集的部分或者全部资金以资产组合方式进行境外证券投资管理的境内基金管理公司和证券公司等证券经营机构。	《合格境内机构投资者境外证券投资管理试行办法》（证监会令第46号）	将合格境内机构投资者主体资格范围扩大至境内外机构在北京市发起设立的投资管理机构，包括境内证券公司、基金管理公司和期货公司。

续表

行业分类	相关规定	法律法规依据	开放措施
金融业	境外直接投资是指境内机构经境外直接投资主管部门核准，通过设立（独资、合资、合作）、并购、参股等方式在境外设立或取得既有企业或项目所有权、控制权或经营管理权等权益的行为。 　　境内金融机构境外直接投资外汇管理，参照本规定执行。相关监管部门对境内金融机构境外直接投资的资金运用另有规定的，从其规定。	《境内机构境外直接投资外汇管理规定》（汇发〔2009〕30号）	支持符合条件的在京机构开展合格境内有限合伙人境外投资试点，允许合格机构向合格投资者募集人民币资金，并将所募集资金投资于海外市场。
科学研究和技术服务业	外商投资企业取得认证机构资质，除应当符合本条例第十条规定的条件外，还应当符合下列条件： 　　1. 外方投资者取得其所在国家或者地区认可机构的认可； 　　2. 外方投资者具有3年以上从事认证活动的业务经历。	《中华人民共和国认证认可条例》	取消外商投资企业取得认证机构资质须外方投资者取得其所在国家或者地区认可机构的认可且具有3年以上从事认证活动的业务经历的要求。
卫生和社会工作	不属于按照创新医疗器械特别审批程序审批的境内医疗器械申请注册时，样品不得委托其他企业生产。 　　不属于按照创新医疗器械特别审批程序审批的境内体外诊断试剂申请注册时，样品不得委托其他企业生产。 　　开办第二类、第三类医疗器械生产企业的，应当向所在地省、自治区、直辖市食品药品监督管理部门申请生产许可，并提交申请企业持有的所生产医疗器械的注册证及产品技术要求复印件等资料。	《医疗器械注册管理办法》（食品药品监管总局令第4号）《体外诊断试剂注册管理办法》（食品药品监管总局令第5号）《医疗器械生产监督管理办法》（食品药品监管总局令第7号）	开展医疗器械注册人制度试点，允许北京市医疗器械注册人委托京津冀地区医疗器械生产企业生产医疗器械。

行业分类	相关规定	法律法规依据	开放措施
卫生和社会工作	民办非企业单位，是指企业事业单位、社会团体和其他社会力量以及公民个人利用非国有资产举办的，从事非营利性社会服务活动的社会组织。	《民办非企业单位登记管理暂行条例》	放宽外商捐资举办非营利性养老机构的民办非企业单位准入。
文化、体育和娱乐业	外国投资者可以与中国投资者依法设立中外合资经营、中外合作经营的娱乐场所，不得设立外商独资经营的娱乐场所。	《娱乐场所管理条例》	选择文化娱乐业聚集的特定区域，允许外商投资设立娱乐场所，不设投资比例限制。
	外国投资者可以与中国投资者依法设立中外合资经营、中外合作经营的演出经纪机构、演出场所经营单位；不得设立中外合资经营、中外合作经营、外资经营的文艺表演团体，不得设立外资经营的演出经纪机构、演出场所经营单位。 设立中外合资经营的演出经纪机构、演出场所经营单位，中国合营者的投资比例应当不低于51%；设立中外合作经营的演出经纪机构、演出场所经营单位，中国合作者应当拥有经营主导权。	《营业性演出管理条例》	选择文化娱乐业聚集的特定区域，允许外商投资设立演出场所经营单位，不设投资比例限制。
	允许港澳投资者在内地投资设立合资、合作、独资经营的演出经纪机构，其他外商投资者仅限合资、合作经营，且投资比例不得超过49%，内地合作者应当拥有经营主导权。 演出经纪机构须由中方控股。	《营业性演出管理条例》《外商投资准入特别管理措施（负面清单）（2018年版）》（国家发展改革委、商务部令第18号）	选择文化娱乐业聚集的特定区域，允许设立外商独资演出经纪机构，并在全国范围内提供服务。

续表

行业分类	相关规定	法律法规依据	开放措施
	禁止外商投资图书、报纸、期刊、音像制品和电子出版物的编辑、出版、制作业务。	《外商投资准入特别管理措施(负面清单)(2018年版)》(国家发展改革委、商务部令第18号)	允许外商投资音像制品制作业务(限于在北京国家音乐产业基地、中国北京出版创意产业园区、北京国家数字出版基地内开展合作,中方应掌握经营主导权和内容终审权)。

资料来源:作者自行整理

三、外资准入安全保障政策

早在2006年9月,商务部等六部委即以2006年第10号令公布《关于外国投资者并购境内企业的规定》,要求外国投资者并购境内企业并取得实际控制权,涉及重点行业、存在影响或可能影响国家经济安全因素的,当事人应就此向商务部进行申报。当事人未予申报,但其并购行为对国家经济安全造成或可能造成重大影响的,商务部可以会同相关部门要求当事人终止交易或采取转让相关股权、资产或其他有效措施,以消除并购行为对国家经济安全的影响。

2011年2月3日,国务院办公厅发布了《国务院办公厅关于建立外国投资者并购境内企业安全审查制度的通知》(以下简称《外资并购安审通知》),正式建立我国针对外资并购的国家安全审查制度。该制度要求对外国投资者并购境内军工及军工配套企业,重点、敏感军事设施周边企业,以及关系国防安全的其他单位;外国投资者并购境内关系国家安全的重要农产品、重要能源和资源、重要基础设施、重要运输服务、关键技术、重大装备制造等企业,且实际控制权可能被外国投资者取得的,进行国家安全审查。审查通过部际联席会议进行,联席会议在国务院领导下,由发展改革委、商务部牵头,根据外资并购所涉及的行业和领域,会同相关部门开展并购安全审查。2011年8月25日,商务部配套发布《商务部实施外国投资者并购境内企业安全审查制度的规定》(以下简称

《商务部外资并购安审规定》），进一步明确进行安全审查的相关程序和文件要求。然而，前述文件确立的国家安全审查制度仅适用于外资并购的情形。

2015年4月在新设广东、天津、福建三个自贸试验区的同时，印发《自由贸易试验区外商投资国家安全审查试行办法》，建立了自贸试验区的外商投资安全审查制度。外国投资者在自由贸易区进行投资，除应根据负面清单遵守关于准入特别管理措施的规定，还应遵守安全审查的规定。2015年7月1日，全国人大常委会颁布修订后的《国家安全法》，正式从立法层面全面建立国家安全审查制度。《国家安全法》第五十九条规定："国家建立国家安全审查和监管的制度和机制，对影响或者可能影响国家安全的外商投资、特定物项和关键技术、网络信息技术产品和服务、涉及国家安全事项的建设项目，以及其他重大事项和活动，进行国家安全审查，有效预防和化解国家安全风险。"

按照2011年国办通知，外资并购安全审查范围为：外国投资者并购境内军工及军工配套企业，重点、敏感军事设施周边企业，以及关系国防安全的其他单位；外国投资者并购境内关系国家安全的重要农产品、重要能源和资源、重要基础设施、重要运输服务、关键技术、重大装备制造等企业，且实际控制权可能被外国投资者取得。其中，重要运输服务、关键技术这两个领域涉及服务业开放的安全问题。

2015年《自由贸易试验区外商投资国家安全审查试行办法》不仅将审查对象从并购投资拓展到绿地投资，而且扩大了审查范围，包括：外国投资者在自贸试验区内投资军工、军工配套和其他关系国防安全的领域，以及重点、敏感军事设施周边地域；外国投资者在自贸试验区内投资关系国家安全的重要农产品、重要能源和资源、重要基础设施、重要运输服务、重要文化、重要信息技术产品和服务、关键技术、重大装备制造等领域，并取得所投资企业的实际控制权。其中，重要运输服务、重要文化、重要信息技术产品和服务、关键技术四个领域涉及服务业开放的安全问题。

2019年3月，全国人大常委会颁布《中华人民共和国外商投资法》（以下简称《外商投资法》）；同年12月，国务院出台《中华人民共和国外商投资法实施条例》。《外商投资法》及其实施条例从 2020 年 1 月 1 日起正式生效，确立了我国新时期外商投资法律制度的基本框架，在法律法规层面正式确立准入前国民待遇加负面清单管理制度，为推动更高水平对外开放提供了有力的法治保障。

2020 年 12 月 19 日，国家发展和改革委员会与商务部联合发布了《外商投资安全审查办法》（以下简称《安审办法》），《安审办法》将于 2021 年 1 月 18 日起施行，这标志着《外商投资法》规定的外商投资安全审查制度的正式落地。

第二节　我国服务业外资准入负面清单演进趋势

负面清单和准入前国民待遇成为近年来国际多双边投资规则发展的重要趋势，很多发展中国家也主动或被动地在外资法规中采用了负面清单管理模式，很多发展中国家和新兴经济体在负面清单的采用过程中积累了诸多转型经验，如菲律宾、印尼、韩国等。负面清单管理模式是全球投资规则改革的大势所趋，未来我国服务业对外开放面临的冲击势必要在负面清单管理模式下重新进行审视，因此，有必要对我国服务业负面清单改革历程进行全面梳理，这将为分析我国服务业开放未来面临的冲击以及可以采取的应对策略奠定基础。

一、我国服务业外资准入负面清单演进趋势

（一）外资准入负面清单的演进

负面清单自 2013 年上海自贸区实施以来，中央每年都会根据相关政策的调整、开放程度的变化以及负面清单实施过程中出现的问题等实际情况，对负面清单进行修改完善。自 2013 年以来，我国迄今为止已发布 8 次针对外资准入的负面清单，包括 2013 年和 2014 年《中国（上海）自由贸易试验区外商投资准入特别管理措施（负面清单）》、2015 年

和 2017 年分别出台的《自由贸易试验区外商投资准入特别管理措施（负面清单）》，自 2018 年开始，针对自贸区和全国范围分别出台《自由贸易试验区外商投资准入特别管理措施（负面清单）》和《外商投资准入特别管理措施（负面清单）》，此后，年年更新，无论是自贸区版和全国版负面清单，均稳步大幅缩减。探究负面清单在不断更新中发生的变化，能够对负面清单的实践推广提供参考。从各个版本的负面清单的演变趋势看，清单长度明显缩减。负面清单目前的演进基本遵循延续型路线，即在试行阶段，也就是上海自贸区 2013 年版与 2014 年版的负面清单，是通过采用延续型途径制定的。所谓延续型途径，即是通过延续负面清单实施之前的外商投资产业指导目录（以下简称"指导目录"），并且在这个目录的基础上对其加以改进完善，从而得到一个全新的负面清单的方法。在上海自贸区最初试行的 2013 年版负面清单就很明显地看出这种制定途径，该清单沿用了指导目录中的鼓励、限制和禁止外商投资的产业类别，并且在此基础上细化准入说明，可以说是指导目录的更新版本。2018 年，《外商投资准入特别管理措施》出台，取代了《外商投资产业指导目录（2017 年修订）》中的外商投资准入特别管理措施（外商投资准入负面清单），也就是说，2018 年新版外商投资负面清单包括分别适用于全国和自贸区的两张清单，即于 6 月 28 日和 6 月 30 日，由国家发改委、商务部正式对外发布的《外商投资准入特别管理措施（负面清单）（2018 年版）》（以下简称"全国负面清单"）和《自由贸易试验区外商投资准入特别管理措施（负面清单）（2018 年版）》（以下简称"自贸区负面清单"），前者自 7 月 28 日起施行，后者自 7 月 30 日起施行。全国负面清单从《外商投资产业指导目录》中独立出来，与自贸区负面清单的框架、表述和体例基本一致，使境外投资者更容易理解、更容易比对，两份清单的长度大致相同，部分条目中的特别管理措施的描述有繁简不同，总体看，基本上为未来自贸区内外外商投资准入负面清单的统一奠定了基础。最新一版自贸区负面清单长度明显缩减，从条款数量看，2021 年自贸区版负面清单内容从 2013 年版的 139 条减少为 27 条，其中，制造业领域特别管理措施数量减少至零。

（二）海南自由贸易港外资准入负面清单和投资目录指导政策

近年来，党中央着眼国内国际两个大局，从推进高水平开放、深化市场化改革、贯彻新发展理念、支持经济全球化的战略高度，支持海南经济特区建设中国特色自由贸易港。为加快海南自由贸易港建立与高水平自由贸易港相适应的政策制度体系，将海南打造成为引领我国新时代对外开放的鲜明旗帜和重要开放门户，我国先后发布《海南自由贸易港外商投资准入特别管理措施（负面清单）（2020 年版）》（以下简称海南负面清单）和《海南自由贸易港鼓励类产业目录（2020 年版）》（以下简称海南投资目录）。海南负面清单是我国对外商直接投资市场准入限制最少的负面清单，海南投资目录则实施了国内最高水平的外资促进政策，两者均是提高海南自由贸易港投资自由化便利化水平，加快形成具有国际竞争力的开放政策和制度的重要举措，既为全面优化海南产业结构、形成符合自贸港发展要求的产业体系创造了良好条件，也为我国探索中国特色自由贸易港建设的路径提供了重要支持，对于海南吸引高质量外资具有巨大的积极作用。

一是海南负面清单的外资准入限制明显少于全国负面清单。对比全国版《外商投资准入特别管理措施（负面清单）（2020 年版）》（以下简称全国负面清单），海南负面清单对外资的限制明显减少。从数量上看，海南负面清单将外商投资特别管理措施条目数压减至 27 条，较全国负面清单下降了 18.2%，在我国历个外商投资准入负面清单中处于最低水平。从具体内容看，海南负面清单在一些全社会关注度较高的领域均放宽了外资限制。如在电信行业，首次允许实体注册、服务设施在海南自由贸易港内的企业，面向自由贸易港全域及国际开展互联网数据中心、内容分发网络等业务；在教育行业，首次允许境外理工农医类高水平大学、职业院校、非学制类职业培训机构独立办学；在法律行业，首次允许外资投资法律企业从事部分涉海南商事非诉讼法律事务。互联网、教育、法律等行业与信息安全、文化安全等关系相对密切，且各国管理制度存在明显差异，海南负面清单在这些领域进一步放宽外资限制充分体现出中国特色自由贸易港实现高水平贸易投资自由化的决心。

表 4-3　海南负面清单和全国负面清单的差异

涉及投资领域	海南负面清单
农林牧渔业	将玉米新品种选育和种子生产须由中方控股改为中方股比不低于34%，取消"禁止外商投资中国管辖海域及内陆水域水产品捕捞"。
采矿业	取消禁止外商投资稀土、放射性矿产、钨勘查、开采及选矿"的规定。
制造业	取消"出版物印刷须由中方控股"、"禁止投资中药饮片的蒸、炒、炙、煅等炮制技术的应用及中成药保密处方产品的生产"，将"2022年取消乘用车制造外资股比限制以及同一家外商可在国内建立两家及两家以下生产同类整车产品的合资企业的限制"提前实施。
信息传输、软件和信息技术服务业	取消在线数据处理与交易处理业务外资准入限制，允许实体注册、服务设施在海南自由贸易港内的企业面向自由贸易港全域及国际开展互联网数据中心、内容分发网络等业务。
租赁和商务服务业	允许外商投资部分涉海南商事非诉讼法律事务，除广播电视收听、收视调查须由中方控股外，取消市场调查领域外资准入限制；允许外商投资社会调查，但中方股比不低于67%，且法人代表应当具有中国国籍。
教育业	允许境外理工农医类高水平大学、职业院校、非学制类职业培训机构在海南自由贸易港独立办学。
文化、体育和娱乐业	将"禁止外商投资文艺表演团体"改为"文艺表演团体须由中方控股"。

资料来源：作者根据公开资料整理

　　二是海南投资目录的覆盖领域和政策效力均明显高于其他地区。从总量上看，海南投资目录则采用"国家现有目录＋地区新增目录"的体例结构，在《鼓励外商投资产业目录（2020年版）》（以下简称全国投资目录）的基础上，新增了14大类，143个细分行业，大幅度拓展了鼓励外资进入的范围。从结构上看，海南投资目录既凸显出支持旅游业、现代服务业和高新技术产业发展的特点，也充分考虑了海南的产业特色和自由贸易港建设需要。如海南投资目录重点突出了离岸新型国际贸易、种业国际贸易、国际无船承运人业务、国际货代业务、各类国际现货交易场所和国际现货清算所、航运金融服务、会展金融服务等和贸易投资自由化密切相关的高端服务业，充分体现了对海南建设中国特色自由贸易港的支持；海南投资目录纳入了智能体育、电子竞技、旅行社中医药健康旅游基地、演出场所经营、邮轮游艇研发制造、航空飞行器研发制造等产业，充分体现了海南自贸港大力发展旅游业和高新技术产业的政策导向。从政策效力上看，全国投资目录的优惠政策更多集中于外资企业进口自用设备免征关税，所得税优惠政策则有着严格的范围和时限。但对于海南投资目录中的行业，相关企业除享受外资企业进口自有设备免征关税外，国家明确规定注册在海南自由贸易港并实质性运营，且以海南自由贸易港鼓励类产业目录[①]中规定的产业项目为主营业务，且其主营业务收入占企业收入总额 60% 以上的企业，按减 15% 的税率征收企业所得税，并对海南自由贸易港设立的企业使用加速折旧方式，其税收优惠政策幅度明显高于其他地区，充分体现出国家支持外资企业赴海南投资兴业的政策导向。

二、我国外资准入负面清单服务业领域的行业限制和不符措施

在我国现行的全国版、自贸区版以及海南自贸港外资准入负面清单中服务业对外资的相关限制主要分为禁止类和限制类，其中，禁止类包括如下内容。

（1）运输服务

邮政公司、信件的国内快递业务、机场塔台。

（2）信息传输、软件和信息技术服务业

互联网新闻信息服务、网络出版服务、网络视听节目服务、互联网文化经营（音乐除外）、互联网公众发布信息服务。

（3）专业服务

中国法律事务、社会调查。

---

① 该目录包括《产业结构调整指导目录》《鼓励外商投资产业目录》和《海南自由贸易港新增鼓励类产业目录》。

（4）科学研究、技术服务

人体干细胞、基因诊断与治疗技术开发和应用。

人文社会科学研究机构。

大地测量、海洋测绘、测绘航空摄影、地面移动测量、行政区域界线测绘，地形图、政区地图、教学地图、真三维地图和导航电子地图编制、地质调查。

（5）教育

义务教育机构、宗教教育机构。

（6）文化、体育和娱乐业

新闻机构、图书、报纸、期刊、音像制品和电子出版物的编辑、出版、制作。

各级广播电台（站）、电视台（站）、广播电视频道（率）、广播电视传输覆盖网（发射台、转播台、广播电视卫星、卫星上行站、卫星收转站、微波站、监测台及有线广播电视传输覆盖网等），禁止从事广播电视视频点播业务和卫星电视广播地面接收设施安装服务。

广播电视节目制作经营（含引进业务）公司。

电影制作、发行公司、院线公司以及电影引进业务。

文物拍卖的拍卖公司、文物商店和国有文物博物馆。

从限制领域看，主要集中在运输服务、信息技术服务、法律、社会调查、科研服务、教育、文体娱乐，限制领域不断缩小，主要涉及与意识形态、领土主权、核心技术、宗教信仰、人文历史文化相关服务业，可以看出，其主要目标在于践行社会主义核心价值观，维护意识形态安全，把握意识形态工作领导权，是巩固社会主义意识形态阵地的重要手段；从限制措施看，外资准入负面清单中有关服务业的限制主要体现在以下四类：股权比例限制、法定代表人国籍限制以及中方人员比例要求、商业存在要求、具体业务限制。

表4-4　我国现行各类外资负面清单中有关服务业的限制

	全国版	自贸区版	海南自贸港
交通运输、仓储和邮政业	国内水上运输公司需由中方控股。	国内水上运输公司须由中方控股。(且不得经营或租用中国籍船舶或者舱位等方式变相经营国内水路运输业务及其辅助业务;水路运输经营者不得使用外国籍船舶经营国内水路运输业务,但经中国政府批准,在国内没有能够满足所申请运输要求的中国籍船舶,并且船舶停靠的港口或者水域为对外开放的港口或者水域的情况下,水路运输经营者可以在中国政府规定的期限或者航次内,临时使用外国籍船舶经营中国港口之间的海上运输和拖航。)	国内水上运输公司须由中方控股。
	公共航空运输公司须由中方控股,且一家外商及其关联企业投资比例不得超过25%,法定代表人须由中国籍公民担任。通用航空公司的法定代表人须由中国籍公民担任,其中农、林、渔业通用航空公司限于合资,其他通用航空公司限于中方控股。	公共航空运输公司须由中方控股,且一家外商及其关联企业投资比例不得超过25%,法定代表人须由中国籍公民担任。通用航空公司的法定代表人须由中国籍公民担任,其中农、林、渔业通用航空公司限于合资,其他通用航空公司限于中方控股。(只有中国公共航空运输企业才能经营国内航空服务,并作为中国指定承运人提供定期和不定期国际航空服务。)	公共航空运输公司须由中方控股,且一家外商及其关联企业投资比例不得超过25%,法定代表人须由中国籍公民担任。通用航空公司的法定代表人须由中国籍公民担任,其中农、林、渔业通用航空公司限于合资,其他通用航空公司限于中方控股。
	民用机场的建设、经营须由中方相对控股。外方不得参与建设、运营机场塔台。	民用机场的建设、经营须由中方相对控股。外方不得参与建设、运营机场塔台。	民用机场的建设、经营须由中方相对控股。外方不得参与建设、运营机场塔台。
	禁止投资邮政公司、信件的国内快递业务。	禁止投资邮政公司(和经营邮政服务)、信件的国内快递业务。	禁止投资邮政公司、信件的国内快递业务。

	全国版	自贸区版	海南自贸港
信息传输、软件和信息技术服务业	电信公司：限于中国入世承诺开放的电信业务，增值电信业务的外资股比不超过50%（电子商务、国内多方通信、存储转发类、呼叫中心除外），基础电信业务须由中方控股。	电信公司：限于中国入世承诺开放的电信业务，增值电信业务的外资股比不超过50%（电子商务、国内多方通信、存储转发类、呼叫中心除外），基础电信业务须由中方控股（且经营者须为依法设立的专门从事基础电信业务的公司）。上海自贸试验区原有区域（28.8平方公里）试点政策推广至所有自贸试验区执行。	电信公司：增值电信业务除在线数据处理与交易处理外，按照《自由贸易试验区外商投资准入特别管理措施（负面清单）》执行；允许实体注册、服务设施在海南自由贸易港内的企业，面向自由贸易港全域及国际开展互联网数据中心、内容分发网络等业务；基础电信业务限于中国入世承诺开放的电信业务，须由中方控股。
	禁止投资互联网新闻信息服务、网络出版服务、网络视听节目服务、互联网文化经营（音乐除外）、互联网公众发布信息服务（上述服务中，中国入世承诺中已开放的内容除外）。	禁止投资互联网新闻信息服务、网络出版服务、网络视听节目服务、互联网文化经营（音乐除外）、互联网公众发布信息服务（上述服务中，中国入世承诺中已开放的内容除外）。	禁止投资互联网新闻信息服务、网络出版服务、网络视听节目服务、互联网文化经营（音乐除外）、互联网公众发布信息服务（上述服务中，中国入世承诺中已开放的内容除外）。
租赁和商务服务业	禁止投资中国法律事务（提供有关中国法律环境影响的信息除外），不得成为国内律师事务所合伙人。	禁止投资中国法律事务（提供有关中国法律环境影响的信息除外），不得成为国内律师事务所合伙人。（外国律师事务所只能以代表机构的方式进入中国，且不得聘用中国执业律师，聘用的辅助人员不得为当事人提供法律服务；如在华设立代表机构、派驻代表，须经中国司法行政部门许可。）	禁止投资中国法律事务（提供有关中国法律环境影响的信息、部分涉海南商事非诉讼法律事务除外），不得成为国内律师事务所合伙人。
	市场调查限于合资，其中广播电视收听、收视调查须由中方控股。	市场调查限于合资，其中广播电视收听、收视调查须由中方控股。	广播电视收听、收视调查须由中方控股。社会调查中方股比不低于67%，法定代表人应当具有中国国籍。
	禁止投资社会调查。	禁止投资社会调查。	

	全国版	自贸区版	海南自贸港
科学研究和技术服务业	禁止投资人体干细胞、基因诊断与治疗技术开发和应用。	禁止投资人体干细胞、基因诊断与治疗技术开发和应用。	禁止投资人体干细胞、基因诊断与治疗技术开发和应用。
	禁止投资人文社会科学研究机构。	禁止投资人文社会科学研究机构。	禁止投资人文社会科学研究机构
	禁止投资大地测量、海洋测绘、测绘航空摄影、地面移动测量、行政区域界线测绘，地形图、世界政区地图、全国政区地图、省级及以下政区地图、全国性教学地图、地方性教学地图、真三维地图和导航电子地图编制，区域性的地质填图、矿产地质、地球物理、地球化学、水文地质、环境地质、地质灾害、遥感地质等调查（矿业权人在其矿业权范围内开展工作不受此特别管理措施限制）。	禁止投资大地测量、海洋测绘、测绘航空摄影、地面移动测量、行政区域界线测绘，地形图、世界政区地图、全国政区地图、省级及以下政区地图、全国性教学地图、地方性教学地图、真三维地图和导航电子地图编制，区域性的地质填图、矿产地质、地球物理、地球化学、水文地质、环境地质、地质灾害、遥感地质等调查（矿业权人在其矿业权范围内开展工作不受此特别管理措施限制）。	禁止投资大地测量、海洋测绘、测绘航空摄影、地面移动测量、行政区域界线测绘，地形图、世界政区地图、全国政区地图、省级及以下政区地图、全国性教学地图、地方性教学地图、真三维地图和导航电子地图编制，区域性的地质填图、矿产地质、地球物理、地球化学、水文地质、环境地质、地质灾害、遥感地质等调查（矿业权人在其矿业权范围内开展工作不受此特别管理措施限制）。
教育	学前、普通高中和高等教育机构限于中外合作办学，须由中方主导（校长或者主要行政负责人应当具有中国国籍，理事会、董事会或者联合管理委员会的中方组成人员不得少于1/2）。	学前、普通高中和高等教育机构限于中外合作办学，须由中方主导（校长或者主要行政负责人应当具有中国国籍（且在中国境内定居），理事会、董事会或者联合管理委员会的中方组成人员不得少于1/2）。（外国教育机构、其他组织或者个人不得单独设立以中国公民为主要招生对象的学校及其他教育机构（不包括非学制类职业培训机构、学制类职业教育机构），但是外国教育机构可以同中国教育机构合作举办以中国公民为主要招生对象的教育机构）。	学前、普通高中和高等教育机构限于中外合作办学（境外理工农医类高水平大学、职业院校、非学制类职业培训机构除外），须由中方主导（校长或者主要行政负责人应当具有中国国籍，理事会、董事会或者联合管理委员会的中方组成人员不得少于1/2）。
教育	禁止投资义务教育机构、宗教教育机构	禁止投资义务教育机构、宗教教育机构。	禁止投资义务教育机构、宗教教育机构

	全国版	自贸区版	海南自贸港
卫生和社会工作	医疗机构限于合资	医疗机构限于合资 <div style="text-align:right">续表</div>	医疗机构限于合资
文化、体育和娱乐业	禁止投资新闻机构（包括但不限于通讯社）。	禁止投资新闻机构（包括但不限于通讯社）。（外国新闻机构在中国境内设立常驻新闻机构、向中国派遣常驻记者，须经中国政府批准。外国通讯社在中国境内提供新闻的服务业务须由中国政府审批。中外新闻机构业务合作，须中方主导，且须经中国政府批准。）	禁止投资新闻机构（包括但不限于通讯社）。
	禁止投资图书、报纸、期刊、音像制品和电子出版物的编辑、出版、制作业务。	禁止投资图书、报纸、期刊、音像制品和电子出版物的编辑、出版、制作业务（但经中国政府批准，在确保合作中方的经营主导权和内容终审权并遵守中国政府批复的其他条件下，中外出版单位可进行新闻出版中外合作出版项目。未经中国政府批准，禁止在中国境内提供金融信息服务）。	禁止投资图书、报纸、期刊、音像制品和电子出版物的编辑、出版、制作业务。
	禁止投资各级广播电台（站）、电视台（站）、广播电视频道（率）、广播电视传输覆盖网（发射台、转播台、广播电视卫星、卫星上行站、卫星收转站、微波站、监测台及有线广播电视传输覆盖网等），禁止从事广播电视视频点播业务和卫星电视广播地面接收设施安装服务。	禁止投资各级广播电台（站）、电视台（站）、广播电视频道（率）、广播电视传输覆盖网（发射台、转播台、广播电视卫星、卫星上行站、卫星收转站、微波站、监测台及有线广播电视传输覆盖网等），禁止从事广播电视视频点播业务和卫星电视广播地面接收设施安装服务。（对境外卫星频道落地实行审批制度。）	禁止投资各级广播电台（站）、电视台（站）、广播电视频道（率）、广播电视传输覆盖网（发射台、转播台、广播电视卫星、卫星上行站、卫星收转站、微波站、监测台及有线广播电视传输覆盖网等），禁止从事广播电视视频点播业务和卫星电视广播地面接收设施安装服务。

续表

	全国版	自贸区版	海南自贸港
文化、体育和娱乐业	禁止投资广播电视节目制作经营（含引进业务）公司。	禁止投资广播电视节目制作经营（含引进业务）公司。[引进境外影视剧和以卫星传送方式引进其他境外电视节目由广电总局指定的单位申报。对中外合作制作电视剧（含电视动画片）实行许可制度。]	禁止投资广播电视节目制作经营（含引进业务）公司
	禁止投资电影制作公司、发行公司、院线公司以及电影引进业务。	禁止投资电影制作公司、发行公司、院线公司以及电影引进业务。（但经批准，允许中外企业合作摄制电影。）	禁止投资电影制作公司、发行公司、院线公司以及电影引进业务。
	禁止投资文物拍卖的拍卖公司、文物商店和国有文物博物馆。	禁止投资文物拍卖的拍卖公司、文物商店和国有文物博物馆。（禁止不可移动文物及国家禁止出境的文物转让、抵押、出租给外国人。禁止设立与经营非物质文化遗产调查机构；境外组织或个人在中国境内进行非物质文化遗产调查和考古调查、勘探、发掘，应采取与中国合作的形式并经专门审批许可。）	禁止投资文物拍卖的拍卖公司、文物商店和国有文物博物馆。
	禁止投资文艺表演团体。	文艺表演团体须由中方控股。	文艺表演团体须由中方控股。

三、跨境服务贸易负面清单中对外资的限制

从外资准入负面清单看，服务业在准入环节对外资的限制领域和限制措施并不多，但外资准入后各项环节仍面临一系列复杂的经营限制和管理。以上海自贸区和海南自贸港出台的服务贸易负面清单为例，这两份清单基本列出了我国在准入后环节对外资的各类要求，包括经营许可、资质、业务限制等。由于这两个地区是我国目前服务业开放水平相对较高的地区，在打造服务业准入后便利化自由化环境以及相关促进政策方面力度较大，可以作为我国未来服务业准入后管理的参照。

从限制领域看，外资准入后面临的限制领域要多于准入环节，农林牧渔、建筑业、批发零售、金融业也被纳入其中。从限制措施看，主要包括执业资质限制、主管部门批准或备案、业务许可要求、服务提供者国籍限制、市场主体限制、经营方式限制（限于中外合作）、商业存在要求、股比要求。其中，行业许可和批准等措施最多，几乎所有的外资服务业具体业务均需经过主管部门批准，取得许可方可落地。

表4-5　上海自贸区和海南自贸港跨境服务贸易负面清单中度外资准入后具体经营行为的限制

	上海自贸区跨境服务贸易负面清单	海南自贸港跨境服务贸易负面清单
农林牧渔业	1.在中国境内没有经常居所或者营业场所的境外机构、个人在境内申请种子品种审定或者登记的，须委托具有法人资格的境内种子企业代理。 2.境外人员在中国境内采集农作物种质资源、中外联合考察农作物种质资源，须经批准。从境外引进农作物种质资源，按有关规定办理。 3.外国人、外国渔业船舶进入中国管辖水域，从事渔业资源调查活动，须经批准；经批准从事生物资源调查活动，须采用与中方合作方式。 4.从境外引进畜禽遗传资源的，须经畜牧兽医行政主管部门批准。	境外个人、境外渔业船舶进入中国管辖水域从事渔业资源调查活动，必须经中国政府批准。同中国订有条约、协定的，按照条约、协定办理。
建筑业	外国监理公司承揽水运工程施工监理，须经交通主管部门认可，并在工程所在地工商行政管理部门登记注册。	境外服务提供者不得提供建筑及相关工程服务。
批发和零售业	1.出版物进口业务，须由中国出版物进口经营单位经营。 2.进口电子出版物成品，须经新闻出版主管部门批准。 3.进口出版物及用于展览、展示的音像制品，须经出版行政主管部门批准。 4.文化产品进口由中国文化产品进口企业经营。 5.境外申请人办理进口药品注册，须由其驻中国境内的办事机构办理，或者委托中国境内代理机构办理。	1.境外服务提供者不得直接销售兽药、饲料、饲料添加剂、农药，应当在中国境内设立销售机构或委托符合条件的中国境内代理机构销售。 2.境外服务提供者不得在国内从事经营烟叶、烟草制品的批发、零售、进出口。

上海自贸区跨境服务贸易负面清单	海南自贸港跨境服务贸易负面清单
6.境外申请人或者备案人办理进口医疗器械（或体外诊断试剂）注册或者备案的，须通过其在中国境内设立的代表机构办理，或委托中国企业法人代理。 7.境外申请人在中国进行国际多中心药物临床试验，须经药品监督管理部门批准，并遵守临床试验药物、不良反应报告、试验报告、试验数据、研究资料等方面的管理要求。 8.进口第一类监控化学品和第二类、第三类监控化学品及其生产技术、专用设备，须委托中国政府指定单位代理。	
1.在中国境内从事铁路旅客、货物公共运输营业，须为中国铁路运输企业。 2.在中国境内运营城市公共汽电车线路，须为中国公共汽电车线路运营企业。 3.在上海市从事巡游出租车、网络预约出租汽车驾驶的自然人须为本市户籍。 4.外国国际道路运输经营者不得从事中国国内道路旅客和货物运输经营，不得在中国境内自行承揽货物或者招揽旅客。 5.外国国际道路运输经营者的车辆在中国境内运输，应符合国籍识别标志、车辆登记、运输线路等相关规定，驾驶人员应持有与其驾驶的车辆类别相符的本国或国际驾驶证件。 6.在中国境内经营无船承运和报关业务，须为中国企业法人。 7.中国籍船舶的船长须由中国籍船员担任。 8.境外相关企业、组织和个人不得经营或变相经营中国国内水路运输业务及水路运输辅助业务；水路运输经营者使用外国籍船舶经营国内水路运输业务须经许可；外国籍船舶经营中国港口之间的海上运输和拖航，须经交通主管部门批准。 9.境外相关企业、组织和个人不得经营中国国内船舶管理、船舶代理、水路旅客运输代理和水路货物运输代理等水路运输辅助业务。	1.只允许境外服务提供者在对境外船舶开放的港口从事国际运输，除此以外，境外服务提供者不得经营国内水路运输业务，不得以租用中国籍船舶或者舱位等方式变相经营国内水路运输业务。国内水路运输经营者不得使用外籍船舶经营国内水路运输业务。但是，在国内没有能够满足所申请运输要求的中国籍船舶，并且船舶停靠的港口或者水域为对外开放的港口或者水域的情况下，经中国政府许可，国内水路运输经营者可以在中国政府规定的期限或者航次内，临时使用外籍船舶运输。 2.除游艇外的外籍船舶进出海南自由贸易港或者在其内河航行、港口航行、移泊以及靠离港外系泊点、装卸站等，应当向当地的引航机构申请引航。如中国与船籍所属国另有协定，则先遵守相关协定规定。 3.境外个人不得注册成为引航员。 4.境外服务提供者须通过与中方打捞人签订共同打捞合同的方式，参与打捞沿海水域沉船沉物。境外服务提供者为履行共同打捞合同所需船舶、设备及劳务，在同等条件下，应当优先向中方打捞人租用和雇佣。

批发和零售业

交通运输、仓储和邮政业

	上海自贸区跨境服务贸易负面清单	海南自贸港跨境服务贸易负面清单
交通运输、仓储和邮政业	10. 外国公司、企业和其他经济组织或者个人在中国内海、领海铺设海底电缆、管道以及为铺设所进行的路由调查、勘测等活动，须经海洋管理部门批准；在中国大陆架上进行上述活动，其确定的海底电缆、管道路由，须经海洋管理部门批准；外国船舶进入中国内海、领海进行海底电缆、管道的维修、改造、拆除活动，须经海洋管理部门批准。 11. 外国船舶检验机构在中国境内开展船舶检验活动，须在中国设立验船公司。 12. 在中国从事内河船舶船员服务业务，须为中国法人。 13. 外国籍船舶在中国引航区内航行或者靠泊、离泊、移泊（顺岸相邻两个泊位之间的平行移动除外）以及靠窗引航区外系泊点、装卸站，须申请引航。 14. 外国的企业或者其他经济组织或者个人参与打捞中国沿海水域沉船沉物，应与中方签订共同打捞合同或成立中外合作打捞企业。 15. 在中国境内从事港口经营、港口理货业务，须为中国企业。 16. 在中国境内从事公共航空运输，须为中国公司；外国民用航空器的经营人经营中国政府与该外国政府签订的协定、协议规定的国际航班运输或者中国境内一地和境外一地之间的不定期航空运输，须经其本国政府指定，并经中国民用航空主管部门批准。 17. 外国民用航空器经营人，须依法制定安全保卫方案，报民用航空主管部门备案。 18. 外国民用航空器的经营人，不得经营中国境内两点之间的航空运输。	5. 计算机订座系统服务，对于跨境交付方式，只允许：（1）境外计算机订座系统，如与中国航空运输企业和中国计算机订座系统订立协议，则可通过与中国计算机订座系统连接，向中国航空运输企业和中国航空代理人提供服务；（2）境外计算机订座系统可向根据双边航空协定有权从事经营的境外航空运输企业在中国通航城市设立的代表处或营业所提供服务；（3）中国航空运输企业和境外航空运输企业的销售代理直接进入和使用境外计算机订座系统须经中国民航主管部门批准。 6. 境外服务提供者不得从事包括空中交通管制、通信导航监视、航行情报等中国民用航空空中交通管理服务，不得从事民用航空空中交通管制、航空情报培训服务。 7. 境外个人不得申请民用航空情报员、民用航空空中交通管制员执照。 8. 为中国航空运营人进行驾驶员执照和等级训练，且完成训练合格的驾驶员回国按照简化程序换取中国民航相应驾驶员执照的境外驾驶员学校应当符合：（1）所在国为国际民用航空公约缔约国，该校具有其所在国民航主管部门颁发的航空运行合格证或类似批准书；（2）获得中国政府许可。 9. 未经中国政府批准，任何外籍船舶不得以任何方式经营中国港口之间的拖航。 10. 中国籍船舶的船长应当由中国籍船员担任。 11. 境外国际道路运输经营者不得从事起讫地在中国境内的道路旅客运输经营。 12. 境外服务提供者不得经营信件的国内快递业务。 13. 境外服务提供者不得提供邮政服务。

上海自贸区跨境服务贸易负面清单	海南自贸港跨境服务贸易负面清单
交通运输、仓储和邮政业	19. 在中国航空器上担任驾驶员，须持有民用航空主管部门颁发或认可的驾驶员执照。担任中国航空器的领航员、飞行机械员、飞行通信员，须持有民用航空主管部门颁发的执照；当该航空器在外国运行时，外籍领航员、飞行机械员、飞行通信员可使用航空器运行所在国颁发的有效执照，但须持有民用航空主管部门颁发的认可证书。担任在中国境内运行的外国航空器的领航员、飞行机械员、飞行通信员，须持有民用航空主管部门颁发的执照或认可证书。 20. 境外通用航空企业在中国境内开展经营活动的管理办法，由民航局另行规定。 21. 经营无人驾驶航空器业务，须为中国企业法人，且法定代表人为中国籍公民。 22. 外籍航空器或者由外籍人员单独驾驶的中国航空器，不得在中国境内从事航空摄影、遥感测绘、矿产资源勘查等重要专业领域的通用航空飞行。 23. 外国航空公司驻中国民用航空机场的工作人员在中国境内使用的无线电通信设备，外国航空公司在中国境内使用的地空通信无线电台，须由民航主管部门提供、设置；外国民用航空器载有的无线电台设备在中国境内停机坪停留期间的使用，须经特许。 24. 外国航空运输企业委托其在中国境内指定的销售代理直接进入和使用外国计算机订座系统并使用该外航票证销售相关国际客票，须经民航主管部门许可。 25. 在中国境内经营国内航空服务，须为中国公共航空运输企业。 26. 为中国航空运营人进行驾驶员执照和等级训练的境外驾驶员学校，其所在国须为国际民用航空公约缔约国，该校具有其所在国民航当局颁发的航空运行合格证或类似批准书，并获得中国民航主管部门许可。 27. 在中国境内经营民用机场管理业务，须为中国法人。	

续表

上海自贸区跨境服务贸易负面清单	海南自贸港跨境服务贸易负面清单
28.在中国境内从事国际货物运输代理业务，须为中国企业法人。 29.在中国境内经营快递业务，须为中国企业法人。 30.境外邮政不得在中国境内提供邮政服务。	
信息传输、软件和信息技术服务业 1.在中国境内经营电信业务须为中国电信业务经营公司。 2.在中国境内从事国际通信业务须通过国际通信出入口局进行。在中国境内设置、维护国际通信出入口，须由中国电信业务经营者进行。 3.境外组织或个人不得在中国境内进行电波参数测试或电波监测。 4.国家广播电视主管部门指定国有广播电视机构根据规划，统一代理用于传输广播电视节目的卫星转发器租用或使用事宜；境外卫星公司在国内提供卫星转发器出租服务，须通过符合条件的中国卫星公司转租，并负责技术支持、市场营销、用户服务和用户监管等；境外卫星公司直接向中国国内用户经营卫星转发器出租业务，须经通信主管部门批准。 5.在中国境内从事卫星地面接收设施安装服务，须为中国法人。 6.境外卫星电视频道在中国境内落地，须经广播电视主管部门批准，并符合范围、类别等相关规定。 7.引进境外电视节目、专门用于信息网络传播的境外影视剧，须经广播电视主管部门批准，并符合有关总量、题材、产地等相关规定；不得利用信息网络转播境外广播电视节目、链接或集成境外互联网站的视听节目。 8.关键信息基础设施的运营者应当在中国境内存储在运营中收集和产生的个人信息和重要数据；因业务需要，确需向境外提供，须依法进行安全评估；在中国境内收集的个人金融信息的储存、处理和分析须在中国境内进行。	1.中国对电信业务经营实行许可制度。只有在中国境内依法设立的公司，取得电信业务经营许可证后方可从事电信业务经营活动。 2.从事国际通信业务，必须通过中国信息产业主管部门批准设立的国际通信出入口局进行。国际通信出入口局应当由国有独资的电信业务经营者申请设置、承担运行维护工作，并经工业和信息化主管部门批准设立。 3.境外组织或个人不得进行电波参数测试或电波监测。 4.境外单位向中国境内单位提供通信卫星资源出租服务，应在遵守中国卫星无线电频率管理的规定，并完成与中国申报的卫星无线电频率协调的前提下，将通信卫星资源出租给境内具有相应经营资质的单位，再由境内卫星公司转租给境内使用单位并负责技术支持、市场营销、用户服务和用户监管等。不允许境外卫星公司未经中国政府批准直接向境内用户经营卫星转发器出租业务。 5.境外服务提供者不得从事互联网新闻信息服务、互联网公众发布信息服务。 6.未满足设立商业存在和相关股比要求的，境外服务提供者不得提供互联网信息搜索服务。

	上海自贸区跨境服务贸易负面清单	海南自贸港跨境服务贸易负面清单
	9. 在中国没有经常居所或者营业所的外国人、外国企业或者外国其他组织在中国申请布图设计登记和办理其他与布图设计有关的事务，须委托知识产权主管部门指定的专利代理机构办理。	
金融业	1. 除提供和转让金融数据信息、金融数据处理、与其他金融服务提供者有关的软件、咨询、中介等附属服务外，在中国境内经营银行及其他金融服务（不包括保险和证券），须为中国金融机构；跨境金融网络与信息服务提供者须履行事前事项报告、变更事项报告、应急事项报告等合规义务；境外提供人不得在境内建设专用金融网络提供金融信息传输等服务。 2. 在中国境内从事货币经纪业务，须为中国货币经纪公司。 3. 除以下情形，在中国境内经营证券业务，须为中国证券公司： （1）经批准取得境外上市外资股（B股）业务资格的境外证券经营机构可通过与境内证券经营机构签订代理协议，或者证券交易所规定的其他方式从事境内上市外资股经纪业务；（2）经批准取得境内上市外资股业务资格的境外证券经营机构担任境内上市外资股主承销商、副主承销商和国际事务协调人；（3）境外证券服务机构代理合格境内机构投资者买卖境外证券；（4）符合法定条件的境外投资顾问代理合格境内机构投资者进行境外证券投资；（5）符合法定条件的境外资产托管人代理境外资产托管业务。 4. 公开募集证券投资基金的管理机构，须为在中国境内依法设立的证券公司、保险资产管理公司及专门从事非公开募集证券投资基金管理业务的资产管理机构。 5. 在中国境内从事公开募集证券投资基金管理业务，须为中国基金管理公司或经国务院证券监督管理机构核准的其他机构。 6. 仅符合条件在中国境内设立的公司可申请登记为私募证券基金管理人在中国境内开展私募证券基金管理业务。	1. 仅在中国境内，依照中国法设立的保险公司以及法律、行政法规规定的其他保险组织可经营保险业务。以境外消费方式提供的除保险经纪外的部分保险服务及以跨境交付方式提供的部分保险服务，不受上述限制。 2. 未经中国银行监督管理机构批准，境外服务提供者不得以跨境交付方式从事银行业金融机构、金融资产管理公司、信托公司、财务公司、金融租赁公司、消费金融公司、汽车金融公司以及经中国银行监督管理机构批准设立的其他金融机构的业务活动。 3. 仅经批准在中国境内设立的货币经纪公司可从事货币经纪业务。 4. 仅在中国境内设立的有限责任公司或股份有限公司，且为非金融机构法人可申请《支付业务许可证》，从事非金融机构支付服务。 5. 仅依中国法在中国设立的证券公司经批准可经营下列证券业务：（1）证券经纪；（2）证券投资咨询；（3）与证券交易、证券投资活动有关的财务顾问；（4）证券承销与保荐；（5）证券融资融券；（6）证券做市交易；（7）证券自营；（8）其他证券业务。 6. 以境外消费方式提供部分证券服务以及以跨境交付方式提供部分证券服务

上海自贸区跨境服务贸易负面清单	海南自贸港跨境服务贸易负面清单
7. 在中国境内从事证券投资基金托管业务，须为取得基金托管资格的中国商业银行或其他金融机构。 8. 境外基金管理机构、保险公司、证券公司以及其他资产管理机构投资中国境内证券，须经证券管理部门批准并取得外汇管理部门额度批准，并须委托符合法定条件的中国商业银行托管资产，委托境内证券公司办理境内证券交易活动。 9. 在中国境内从事基金销售业务，须为中国基金管理人及经证券管理部门及其派出机构注册的其他机构。 10. 仅依据中国法成立的证券经营机构、期货经纪机构、其他从事咨询业务的机构经批准可从事证券、期货投资咨询业务。 11. 境外证券服务贸易提供者须为合格境外机构投资者。 12. 在中国境内从事证券市场资信评级业务，须为中国法人。 13. 境外证券经营机构不得成为中国证券交易所的会员，境外证券经营机构设立的驻华代表处，经申请可以成为交易所特别会员。 14. 中央国债登记结算有限责任公司、上海清算所为银行间债券市场提供登记、托管、结算服务。 15. 在中国境内从事国债承销业务，须为中国债券承销机构。 16. 中国境内信托登记业务，由中国信托登记有限责任公司负责。 17. 期货交易所会员须为中国企业法人或其他经济组织。 18. 境外期货交易所及境外其他机构不得在境内指定或者设立商品期货交割仓库以及从事其他与商品期货交割业务相关的活动。 19. 境外央行（货币当局）和其他官方储备管理机构、国际金融组织、主权财富基金进入中国银行间外汇市场，须通过人民银行代理或通过中国银行间外汇市场会员代理或直接成为中国银行间外汇市场境外会。	7. 以下情形不得通过跨境交付方式提供：（1）仅依中国法设立的基金管理公司或者中国证券监督管理机构按照规定核准的其他机构可担任公开募集证券投资基金的管理人；（2）仅符合法定条件的在中国境内设立的公司或者合伙企业可申请登记为私募证券基金管理人；（3）仅依中国法设立并取得证券投资基金托管资格的商业银行或中国证券监督管理机构核准的其他金融机构可担任证券投资基金托管人；（4）经批准的合格境外机构投资者投资境内证券期货，应当委托符合要求的境内机构作为托管人托管资产。经批准的境内机构投资者开展境外证券投资业务，应当由境内商业银行负责资产托管业务；（5）仅依中国法设立并经中国证券监督管理机构及其派出机构注册取得公募基金销售业务资格的机构（含公募基金管理人）可以从事基金销售业务；（6）未经批准或登记，境内机构、个人不得从事境外有价证券发行、交易。 8. 依据中国法成立的证券经营机构、其他从事咨询业务的机构经批准可从事证券投资咨询业务。 9. 仅依据中国法在中国设立的期货公司可依据中国期货监督管理机构按照其商品期货、金融期货业务种类颁发的许可证，经营下列期货业务：境内期货经纪业务、境外期货经纪、期货投资咨询以及中国期货监督管理机构规定的其他期货业务。仅依据中国法在中国设立的期货公司可根据中国期货监督管理机构的要求，在依法登记备案后，从事资产管理业务。 10. 仅在中国境内设立的商业银行可申请期货保证金存管银行资格。

金融业

	上海自贸区跨境服务贸易负面清单	海南自贸港跨境服务贸易负面清单
金融业	20. 除上海黄金交易所和上海期货交易所外，任何机构、个人均不得设立黄金交易所（交易中心），也不得在其他交易场所（交易中心）内设立黄金交易平台。外国黄金交易市场不得跨境直接招揽中国客户，中国居民参与境外黄金市场交易，须通过取得 QDII 资质的机构和上海黄金交易所。 21. 银行参加外币支付系统应以境内法人或管理行为单位接入外币支付系统，并在代理结算银行开立外币结算账户。 22. 境外机构投资者投资中国银行间债券市场，须为符合要求的境外金融机构，上述金融机构发行的投资产品，及中国人民银行认可的其他中长期机构投资者。 23. 在中国境内经营保险业务，须为中国保险公司及法律、行政法规规定的其他保险组织；以境外消费方式提供的除保险经纪外的保险服务不受上述限制，以跨境交付方式提供的下列保险服务，不受上述限制：再保险；国际海运、空运和运输保险；大型商业险经纪、国际海运、空运和运输保险经纪、再保险经纪。 24. 禁止非法销售境外保险产品。 25. 仅中国期货公司可根据国务院期货监督管理机构按照其商品期货、金融期货业务种类颁发的许可证，经营下列期货业务：境内期货经纪业务、境外期货经纪、期货投资咨询以及国务院期货监督管理机构规定的其他期货业务；仅中国期货公司可根据国务院期货监督管理机构的要求，在依法登记备案后，从事资产管理业务。 26. 经期货交易所批准，符合条件的境外经纪机构可以接受境外交易者委托，直接在期货交易所以自己的名义为境外交易者进行境内特定品种期货交易。前述直接入场的境外经纪机构所在国（地区）期货监管机构应已与中国证监会签署合作谅解备忘录。境外经纪机构不得接受境内交易者委托，为其进行境内期货交易。	11. 除中国证券监督管理机构或其他相关部门另有规定，境内单位或个人不得从事境外期货及其他衍生品业务；境外单位或个人不得从事境内期货及其他衍生品业务。 12. 仅依据中国法成立的期货公司、其他期货经营机构可以从事期货投资咨询业务。在海南自由贸易港居住的境外个人可以申请取得期货投资咨询从业资格。 13. 企业年金法人受托机构、托管人、投资管理人应当经中国金融监管部门批准，并为中国法人。 14. 企业年金账户管理人应当经中国政府批准，并为中国法人。 15. 境外企业或个人不得成为证券交易所的普通会员。境外企业或个人不得成为期货交易所会员。除在海南自由贸易港内就业的境外个人或国家另有规定外，境外企业或个人不得申请开立证券账户或期货账户。海南自由贸易港内设立的区域性股权市场运营机构不得超过1家，区域性股权市场不得为海南自由贸易港外的企业私募证券或股权的融资、转让提供服务。 16. 境外期货交易所及境外其他机构不得在境内指定或者设立商品期货交割仓库以及从事其他与商品期货交割业务相关的活动。 17. 境外人民币业务清算行、境外央行类机构［包括境外央行（货币当局）和其他官方储备管理机构、国际金融组织、主权财富基金］和符合一定条件的人民币购售业务境外参加行经申请可以成为中国银行间外汇市场的境外会员，参与银行间外汇市场交易。

	上海自贸区跨境服务贸易负面清单	海南自贸港跨境服务贸易负面清单
金融业	27.在中国境内申请期货保证金存管业务资格，须为中国境内设立的全国性银行业金融机构法人。 28.仅为跨境交易提供外币的银行卡清算服务的境外机构，原则上可不在中国境内设立银行卡清算机构，但对境内银行卡清算体系稳健运行或公众支付信心具有重要影响的，须在中国境内设立法人，依法取得银行卡清算业务许可证。 29.从事企业年金基金管理业务的法人受托机构、账户管理人、托管人和投资管理人须经金融监管部门批准，并为中国法人。 30.在中国境内从事非金融机构支付业务，须为中国有限责任公司或股份有限公司，且为非金融机构法人。 31.外国机构在中国境内提供金融信息服务，须经新闻出版主管部门批准。	
租赁和商务服务业	1.外国律师事务所、其他组织或者个人不得在中国境内从事法律服务活动。 2.在中国境内从事法定审计业务，须取得中国注册会计师执业资格，并加入中国会计师事务所。 3.在中国境内从事拍卖业务，须为中国拍卖公司。 4.在中国境内从事代理记账业务，须为取得代理记账许可的中国机构。 5.境外组织、个人在中国境内进行统计调查活动，须委托中国境内具有涉外统计调查资格的机构进行，并经统计主管部门批准；涉外社会调查项目，须经统计主管部门批准。 6.境外组织和个人不得在境内直接进行市场调查和社会调查，不得通过未取得涉外调查许可证的机构进行市场调查和社会调查。 7.外国公司、企业和其他经济组织在中国境内从事人才中介服务活动，须与中国公司、企业和其他经济组织合资经营，设立专门的人才中介机构。 8.在中国境内从事因私出入境中介活动，须为中国因私出入境中介企业。	1.境外律师事务所、境外其他组织或个人不得以境外律师事务所驻华代表机构以外的其他名义在中国境内从事法律服务（海南律师事务所聘请外籍律师担任外国法律顾问和港澳律师担任法律顾问除外）。 2.境外律师事务所驻华代表机构及其代表不得从事中国法律事务（境外律师事务所驻海南代表机构从事部分涉海南商事非诉讼法律事务除外）。境外律师事务所驻华代表机构不得聘用中国执业律师；聘用的辅助人员不得为当事人提供法律服务。代表机构的代表及其辅助人员不得以"中国法律顾问"名义为客户提供中国法律服务。 3.境外律师事务所驻华代表机构及其所属的境外律师事务所不得派员入驻中国律师事务所从事法律服务活动。 4.只有在中国境内设立的公证机构才可从事公证服务。对设立公证机构实行总量控制。只有通过中国司法考试或统一法律职业资格考试的中国公民才可担任公证员。

	上海自贸区跨境服务贸易负面清单	海南自贸港跨境服务贸易负面清单
租赁和商务服务业	9. 境外企业、自然人及外国驻华机构不得在中国境内从事境外就业中介活动，不得直接在中国境内招收劳务人员或境外就业人员。 10. 境外机构在中国境内举办经济技术展览会，须联合或委托中国境内有主办资格的单位进行。 11. 境外征信机构在中国境内从事征信业务，须经征信业监督管理部门批准。	5. 境外个人不得参加国家统一法律职业资格考试取得法律职业资格证书。 6. 只有在中国境内设立的法人或其他组织可以申请从事司法鉴定业务。只有中国公民可以申请从事司法鉴定业务。 7. 境外服务提供者只能通过商业存在方式提供法定审计服务；境外服务提供者只能通过商业存在方式提供代理记账服务。 8. 境外组织或个人不得直接进行社会调查，不得通过未取得涉外调查许可证的机构进行社会调查。境外服务提供者经资格认定，取得涉外调查许可证的可进行市场调查。 9. 境外服务提供者不得提供人力资源服务（包括但不限于人才中介服务、职业中介服务），不得直接招收劳务人员赴国外工作。 10. 境外个人不得担任保安员从事保安服务，境外服务提供者只能通过商业存在方式提供保安服务。 11. 举办国际性节目交流、交易活动，须经中国广播电视行政部门批准，并由指定的单位承办。举办国际性电影节（展）和设评奖的全国性电影节（展），须由中国电影主管部门批准。经海南电影主管部门批准，可举办单一国家或港澳台地区的电影展映活动。 12. 境外个人不得报考全国导游资格考试。
科学研究和技术服务业	1. 属于禁止进口的技术，不得进口；属于限制进口的技术，实行许可证管理。 2. 任何国际组织、外国的组织或者个人在中国领海、专属经济区、大陆架进行科学研究，或者在中国领海进行海洋作业，或者对中国的专属经济区和大陆架的自然资源进行勘查、开发活动，或者在中国的大陆架上进行钻探，须经批准。 3. 外国人、外国组织在中国领域和中国管辖的其他海域发掘古生物化石，须经国土资源主管部门批准，采取与符合条件的中方单位合作的方式，并遵守有关古生物化石发掘、收藏、进出境的规定。	1. 境外服务提供者可提供除总体规划以外的城市规划服务，但须与中方专业机构合作。法定规划以外的城市设计和法定规划编制的前期方案研究，可不受此限制。 2. 境外服务提供者以跨境交付方式提供除方案设计以外的建设工程初步设计（基础设计）、施工图设计（详细设计）、工程和集中工程服务，须与中方专业机构合作。

	上海自贸区跨境服务贸易负面清单	海南自贸港跨境服务贸易负面清单
科学研究和技术服务业	4. 人类遗传资源采集、收集、买卖、出口、出境，包括我国人类遗传资源的国际合作项目，须由中方合作单位办理报批手续，经审核批准后方可正式签约。 5. 在中国境内从事认证活动，须为中国认证机构。境外认证机构在中国境内从事与机构业务范围相关的推广活动，须通过其在中国设立的代表机构进行；境内的认证机构、检查机构、实验室取得境外认可机构认可的，须向认证认可监督管理部门备案。 6. 在中国境内从事向社会出具有证明作用的数据、结果的检验检测活动，须为中国检验检测机构。 7. 外国企业和其他经济组织或者个人在中国从事城乡规划编制服务的，须设立外商投资企业，取得城乡规划编制单位资质证书，在相应资质等级许可范围内，承揽城市、镇总体规划服务以外的城乡规划编制工作。 8. 国际组织、外国的组织或者个人对中国的专属经济区和大陆架的自然资源进行勘查、开发活动或者在中国的大陆架上进行钻探，须经批准。 9. 外国的组织和个人在中国领域和中国管辖的其他海域从事气象活动，须经气象主管机构会同有关部门批准。 10. 外国的组织或者个人在中国领域和中国管辖的其他海域从事地震监测活动，须经地震工作主管部门会同有关部门批准，并采取与中外合作的形式进行。 11. 外国的组织或者个人在中国领域和管辖的其他海域从事测绘活动，须经测绘行政主管部门会同军队测绘主管部门批准，并采取中外合作的形式进行。 12. 禁止外国企业参与设计保密工程、抢险救灾工程和我国未承诺对外开放的其他工程；外国企业承担境内建设工程设计，须选择至少一家持有建设行政主管部门颁发的建设工程设计资质的中方设计企业进行中外合作设计，且在所选择的中方设计企业资质许可的范围内承接设计业务。	3. 外国人申请参加中国注册建筑师全国统一考试和注册以及外国建筑师申请执行注册建筑师业务，按照对等原则办理。 4. 未经批准，境外组织或个人不得在中国领域和中国管辖的其他海域从事测绘、气象、水文、地震及生态环境监测、海洋科研、铺设海底电缆和管道、自然资源勘查开发等活动。

续表

	上海自贸区跨境服务贸易负面清单	海南自贸港跨境服务贸易负面清单
科学研究和技术服务业	13. 外国人或者外国企业在中国申请商标注册和办理其他商标事宜的，须委托中国商标代理机构办理；在中国没有经常居所或者营业所的外国人、外国企业或者外国其他组织在中国申请专利，须依照其所属国同中国签订的协议或者共同参加的国际条约，或依照互惠原则，委托中国专利代理机构办理。	
教育	1. 各级各类学校（除高等学校）一般不聘请外籍教师来校任教。高等学校聘请专家、外教，须经教育主管部门批准。宗教院校聘用外籍专业人员以短期讲学为主，时间限半年以内；长期任教时间限一年以内；不得聘用外籍专业人员担任宗教院校的行政领导职务。 2. 外国教育服务提供者除通过其在中国境内设立的中外合作办学机构外，不得以跨境提供方式向中国境内提供远程教育服务。 3. 外国宗教组织、宗教机构、宗教院校和宗教教职人员不得在中国境内从事合作办学活动。 4. 国外职业资格证书机构、有关法人团体以及国际组织在中国境内开展职业资格证书考试发证和活动，须与中方机构合作。 5. 境外机构不得单独在中国境内举办教育考试。 6. 境外机构和个人不得在中国境内从事自费出国留学中介服务活动。	1. 境外教育服务提供机构除与中方教育考试机构合作举办面向社会的非学历的教育考试外，不得单独举办教育考试。 2. 境外个人教育服务提供者受海南自由贸易港内学校和其他教育机构邀请或雇佣，可入境提供教育服务，须具有学士以上学位，且具有相应的专业职称或证书。
卫生和社会工作	外国医师来华短期行医须注册并取得短期行医许可证。	在外国取得合法行医权的外籍医师，应邀、应聘或申请来华从事临床诊断、治疗业务等活动，注册有效期不超过一年，注册期满需要延期的，可以按规定重新办理注册。

	上海自贸区跨境服务贸易负面清单	海南自贸港跨境服务贸易负面清单
文化、体育和娱乐业	1. 新闻出版中外合作项目，须经新闻出版主管部门批准。 2. 外国通讯社在中国境内发布新闻信息，须经新华通讯社批准，并由新华通讯社指定的机构代理. 外国通讯社不得在中国境内直接发展新闻信息用户；外国新闻机构在中国境内设立常驻新闻机构、向中国派遣常驻记者，须经外交部批准，并办理外国常驻记者证以及居住证；常驻或短期采访，应办理记者签证。 3. 网络出版服务单位与境外组织及个人进行网络出版服务业务的项目合作，须经新闻出版主管部门批准。 4. 在中国境内提供互联网新闻信息服务，须为取得互联网新闻信息服务许可的中国法人；主要负责人、总编辑须为中国公民。 5. 互联网站链接境外新闻网站，登载境外新闻媒体和互联网站发布的新闻，须经互联网信息主管部门批准。 6. 境外出版机构在中国境内设立办事机构，须经新闻出版主管部门批准；著作权涉外机构、国（境）外著作权认证机构、外国和国际著作权组织在华设立代表机构，须经版权主管部门批准。 7. 出版境外著作权人授权的电子出版物（含互联网游戏作品），进口用于出版的音像制品，以及进口用于批发、零售、出租等的音像制品成品，须经新闻出版主管部门审查批准。 8. 在中国境内举办境外出版物展览，须经出版行政主管部门批准。 9. 境外出版机构在中国境内与中国出版机构开展合作出版，须经新闻出版主管部门批准；图书和电子出版物出版单位出版境外著作权人的图书和电子出版物，须向版权主管部门办理出版合同登记。 10. 网络出版服务单位在网络上出版境外著作权人授权的网络游戏，须经新闻出版主管部门批准。	1. 境外服务提供者不得从事图书、报纸、期刊、音像制品、电子出版物的编辑、出版、制作业务，不得从事网络出版（含网络游戏）服务。中国加入世贸组织承诺内容除外。中外新闻出版单位进行新闻出版合作项目，须经中国政府批准，并确保中方的经营主导权和内容终审权，并符合中国政府批复的其他条件。网络出版服务单位与境内外商投资企业或境外组织、个人进行网络出版服务业务的项目合作，应当事前报中国政府批准。未经审核许可，境外服务提供者不得复制音像制品、电子出版物。 2. 放映电影片，应当符合中国政府规定的国产电影片与进口电影片放映的时间比例。电影院年放映国产影片的时长不得低于年放映电影片时长总和的三分之二。境外服务提供者不得从事电影引进业务。 3. 国产故事片、动画片、科教片、纪录片、特种电影等，其主创人员一般应是中国境内公民。因拍摄特殊需要，经批准可聘用境外主创人员，但主要演员中聘用境外的主角和主要配角均不得超过主要演员总数的三分之一。对外合作摄制的故事片、动画片、纪录片、科教片等，因拍摄特殊需要，经中国电影主管部门批准可聘用境外主创人员。除已有特别协议规定的国家和地区外，境外主要演员数量不得超过主要演员总数的三分之二。中国对对外合作摄制电影实行许可制度。境内任何单位未取得批准文件，不得与境外单位合作摄制电影。未经批准，境外单位不得独立摄制电影。

	上海自贸区跨境服务贸易负面清单	海南自贸港跨境服务贸易负面清单
文化、体育和娱乐业	11. 外国的组织或者个人不得在中国境内从事互联网地图编制和出版活动 12. 聘用外国人参加广播影视节目制作的单位限定于中央和各省、自治区、直辖市、省会市、计划单列市的广播电台、电视台和其他广播电视节目制作单位,以及电影制片厂和具有摄制电影许可证或电视剧制作许可证的单位。聘用外国人参加广播影视节目制作活动,须经广播影视主管部门批准;邀请外国人参加临时性不支付报酬的广播影视节目制作活动,须向广播影视主管部门备案;广播电台、电视台不得聘请外国人主持新闻类节目。 13. 广播电台、电视台以卫星等传输方式进口、转播境外广播电视节目,须经广播影视主管部门批准。 14. 境外组织不得在中国境内独立从事电影摄制活动;境外个人不得在中国境内从事电影摄制活动。 15. 国产故事片原则上不得聘用境外导演,其他主创人员一般也须是我国公民。中外合作摄制的故事片,因题材、技术、角色等特殊需要聘用境外主创人员的,须经广播影视主管部门批准,并符合有关演员比例要求。 16. 在中国境内从事中外合作制作电视剧(含电视动画)活动,须经广播影视主管部门批准,并符合有关主创人员比例要求。 17. 中外合作摄制电影片中聘用境外主创人员的,须经广播影视行政部门批准,并符合有关演员比例要求。 18. 在中国境内从事互联网视听节目服务和专网及定向传播视听节目服务,须为中国信息网络传播法人。 19. 电影进口业务由指定单位经营。 20. 用于广播电台、电视台播放的境外电影、电视剧,须经广播影视主管部门批准.用于广播电台、电视台播放的境外其他广播电视节目,须经广播影视主管部门或者其授权的机构批准。 21. 引进境外纪录片实行总量控制,并须符合相关播出规定。	4. 境外服务提供者不得从事网络视听节目服务。单个网站年度引进专门用于信息网络传播的境外电影、电视剧总量,不得超过该网站上一年度购买播出国产电影、电视剧总量的30%。引进用于信息网络传播的境外电影、电视剧及其他视听节目,必须经省级以上广播电视行政部门审查批准。 5. 用于广播电台、电视台播放的境外电影、电视剧,必须经中国广播电视行政部门审查批准。用于广播电台、电视台播放的境外其他广播电视节目,必须经中国广播电视行政部门或者其授权的机构审查批准。广播电台、电视台以卫星等传输方式进口、转播境外广播电视节目,必须经中国广播电视行政部门批准。中国对引进境外影视剧进行调控和规划。引进境外影视剧和以卫星传送方式引进其他境外电视节目,由指定单位申报。播出按规定引进的境外广播电视节目,须符合有关时间比例、时段安排等规定。 6. 境外服务提供者不得跨境从事网络文化产品进口业务。中国加入世贸组织承诺内容除外。 7. 境外服务提供者不得开办广播电视视频点播服务,但三星级以上或相当于三星级以上宾馆饭店除外。从事广播电视视频点播业务应当依法获得《广播电视视频点播业务许可证》。用于广播电视视频点播的节目,应以国产节目为主。中国政府对境外卫星频道落地实行审批制度。

	上海自贸区跨境服务贸易负面清单	海南自贸港跨境服务贸易负面清单
文化、体育和娱乐业	22. 境外动画片的引进，须为生产国产动画片的省级电视台、省会城市电视台、计划单列市电视台和国家新闻出版主管部门指定机构；境外动画片的引进、播放须符合比例、时段等规定。 23. 在中国举办国际性广播影视节（展）、中外政府间广播影视节（展）、节目交流活动和设评奖的全国性广播影视节（展），须经广播影视主管部门批准，由广播影视主管部门举办或与国家相关政府部门、地方政府等联合举办。 24. 外国人入境完成短期营业性演出活动，须经文化行政部门批准。 25. 中国与外国进行的商业和有偿文化艺术表演及展览（展销）活动，须由经文化主管部门认定的有对外经营商业和有偿文化艺术表演及展览（展销）资格的机构、场所或团体提出申请，经文化主管部门批准。 26. 外国的文艺表演团体、个人不得在中国境内自行举办营业性演出，但可参加由中国境内的演出经纪机构举办的营业性演出，或受中国境内的文艺表演团体邀请参加该文艺表演团体自行举办的营业性演出。外国人不得从事营业性演出的居间、代理活动。 27. 境外组织或个人在中国境内进行非物质文化遗产调查，须与境内非物质文化遗产学术研究机构合作，经文化主管部门批准，并符合相关报告、资料规定。 28. 外国人来华登山，须经体育主管部门批准。 29. 除商业性、群众性国际体育赛事外，在中国举办国际体育赛事须经体育主管部门批准。境外非政府组织在中国境内开展体育活动，须经体育主管部门批准，并设立代表机构；境外非政府组织未设立代表机构，在中国境内开展临时体育活动的，须与中方合作，并经体育主管部门等批准后，向公安机关备案。 30. 福利彩票、体育彩票发行和组织销售，由中国彩票发行机构、彩票销售机构负责；境外彩票不得在中国境内发行、销售。	8. 境外服务提供者不得从事广播电视节目制作经营（含引进业务）服务，但经批准，境内广播电视节目制作机构可与境外机构及个人合作制作电视剧（含电视动画片）。中外合作制作的电视剧主创人员（编剧、制片人、导演、主要演员）中中方人员不得少于25%。聘用境外个人参加境内广播电视节目制作，由广播电视行政部门审批。 9. 境外的文艺表演团体、个人不得自行举办营业性演出，但可以参加由中国境内的演出经纪机构举办的营业性演出，或受中国境内的文艺表演团体邀请参加该文艺表演团体自行举办的营业性演出，并须经文化和旅游行政部门批准。境外个人不得从事营业性演出的居间、代理活动。 10. 境外服务提供者不得从事新闻服务，包括但不限于通过通讯社、报纸、期刊、广播电台、电视台提供的新闻服务，但是一经中国政府批准，境外新闻机构可设立常驻新闻机构，仅从事新闻采访工作，向中国派遣常驻记者；一经中国政府批准且在确保中方主导的条件下，中外新闻机构可进行特定的业务合作。经中国政府批准，境外通讯社可向中国境内提供经批准的特定新闻业务，例如，向境内通讯社供稿。 11. 境外服务提供者不得从事开展社会艺术水平考级活动业务。

续表

	上海自贸区跨境服务贸易负面清单	海南自贸港跨境服务贸易负面清单
水利、环境和公共设施管理业	1. 外国组织或者个人在中国从事水文活动的,须经水行政主管部门会同有关部门批准。 2. 在中国境内从事放射性固体废物处置活动的,须为中国企业法人。 3. 外国人进入自然保护区及在自然保护区内从事采集标本等活动,须经自然保护区管理机构批准。 4. 外国人在中国境内狩猎,须在林业行政主管部门批准的对外国人开放的狩猎场所内进行。 5. 外国人在中国对国家重点保护野生动物进行野外考察或者在野外拍摄电影、录像,须经野生动物保护主管部门批准。 6. 外国人不得在中国境内采集或者收购国家重点保护野生植物。	
居民服务、修理和其他服务业	1. 在中国境内从事典当活动,须为中国典当公司。 2. 在中国境内从事印章刻制、音像制品复制等特种行业,须为中国法人和组织;特种行业和公共场所单位聘用的境外从业人员须持有合法的身份证明以及国家和本市规定的其他条件。	
有关职业资格的限制措施	申请以下职业资格应为中华人民共和国公民：注册安全工程师执业资格、注册土木工程师(岩土)执业资格、勘察设计注册石油天然气工程师资格、勘察设计注册冶金工程师资格、勘察设计注册采矿/矿物工程师资格、勘察设计注册机械工程师资格、勘察设计注册环保工程师资格、勘察设计注册化工工程师执业资格、勘察设计注册电气工程师执业资格、勘察设计注册公用设备工程师执业资格、房地产估价师执业资格、造价工程师执业资格、注册消防工程师、法律职业资格、注册会计师、税务师职业资格、导游资格、注册设备监理执业资格、注册城乡规划师职业资格、专利代理人、教师资格、社会工作者职业资格、拍卖师执业资格、保安员、资产评估师、注册验船师、房地产经纪专业人员职业资格。	

我国对外资服务业的限制在准入环节多体现为对投资领域的禁止和限制，以及通过资质许可、经营许可、国籍要求、年限要求、商业存在要求、股比等经营方式的限制等，并且具体到投资行为层面，对外资各项业务以及经营环节进行规制，而这种限制显然与制度型开放的原则相悖，且并不能很好地实现保护产业安全、经济安全、生态安全以及维护文化价值观等目的。而在制度型开放的基础上探讨外资准入负面清单未来的优化路径，需要借鉴自贸港等代表全球最高开放水平的平台所实行的外资准入管制方式，总结外资准入的国际通行规则，找出我国外资准入环节与国际通行标准存在的差距。

第三节　我国服务业外资准入负面清单存在的问题

由于服务业开放涉及更多的人员、信息、技术、数据等要素的跨境流动，因此，对规则、规制、管理、标准的国际衔接的要求更高且更加迫切，因此，服务业可以视为未来我国制度开放高地，其外资准入规则势必要在更高的层级上探索升级，而目前我国已出台的全国版和自贸区版外资准入负面清单以及跨境服务贸易负面清单中对行业准入的限制范围和限制方式仍然较为复杂，显然是不符合这个定位的，需要进一步对标全球高水平自贸港的开放标准，借鉴新加坡、迪拜等自由贸易港外资准入管理方面的做法和经验，为我国服务业外资准入管理改革提供诸多启示和借鉴。

一、全球主要自贸港外资准入负面清单经验借鉴

（一）行业开放度极高，禁止和限制进入的行业极少

从全球著名的几大自贸港发展经历看，各自贸港在行业准入方面设置的禁止和限制类行业和活动的极少，几乎没有对外资完全禁止的行业，并且基本都允许外资100%控股。各自贸港禁止进入的行业集中在赌博、军

工等极少数关系到国家安全的领域，并且禁止进入的领域均有相应的国内法律法规依据。在限制类行业中，只要满足一定条件，均可进行备案登记、申请许可或牌照，没有对外资的进入条件做出特别限定。

表4-6　全球主要自贸港外资行业准入情况

	行业准入		投资行为限制
	禁止进入或严格管制	限制进入（有准入条件）	
新加坡	除国防相关行业和少数特定行业外，新加坡对外国投资者的进入不设任何进入限制，几乎所有的行业都向外国投资者完全开放。	金融、保险、证券等特殊领域须向主管部门报备，不允许外资银行进入银行零售业务市场；银行、保险和证券经纪公司，在注册公司前需要申请特别准证；生产某些货品，例如雪茄和鞭炮，也必须事先申请特别牌照；承包工程需申请建筑资质。	外资进入新加坡无投资方式的限制。限定外资银行对本国银行的持股比率，外国投资者在新闻业、广播业的持股比率分别不得超过30%和49%，绝大多数产业领域对外资的股权比例等无限制性措施。
中国香港	严格管制赌博业。	对电子通信、广播、交通、能源、酒类销售、餐饮、医药、金融、公众娱乐场所等，要求进行商业登记，还要向政府相关行政部门单独申请经营牌照；除银行、保险等少数金融行业之外，香港特区政府也没有对需要申领经营牌照行业投资者的进入条件做出特别限定。	其他绝大多数投资领域进入及经营均是由投资者自我决策，对设立企业没有所有制、融资规模、控股比例等限制，投资者均可100%控股。
迪拜	外资进入酒店、医院受限制。		允许外资不受阿联酋公司法中"外资低于49%"的比例限制，单独设立独资企业，企业可以拥有100%的所有权，不限制企业雇佣外国劳动力。

资料来源：作者自行整理

（二）对外资准入的管理均有国内法律条例依据，不单列负面清单

中国香港、新加坡等自贸港对于外资的投资行为限制较少，如外资的

资质要求、股权比例等限制，对外资的管理注重采用法律行为的方式进行调节。以香港赌博业为例，对赌博业的禁止准入是以《赌博条例》为依据进行的，《赌博条例》第二章第三条和第四条明确规定赌博与奖券活动属非法，并列出了例外条款。

表4-7　香港《赌博条例》中有关赌博例外条款的规定

第二节第三条有关赌博的例外条款	（一）如博彩游戏乃在私人处所内的社交场合中进行，而且并非以生意或业务的形式筹办或经营，亦非为任何人的私有收益（以博彩游戏的博彩者或在博彩游戏中博彩的人的身分赢得者不计）而筹办或经营，则该等博彩乃属合法。 （二）在下述情况，如博彩游戏使用骰子、西洋骨牌、麻将牌、天九牌或纸牌，则该等博彩乃属合法： 1.该博彩游戏乃在下述处所的社交场合中进行： （1）根据《公众卫生及市政条例》（第132章）获发酒楼牌照的处所； （2）根据任何条例获发牌照或其他授权书出售令人醺醉的酒类的处所；或 （3）已符合《会社（房产安全）条例》（第376章）第4（2）条所指的2项条件中的其中一项的会址； 2.进入该处所无须缴费；博彩游戏并非由任何掌管、管理或涉及营办该处所或该会址的人或任何受雇于该处所或该会址的人进行； 3.在该博彩游戏中，并不涉及与一个由一名或多名博彩者独占做庄的庄家对赌； 4.该博彩游戏并非以生意或业务的形式筹办或经营，亦非为任何人的私有收益（以博彩游戏的博彩者或在博彩游戏中博彩的人的身份赢得者不计）而筹办或经营。 （三）在下述情况，如博彩游戏使用麻将牌或天九牌，则该等博彩乃属合法： 1.该博彩游戏在： （1）根据《公众卫生及市政条例》（第132章）获发酒楼牌照的处所内进行； （2）已符合《会社（房产安全）条例》（第376章）第4（2）条所指的2项条件中的其中一项的会址内进行； 2.进入该处所无须缴费；博彩游戏并非由任何掌管、管理或涉及营办该处所或该会址的人或任何受雇于该处所或该会址的人进行； 3.在该博彩游戏中，并不涉及与一个由一名或多名博彩者独占做庄的庄家对赌； 4.该博彩游戏并非以生意或业务的形式（收取不超过订明款额的牌租者除外）在该处所内筹办或经营，亦非为任何人的私有收益（以博彩游戏的博彩者或在博彩游戏中博彩的人的身份赢得者不计）而筹办或经营。 （四）如博彩游戏属下述性质，并获第22条所指的牌照批准组织或经营者，则该等博彩即属合法： 1.有奖娱乐博彩游戏； 2.凼波拿博彩游戏；

续表

第二节第三条有关赌博的例外条款	3. 推广生意的竞赛。 （五）在下述情况博彩属合法： 1. 该博彩游戏使用麻将牌或天九牌； 2. 该博彩游戏乃在根据第二十二条获发有关牌照的处所内进行。 （六）如众人之间进行打赌，而其中并无人因此而犯有第 7 条所订的罪行，则该等打赌即属合法。 （七）凡获《广播条例》（第 562 章）或《博彩税条例》（第 108 章）批准或根据该等条例获准进行的赌博，均属合法。
第二节第四条有关奖券活动的例外条款	凡获《博彩税条例》（第 108 章）、《政府奖券条例》（第 334 章）批准或获第 22 条所发牌照批准或根据该等条例或该牌照获准的奖券活动，均属合法。 参予合法的奖券活动碰机会者，乃属合法。

资料来源：香港法律服务网站：https：//www.elegislation.gov.hk

除了禁止准入行业，自贸港对于限制进入的行业也都有相应的法律依据，通过有关法律条例进行规范，比如，香港《公众娱乐场所条例》第4条就公众娱乐场所牌照要求作出了明确规定：

（1）任何人如无根据本条例批出的牌照，不得经营或使用任何公众娱乐场所。

（2）任何人违反第（1）款的规定，即属犯罪，一经定罪，可处第4级罚款及监禁6个月，并可就罪行持续期间，另处罚款每日 \$2000。

（三）对外资具体经营活动基本不设限制条件，而是通过准入"软约束"引导企业主动合规经营

以新加坡自贸港为例，除限制外资银行对本地银行持股比例，外资在新闻业、广播业的出资比例分别不得超过30%和49%外，绝大多数产业领域没有针对外资具体经营活动的限制，并且只要在合法的前提下，公司可自由经营任何业务，并可以根据自身状况和市场行情自行变更经营范围①，

---

① 出于统计需要，新加坡将企业经营范围划分为服务类、商贸类、科技类、食品类和贸易类等类别。

无须审批，但这不等同于政府对企业经营行为放任不管，而是通过对企业进行资质评级和管理，由企业根据自身评级获得相应的经营活动许可。比如新加坡建设局（BCA）规定，外国承包商在新加坡承包工程需首先在新注册分公司、个人所有或合伙制的企业，并向 BCA 申请相应的建筑资质，BCA 主要从已完成工程的表现记录、企业经济能力和人力资源等方面对其进行考察，重点审查承包企业的工程表现记录，借助注册制度对承包企业进行资质管理，首次注册的个人所有或合伙制企业原则上最高定位为 C1 或 I1 级[①]。实行资质管理能够引导企业主动进行合规经营，并且企业为获得更多经营活动许可，会自发地努力提高竞争优势，争取活动更高等级的评级。这种管理方式不仅间接促进了市场准入向有竞争优势的市场主体倾斜，还将政府直接干预市场主体和市场主体行为的"硬约束"转为"软约束"，避免了繁杂的市场准入干预程序，极大地提高了政府管理效率。

（四）通过分类许可管理实现不同区块的差异化功能定位和产业集聚

对于地域面积较大的自贸港而言，为了实现既定的功能定位和产业发展目标，当地政府或自贸港的管理方会通过分类许可的方式引导不同行业的投资进入相应的区块，在准入环节主动实现差别化产业集聚。以迪拜七大自贸区为例，各区实行分类许可管理模式，在注册时颁发不同种类的营业执照，并明确了不同营业执照所涵盖的商业活动种类。具体而言，根据在自贸区内设立公司的股东数量以及商业活动的性质，分为 Branch、FZE、FZCO 三种公司形式，营业执照则有综合贸易（General Trading）、一般贸易（Trading）、工业（Industrial）、服务（Service）四种，并详细列明经营活动范围，根据七大自贸区所侧重发展的行业不同，不同自贸区颁发的营业执照种类也不完全相同。

---

① 新加坡建设局按资产规模、技术资质、人员情况、历史业绩、企业信誉将承包商资质分成 A1-C3（建筑工程类）、I1-I6（其他工程类）共十三个等级。

表4-8　迪拜自贸区可设立的公司种类

公司种类	多股东有限责任公司 （2—50个个人或法人）	Free Zone Company（FZCo） Public Listed Company（PLC）
	单一股东有限责任公司 （个人或单一法人）	FreeZone Establishment（FZE）
	已有实体分支机构 （branch）	任何自贸区外的公司均可在自贸区内设立由母公司拥有100%股权的分支机构

资料来源：杰贝阿里自贸区管理局网站 Jebel Ali Free Zone

表4-9　迪拜自贸区三级准入许可管理

营业执照目录	许可涵盖的经营活动
贸易许可	贸易相关活动
产业许可	产业活动
服务许可	服务活动
电子商务许可	通过电子网络或其他电子手段买卖商品或服务
国家产业许可	51%及以上股份由海合会国家持有的制造业活动
创新许可	产品和服务创新
离岸注册	建立离岸有限责任公司

资料来源：杰贝阿里自贸区管理局网站 Jebel Ali Free Zone

表4-10　迪拜七大自贸区行业准入分类情况

	行业准入	主要入驻行业
南城自贸区 （迪拜航空城）	颁发综合贸易、一般贸易、服务、教育、物流、航空六类执照，可进行轻加工，禁止重加工	贸易、航空、物流和教育为主
机场自贸区	颁发综合贸易、一般贸易、服务类执照，可进行轻加工，禁止重加工	手机贸、物流、互联网等行业
多种商品交易中心	颁发综合贸易、一般贸易、服务类，和商务中心执照	大宗商品贸易平台，主要针对黄金、钻石、珍珠、能源、钢以及咖啡、棉花等产品
硅谷自由区	颁发综合贸易、一般贸易、服务类执照	主要针对电信、生物技术、工程、航空航天、新能源、石油和天然气等行业

	行业准入	主要入驻行业
杰贝阿里自贸区	颁发综合贸易、一般贸易、服务（限于已在当地有服务资质），工业、电商、创新等类型执照	综合性自贸区
阿基曼自贸区	颁发综合贸易、一般贸易、服务，工业、电商、等类型执照	综合性自贸区，适合对成本较为敏感的创业者和私有中小企业
拉斯海马自贸区	颁发综合贸易、一般贸易、服务，工业等类型执照	

资料来源：作者自行整理

（五）准入管理对内资和外资基本一致

当前各国（地区）的自贸港对投资准入的管理基本实行国民待遇，无内资和外资的差别，在其相关法律法规中，基本没有出现针对外资的特别法律条款和管理条例，虽然不排除有例外情况，如杰贝阿里自贸区在营业执照的分类管理方面明确规定不允许非阿联酋投资人获得 Service 营业执照，但这种针对外资的差别性规定并不多见。

二、我国现行外资准入负面清单对标国际高水平自贸港存在的差距和问题

通过对标国际高水平自贸港在外资准入环节的开放和管理，不难看出，国内建设高标准自贸港在行业开放度、限制方式、内容规范和透明度等方面均存在较大的差距。

（一）行业开放度仍有较大提升空间

与国际高水平自贸港外资行业准入相比，我国现行负面清单中禁止类和限制类行业种类仍相对较多，以自贸区版外资准入负面清单为例，仍有45项特别管理措施，其中，禁止类21项，限制类24项，共覆盖14大类行业，按照国民经济行业分类二级细目划分，从 A 门类到 R 门类共90大类，涉及一半的行业大类，与国际自贸港绝大多数行业对外资完全开放的高标准差距甚大。

（二）对外资投资行为的限制较多

虽然我国自贸区负面清单长度一减再减，但开放度并没有相应提升，负面清单中的不符措施大多表现为对外资具体行为的直接或间接限制，如明确限制了经营范围、出资比例、经营方式以及法定代表人国籍要求等，其中，中方控股要求出现的频率最高。一般而言，投资行为本身涉及公司注册、资质管理、许可审批、日常管理监督等诸多准入后环节，这些环节对应的管理措施自然也会十分繁杂。一方面，将诸多事后监管内容纳入负面清单中并不十分必要，而且不符合负面清单趋于简化的国际通行做法；另一方面，在准入环节设置这些管制措施，不仅极大地增加了政府有关部门的工作量，还会导致企业在具体项目落地前需要对标的内容过多过杂，企业在准入环节面临更多的"隐形障碍"，反而限制了开放水平的进一步提升。

表4-11　2018年版自贸区外资负面清单中具体管制措施出现的次数　单位：次

股比限制	8
中方控股	12
合资企业数量限制	1
法定代表人国籍要求	3
限于合资、合作	3
中方主导	1
理事会、董事会等中方人员数量要求	1
中国境内定居要求	1

资料来源：作者自行整理

（三）负面清单格式和内容描述的规范性有待加强

由于自贸区外资管理政策体系尚在探索阶段，外资事前事后监管体系尚不健全的情况下，许多事后监管措施也被纳入负面清单中，导致负面清单事项繁杂，格式和表述内容不规范：

一是各项不符措施缺乏国内法律依据。首先，清单中的各项内容没有与国内相应的法律法规进行对应，缺失国内法律依据项；其次，目前外资管理尚未形成统一立法，许多不符措施无法找到可以对应的法律依据，并且许多需要由法律体系规范的外资行为被列入负面清单中进行规制，提升了清单长度和复杂程度，并且不利于形成对内外资一致的管理体系，也违背了国民待遇原则，国内法律基础亟待健全。

二是国内各级政府针对本地的招商引资还出台了较多的不同层级的行政管理规章，许多不符措施的法律依据还来源于不同层级政府在不同领域出台的行政管理规章，而我国现行的负面清单中尚缺失这一项。

（四）行业分类标准亟待与国际标准接轨

我国全国版和自贸区版负面清单仍以《国民经济行业分类》（GB/T4754—2011）为行业分类依据，然而，当前全球诸多双边投资协定或者自由贸易协定中的负面清单分类大致遵循国际上通行的世界贸易组织《服务贸易总协定》服务部门分类（GNS/W/120），或者联合国统计司制定的产品总分类（CPC），国际海关理事会制定的协调商品种类和编码体系（HS）、国际标准产业分类（ISIC）等，除了 ISIC 与我国的国民经济行业分类比较接近之外，其他行业分类标准无法完全与我国负面清单中的行业分类直接对接，致使外资在进入我国市场时经常产生行业或部门基础性对接脱节问题，对市场准入的进一步放宽的政策效果造成影响。

第四节　服务业外资负面清单管理的改进思路

虽然国际高水平自贸港在外资准入方面有很多值得借鉴的经验，但诸如中国香港和新加坡等都是港口式的小型经济体，其国际依赖程度高，开放程度均较高，作为我国对外开放制度高地，海南自贸港的整体开放水平需要超越现有的自贸区，但建立海南自贸港负面清单管理制度仍需根据海南当地的资源和条件，以及其所处的发展阶段和发展定位，在对标国际高标准的基础上，适当借鉴国际自由贸易港区通行规则，先行先试，按照"极简版、高标准、超前性"的改革方向，形成海南特色的自贸港外资准入顶层设计。

一、对标国际高水平自贸港，制定更加精简的负面清单

禁止类和限制类行业领域需进一步大幅缩减，制定极简版负面清单，但并不是在已出台的自贸区负面清单基础上进行缩减，如果自贸港外资准入负面清单和其他地区的负面清单并无多大区别，这毫无疑问是不合理的，还应考虑海南当地的产业基础和地方特色；此外，负面清单项大幅缩减并不等同于外资管理手段的减少，而是将大量针对投资行为的限制从清单中移除，转而通过企业资质管理、许可管理等事后监督手段进行。具体看，负面清单行业选择应遵循以下原则：

第一，禁止外资进入少数涉及国家安全、文化意识形态的特殊行业，如公共事业部门、军工、博彩业等。其他领域特别是服务业领域，需要加快对外资准入，尤其是 2018 年全国版外资负面清单针对外资在 22 个领域推出的开放措施，需要针对海南地方特色，进一步缩短时间表和路线图。

第二，对于行业开放度的把握可从内外两方面对标：一是以我国已签订的多双边经贸协定中的投资领域开放度为参照，海南自贸港的行业开放度应高于或至少不低于已有的对外开放水平；二是整合海南当地已经针对外资拓展的行业准入政策，将地方特殊优惠政策拓展至海南全域范围，比如，博鳌乐城国际医疗旅游先行区允许申请开展干细胞临床等前沿医疗技术项目研究，突破了现行全国版和自贸区版负面清单中"明确禁止外商投资人体干细胞、基因诊断与治疗技术开发"的规定，可以将地方政策红利推广至海南全境。三是结合海南地方特色和国际旅游岛的发展定位考虑，可适当放宽文化娱乐领域的限制，如允许外商在文化娱乐业聚集的特定区域投资设立演出场所经营单位、娱乐场所，不设投资比例限制。

第三，对于一些涉及基因安全、生物生态安全、列入保护名录的畜禽遗传资源的研究试验等活动和领域，或是基本对内外资均一致禁止或限制的领域，应以立法的形式进行规制，不列入负面清单，比如，稀有和特有的珍贵优良品种研发、养殖、种植和相关繁殖材料的生产，农作物、种畜禽、水产苗种转基因品种选育及其转基因种子（苗）生产，以及原产于内

地的国家保护的野生动、植物资源种的开发活动等。

第四，对于具有一定的文化传承和保护价值，且市场规范性和政策保护体系有待提升的领域，需要暂时将其列入负面清单，但可在国内形成规范化的市场运营和政策保护体系后，对外资实行有条件地准入。比如文物保护，这些领域往往存在市场机制和政策保护体系尚不完善、国内企业竞争力不足等问题，在这种情况下对外资开放，可能会给原本就不规范的国内文物艺术品市场带来一系列意想不到的后果，导致超高价格、文物盗墓、走私问题进一步加剧，考虑到这些领域资源的稀缺性和敏感性，需要对其设置进入壁垒，进行暂时性的保护。

第五，对标新加坡和中国香港，健全各类市场主体平等准入，力争逐步实现内外资同等开放，尤其是国内法律较为健全的领域，可以依据相关法律对内外资一致适用，比如赌博业，无论内资企业还是外资企业均不允许从事这类服务，无需再在外资准入负面清单中列出。

二是调整负面清单行业分类标准，推进国内标准和国际惯例的衔接。建立《国民经济行业分类》与国际主要通行行业分类标准的对应表，可酌情将不同国际行业分类标准结合使用，在服务业领域，鉴于海南制造业基础薄弱，服务业是海南对外开放的重点领域，可以参照《内地与港澳关于建立更紧密经贸关系的安排》（CEPA）的做法，CEPA采用的是《服务贸易总协定》（GNS/W/120）以及联合国统计司制定的产品总分类（CPC）结合使用的分类法。可建立《国民经济行业分类》与CPC分类、ISIC等国际通用标准的对应关系，在自贸港外资负面清单中的"国民经济行业分类"后面注明国际行业标准分类代码，使国内外投资者均能更好地对接负面清单，也便于未来参与国际贸易和投资谈判时能与国际惯例衔接。

二、强化不符措施描述的规范性，避免出现针对外资投资行为的不符措施

尽量减少外资准入的投资行为限制，将针对外资投资行为的事项描述从清单中移除。目前，我国负面清单对于外资的投资方式、股权比例等仍有一定限制，股权比例的限制可能会影响外资方的决策权，可能会降低各

项信息的透明度，势必会影响外资投入自由贸易港的积极性。如果从产业安全、保护国内市场的角度考虑，这种限制外资具体投资行为的规定未必能够发挥直接有效的作用，在准入环节设置这样的门槛并不十分必要。并且对于外资投资行为的管制属于事后监管范畴，纳入负面清单管制范围会导致清单的冗长繁杂，导致开放程度不降反增，因此，在投资准入环节，应尽量减少有关外资投资行为的规定，大量针对外资的行政许可等程序应从负面清单中删除，并逐步实现内外资一致，以国内法律条款来进行管理，引导外资合规经营。

综合以上因素，可考虑将以下行业纳入负面清单：

（1）博彩业：仅允许投资赛马和体育彩票等，如竞猜型体育彩票和大型国际赛事即开彩票；

（2）渔业：禁止投资中国管辖海域及内陆水域水产品捕捞。

（3）汽车制造：鼓励新能源汽车，禁止投资燃油车生产。

（4）能源资源勘探、开采：禁止投资放射性矿产勘查、开采、选矿、冶炼、加工，核燃料生产。

（5）投资烟叶、卷烟、复烤烟叶、雪茄烟、烟丝及其他烟草制品的生产、批发和零售。

（6）在文化意识形态领域，严格禁止外资进入内容提供环节，但不宜将这些领域的全环节纳入负面清单，比如，严格禁止外资涉足出版编辑等内容提供的活动，包括但不限于图书、报纸、期刊、音像出版物、电子出版物、网络出版物，其他环节如出版物发行业务可对外资准入全面放开。

（7）在文物保护领域，禁止投资文物拍卖；主要是为了防止境外大型跨国公司运用我国的独特文化优势赚取高额利润；

（8）专业技术服务业实行资格认证制度，不列入负面清单。设立资金规模、企业执业资格认证方面的准入门槛，对企业授予不同的资质等级，允许从事相应等级范围内的业务，对企业资质进行定期审核，建立准入和淘汰机制；对外国人员执业资格建立资质对等互认制度，授予符合条件的外国人员专业人员执业资格。

表4-12 服务业外资准入负面清单可涵盖的领域

行业大类	行业小类	涉及的ISIC行业分类代码	涉及的义务	现存措施	不符措施
租赁和商务服务业	法律服务	6910	市场准入、国民待遇	《外国律师事务所驻华代表机构管理条例》第十五条、第十六条	允许在海南独资设立外国律师所代表机构或与中国律所进行联营，但不得办理涉及海南以外的内地的法律事务，不得聘用内地执业律师派驻中国律师所可向外资律师所代理中国执业法律事务；可聘请外籍律师担任外国法律顾问。
	市场调研和公共意见测验服务	7320	市场准入、国民待遇	《涉外调查管理办法》第七条、第八条、第九条	涉外调查资格和社会调查项目需经政府认定和审批，并仅限为海南本地居民和外籍居民服务。
金融业	保险业	6511、6512、6520、6621、6622	当地成分、市场准入	《中华人民共和国保险法》第六十七条《保险公司管理规定》第七条《中华人民共和国外资保险公司管理条例》第六条《外资保险公司管理条例实施细则》第三条	
	资本市场服务	6430、6611、6612、6630	当地成分、市场准入	《中华人民共和国外资金融机构管理办法》第五条《外商投资证券公司管理办法》第七条《证券投资基金管理办法》第九条《外商投资期货公司管理办法》第七条	面向中国居民的业务限制不变；对仅针对境外提供金融服务的金融机构不设限制。

续表

行业大类	行业小类	涉及的ISIC行业分类代码	涉及的义务	现存措施	不符措施
教育	教育	8510、8521、8522、8530、8549	市场准入、国民待遇	《中华人民共和国民办教育促进法》（2018年修正）第十一条、第十九条《中华人民共和国中外合作办学条例》第六条、第十二条、第六十一条、第六十二条	学前、普通高中和高等教育机构仅限为海南本地居民和外籍居民服务，不设股比限制；禁止投资特殊领域举办义务教育及军事、警察、政治、宗教等特殊领域教育机构。
交通运输、仓储和邮政业	水上运输业	5011、5012、5021、5022	当地成分	《中华人民共和国船舶登记条例》第二条《中华人民共和国国际海运条例》第二十九条	保持现有政策不变（国内水上运输公司须由中方控股）。
	航空客货运输	5110、5120	高级管理层和董事会、当地成分	《中华人民共和国民用航空法》第九十二条《公共航空运输企业经营许可规定》第七条、第八条《外商投资民用航空业规定》第六条	公共航空运输公司须由中方控股，且一家外商及其关联企业投资比例不得超过25%，法定代表人须由中国籍公民担任。
	机场和空中交通管理	5223	市场准入	《中华人民共和国民用航空法》第五条《通用航空飞行管制条例》第三条、第三十八条《中华人民共和国飞行基本规则》第二十八条	禁止投资中交通管制。

续表

行业大类	行业小类	涉及的ISIC行业分类代码	涉及的义务	现存措施	不符措施
文化、体育和娱乐业	新闻出版	5811、5813、5819	市场准入、当地成分、国民待遇	《出版管理条例》第二十六条、《出版物市场管理规定》第三条、第十四条、《网络出版服务管理规定》第九条第二款、第十条	新闻出版、文化娱乐、影视等领域的内容提供环节保持现有政策不变，包括不限于图书、报纸、期刊、音像制品和电子出版物\网络出版物的出版和发行，文艺表演团体等，制作、网络出版服务、电影制作，但在有严格程序审查许可程序前提下，允许外资独资或合资企业制作专门在境外播放的电视节目和新闻
	广播电视传播出、传输、制作、经营	6010、6020	市场准入、当地成分、国民待遇	《广播电视管理条例》第三十九条、《中外合资、合作广播电视节目制作经营企业管理暂行规定》第四条、第六条、第五、第六条、第十二条	
	电影制作、发行、放映	5911、5912、5913、5920	市场准入、当地成分、国民待遇	《电影管理条例》第五条第二款、第十一条《外商投资电影院暂行规定》第三条、第四条第四款	
	文物及文化保护	文物保护	市场准入、国民待遇	《中华人民共和国文物保护法》第五十五条	禁止投资文物拍卖的拍卖公司、文物商店和国有文物博物馆（当代艺术与奢侈品等除外）。

资料来源：作者自行整理

三、拓展清单表述字段，完善负面清单格式

我国现行的外资准入负面清单只列明了行业大类、小类和特别管理措施三项内容，内容尚不完整，缺乏行业编码、政府层级、涉及义务、涉及国内法律、例外条款等表述字段，不能准确地界定东道国和外国投资者的权利义务，清单格式不规范。国外负面清单中的不符措施大多要求提供本国法律依据，在清单中详细列明不符措施所依据的国内法律条目、政策、措施、决定、判决、裁定的具体条款以及程序，以 2012 年修订的北美自由贸易协定为例，墨西哥在此协定的负面清单中，对规章通知、公布等作出了极为严格的要求。其中，列明的每项不符措施条款，均有国内与之对应的相关法律、法规依据，包括《促进墨西哥投资和管理外国投资法》《石油化工法》和《外国投资和促进指导原则》等。目前我国负面清单相关配套审查程序与法律依据并不完善，有关外商投资企业设立及变更备案的管理规定、知识产权保护法律、市场监管、金融创新以及安全审查制度等依然缺失，负面清单对应的法律基础仍较为薄弱，也增加了我国开放外资的风险和隐患。此外，各级政府均有较多的行政管理规章、产业发展规划、指南等，其中针对外资也有很多特殊规定，但尚未明确地与外资准入负面清单进行对接，在明确海南自贸港外资负面清单所依据的国内法规的基础上，还应进一步明确每一项不符措施所对应的各级政府层面的发展计划、阶段性规划等内容。

下一步逐步完善负面清单各表述字段可分两个阶段执行。

第一阶段：梳理行业编码、政府层级、涉及义务等可以直接完善的内容，政府层级分为中央政府和地方政府两大层级，分门别类列出相应法律、法规和制度等，涉及的义务原则按照国民待遇、最惠国待遇、业绩要求、商业存在、高级管理人员和董事会、市场准入几大类一一对应并注明。并在清单加入投资争端解决的内容，明确投资争端解决的协调机构。

第二阶段：在我国自贸区、外资领域法律完善的基础上，逐渐完善负面清单中涉及国内法律、行政法规的内容，注明每一项不符措施所依据国内法律及法律层级、有关行政法规、发展规划、计划、指南以及涉及的行

政部门等，梳理海南地区出台的各项地方发展计划、行动指南等内容，与负面清单进行一一对应。

四、保留未来采取不符措施的权利

考虑到产业安全等因素，可专门设计未来有权采取措施和进一步保留的清单，针对未来可能出现的产业以及其他不确定性，保留制定和采取不符措施的权利。根据市场和产业的发展趋势，适度保留敏感行业与新兴领域，如物联网、云计算、动漫设计、电子支付等的管理空间，并列明与国民待遇、最惠国待遇、业绩要求、高级管理人员、董事会成员与人员入境等原则要求的义务不符的措施，保留一定的自由裁量权。

五、强化外资安全审查的托底作用

考虑到极简负面清单必然带来的外资开放"飞地"效应，这无疑加大了外资安全审查压力，为提高极简版负面清单的安全性，需要在海南自贸港层面建立独立的外资安全审查体系，下放外资安全审查权利，针对敏感外资项目以国家安全、公共利益名义及时启动安全审查程序。

第五章 我国服务业外资准入后
管理现状以及体制机制瓶颈

总体来看，随着我国外资准入负面清单管理改革的推进以及负面清单的逐年缩减，加之一系列服务业扩大开放试点政策，以及在自贸区和自贸港范围内先行先试跨境服务贸易负面清单的尝试，服务业领域对外资的开放水平有了很大的提升，可以说，服务业外资准入环节的改革取得了成功。但从目前服务业外资主体在国内市场的经营实践看，准入不准营、项目无法落地、各行业行政许可管理仍普遍存在，内外资公平竞争环境有待提升，人才、技术、信息数据等要素跨境流动壁垒仍是外资企业普遍反映的准入后面临的困难和障碍，这意味着我国服务业外资管理在边境后领域存在诸多制度性壁垒。因此，通过制度型开放的思路推进服务业外资准入后相关体制机制改革是推进服务业扩大利用外资和服务业开放的"最后一公里"，这"最后一公里"的诸多瓶颈若难以突破，将会造成外资准入的口子开得越来越大，但准入后制度性壁垒却始终居高不下，外资无法真正在国内市场"大施拳脚"，造成吸纳外资越多越"因噎废食"的尴尬局面，服务业开放水平实际上没有提高。

第一节 我国服务业边境后限制的国际比较

OECD 服务贸易限制指数的测算方法和评价体系从对外资进入的限制、对自然人流动的限制、其他歧视性措施、妨碍竞争的措施、规制透明度等五个方面对各国服务贸易限制情况进行了定量分析和比较，而这五个方面实际构成了服务业外资准入后制度性壁垒的主要内容。因此，服务贸易限制指数数据库实际上提供了一个很好的服务业外资准入后各种政策壁垒和体制机制障碍的分析框架。一方面，通过比较我国和其他国家服务贸易限制指数情况，可以看出我国服务业开放程度在全球所处的地位，与服务业开放水平最高的国家和地区存在的差距；另一方面，通过国际比较和对我国服务贸易限制五个细分指标的分析，可以直观地看到我国服务业外资准入后面临的政策瓶颈和其他障碍，并准确定位我国服务业制度开放和外资准入管理体制机制改革需要填补的制度洼地。

一、国际服务贸易边境后限制性措施的现状

当前全球服务业开放重点正从传统的进出口关税、外资准入等边境措施向竞争法规、知识产权、监管透明度等边境内措施拓展。但由于边境内措施触及一国法律主权管辖下的国内制度体系，有大量部门内及部门间的事务需要协调，加之服务业各细分行业的"异质性"特征，使得不同行业的规则、规制、管理、标准等差别明显，对于深化服务业系统性改革的要求日益迫切。在更大范围、更宽领域、更深层次上推动服务业开放，有利于加快建立与国际服务贸易和投资规则相衔接的制度体系，推动相关服务行业改进监管体制机制，完善对外投资促进机制，放大逆向技术溢出效应，从而加快建设更高水平开放型经济新体制，进一步打通国内外两个市场，促进要素资源自由流动、高效配置，实现"引进来"与"走出去"更好结合。经济合作与发展组织（OECD）从 2014 年开始公布服务贸易限制指数 STRI（Series Trade Restri ctveness Index，STRI）并建立了相应的数据库。该数据库包含了 37 个 OECD 国家和巴西、中国、印度、印度尼西亚、俄罗斯、南非等新兴经济体和发展中国家在内总共 40 多个国家的 22 个服务部门，列出了所有可能构成服务贸易壁垒的各种措施，并对这些措施进行了量化评分，从而为相关决策提供依据。由于其评估的主要内容和核心是各国服务业开放相关的法律法规，OECD 的 STRI 指数目前已成为国际上客观衡量一国服务业开放度和模拟分析改进开放度政策的有效工具。为此，OECD 通过收集不同国家主要服务行业开放相关的法律制度，构建服务贸

易规制数据库（Services Trade Regulatory Database），在此基础上，进一步借助指标间逻辑关系来充分反映行业开放发展规律，设计定量分析服务业开放度的评价体系。

对于每个服务部门，STRI 数据库分别梳理了五类限制性措施：对外资进入的限制、对自然人流动的限制、其他歧视性措施、妨碍竞争的措施、规制透明度。前三种主要涉及市场准入和国民待遇措施，后两种则是监管领域方面的要求和限制。这些政策信息收集于各经济体当下实施的政策法规，同时也得到了相关国家政府的核实，具体内容包括：（1）对外资进入的限制。表现为世界各国对外资企业的形式、股权、外资所占的比例等方面的限制。例如一些国家规定航空运输服务行业的外资股权比例不能高于 49%。（2）对自然人流动的限制。荷兰对短期入境要求较为宽松，但对于长期工作的规定非常严格。根据《外国人就业法》规定，雇主不得雇用未持工作许可证的外国公民。（3）其他歧视性措施。例如印度的法律服务只能由执证的印度律师提供，外国公民要在印度进行法律服务，限制手段诸多；印度尼西亚规定某些公司的管理职位只能留给本地人，对于电影行业要求 60% 保留给印尼生产，对进口电影征收关税并且有当地含量要求。（4）妨碍竞争的措施。以德国为例，如果建立大型零售或批发市场，新设市场不得损害已有零售企业的利益，对其形成排他性竞争。（5）规制透明度。过于烦琐冗长、缺乏透明度的许可程序仍然会阻碍外国服务提供者进入本国服务市场，从而形成限制性措施，如果规制准许进入国内服务市场的条件不够客观中立、公开透明，也会形成隐形的壁垒；就许可程序而言，只有建立在客观中立、公开透明的前提上，在保障服务质量的基础上不增添任何非必要的负担，才能避免国内规制阻碍服务贸易，例如，关于医生、法律、会计执业资格的国内规制非常普遍，常常影响了外国医生、律师、会计师等在本国提供服务。对于每种具体的限制性措施还包含有许多具体的规定。该数据库的信息来自超过 16000 种法律和各种规则的实施，并且得到了该国的核实。对于这些限制性的措施，OECD 采用 0—1 赋值的方法给予量化，如果 STRI=0，则表示该部门的服务贸易限制指数为零，即该服务部门完全开放；如果 STRI=1，则表示该部门的服务贸易限制程度非常高，完全禁止开放。

OECD 通过梳理各国在外资准入限制、人员流动限制、竞争壁垒、监管透明度、其他歧视性措施 5 个方面的政策信息，从服务业细分行业分析各国政策的最新规定，给出服务贸易限制评分，涉及 4 个大类、22 个服务行业。其中，数字网络服务业包括广播、计算机服务、影视、录音、电信5 个行业，运销供应链服务业包括空运、邮政快递、批发零售、物流货物装卸、物流报关、物流货代、物流仓储、海运、铁路货运、公路货运 10 个行业，市场连接和支持服务业包括会计、商业银行、保险、法律 4 个行业，基建服务业包括建筑设计、建筑、工程咨询 3 个行业。

（一）各国服务业边境后限制情况

总体看，发达国家服务业边境后限制程度相对较低，而发展中国家的服务贸易限制程度较高。从 2020 年的数据分析可以发现：印度服务贸易限制指数的平均数最高，为 0.502，表明整体的服务贸易限制程度最高，其次是印尼、泰国和中国，总体看，我国服务贸易限制程度相对较高。

表 5-1　2020 年各国服务贸易限制指数平均值

印度	0.502	马来西亚	0.340	匈牙利	0.269	新西兰	0.224	爱尔兰	0.192
印尼	0.493	以色列	0.332	比利时	0.266	爱沙尼亚	0.224	丹麦	0.190
泰国	0.492	希腊	0.316	奥地利	0.256	瑞典	0.218	德国	0.187
中国	0.429	韩国	0.314	斯洛文尼亚	0.252	葡萄牙	0.217	立陶宛	0.183
俄罗斯	0.393	波兰	0.311	哥斯达黎加	0.238	加拿大	0.217	英国	0.179
冰岛	0.379	意大利	0.298	芬兰	0.236	西班牙	0.216	拉脱维亚	0.168
哈萨克斯坦	0.368	瑞士	0.291	哥伦比亚	0.236	法国	0.209	荷兰	0.162
墨西哥	0.361	南非	0.285	斯洛伐克	0.234	日本	0.201	捷克	0.161
土耳其	0.348	挪威	0.273	卢森堡	0.231	澳大利亚	0.200		
巴西	0.342	秘鲁	0.271	美国	0.226	智利	0.198		

数据来源：OECD Data

印度对于服务业很多领域有严格的限制，尽管印度秉承"不干预"的改革精神放松了许多领域的进入限制，但这些改革并不十分彻底。如在零售业，为了保护国内的中小零售商免受强大的外国零售巨头冲击，维持其原有的就业水平，印度政府对外资进入零售业施加了严格的限制；印尼不允许外国律师事务所在本国设立代表处或律师事务所等形式的商业存在，外资不允许进入电影行业；建筑师和工程师等都有印尼居住地的要求。捷克的服务贸易限制指数平均数最低，仅为 0.161；其次是荷兰和拉脱维亚。捷克鼓励外资进入其市场，对投资规模和在公司所持股份比例没有限制，荷兰向来也是执行自由贸易政策，因此对于服务业的很多领域限制较少，英国、立陶宛、德国、丹麦、爱尔兰、智利等国的整体服务贸易限制程度也较低。OECD 成员国家大多实行较为自由的服务贸易政策。

（二）各部门国际服务贸易限制措施状况

目前，OECD 服务贸易限制数据库中各部门服务贸易限制指数的差别也较大。各国航空运输的平均服务贸易限制指数最高为 0.423，表明其限制程度最高，开放程度最小，由于该行业涉及国家安全因素，因此世界各国普遍限制较多。其次是法律服务、铁路运输、会计服务服务贸易限制程度较高，STRI 指数分别为 0.392、0.339 和 0.335，世界各国对法律服务限制较多，例如德国允许外国律师在德国境内的执业，但执业范围有限制，可以设立事务所，可以同本国律师合作；印度的法律则禁止外资进入，不允许设立国际性律师事务所。服务贸易限制程度最小的是批发零售服务，STRI 指数为 0.221，但是不同的国家实行的服务贸易限制的部门存在较大差异，例如美国对电影、录音等方面限制最少，但对海运和快递服务限制较多。

表 5-2　各部门服务贸易限制指数均值和最高值

	货物装卸	物流仓储	物流货代	物流报关	会计	建筑设计	工程
平均值	0.274	0.255	0.224	0.247	0.335	0.266	0.247
最高值	1	1	0.421	1	1	0.662	0.575
	影视	广播	录音	电信	航空运输	水运	公路运输
平均值	0.292	0.276	0.230	0.265	0.361	0.281	0.259
最高值	0.605	0.701	0.485	0.696	0.601	0.566	0.642

	铁路运输	邮政快递	批发零售	商业银行	保险	计算机服务	建筑
平均值	0.310	0.295	0.242	0.283	0.376	0.291	0.274
最高值	1	0.877	0.67	0.501	0.551	0.443	0.464

数据来源：OECD Data

（三）国际服务贸易限制性措施产生的不利影响

国际服务贸易限制性措施会减少国际投资流量。服务贸易壁垒的设置是为了保护本国服务业的市场和企业，必然对外国服务投资或提供者进行限制，特别是敏感性的服务行业。联合国贸发会议报告专门将影响服务业FDI 的壁垒划分为以下三类：服务业外资的市场准入限制、所有权和控制限制以及经营限制，而这些集中表现在最惠国待遇方面。以我国为例，在国民待遇方面曾经存在的限制性措施主要有：对外国投资者经营范围的限制、对外国投资企业经营业绩的要求，如当地成分、技术转让和就业等外汇管理的规定。这些对服务提供者资格的限制，严重制约了外资进入中国的流量。根据 Ingo Borchert（2012）的研究，对服务贸易的限制性措施会对跨境投资产生显著的系列的负面影响，直接影响外资在东道国的市场准入，或者是增加了外资者的运营成本，减少对外投资的流量。

国际服务贸易限制措施会抑制国际贸易的发展。Hildegunn Nordas（2015）指出：如果对于商业银行服务的限制措施减少 5%，商业银行的服务出口将增加 9%， 进口将增加 5.3%，反之则会产生负面影响。由于服务贸易限制措施的实施结果往往会阻止贸易的发生或者增加贸易的成本，也会直接或间接地阻碍国际货物贸易的发展。例如金融服务、物流服务和保险服务缺失则会导致国际贸易流量锐减。根据我国的国际服务贸易限制性措施对服务部门业绩的影响现有研究，国际服务贸易壁垒会对服务部门的业绩产生一定的影响。以银行业为例，各国都对银行业的商业存在有一定限制措施，例如限制银行许可证的数量、地域范围、对于客户的限制、营业的许可限制等。美国是当今银行业最为发达的国家，但在银行业的市场准入上仍有很多限制，1999 年生效的《金融服务现代法》，依然对外国银行在进入和经营上设有一些限制条件，例如中国招商银行从 2002 年开始就在纽约设立办事处，但是直到 2011 年才获批在纽约设立招商银行分行；民生银行曾经收购联合银行控股公司 9.9% 的股份，后来美国监管部门反对收购，导致其损失 1.3 亿美元。美国的这些措施也极大地影响了我国金融服务的出口和进口，对我国银行的海外经营和发展产生了许多负面影响。因而，服务贸易限制性措施的减少对于服务业具体部门的发展会有明显的促进作用。

国际服务贸易限制对国际经贸规则改革的影响。根据 OECD 服务贸易限制指数分析框架，一国服务贸易限制的五大方面主要分布在边境后领域，即涉及一国国内制度和体制机制，因此，国内制度壁垒和诸多体制机制障碍一方面意味着缺乏有效、科学、成熟的服务业发展制度框架，无法建立起与国际先进规则相衔接的服务业法律法规、管理体制、运行机制、政策体系；另一方面，本国服务业相关制度体系无法很好地与国际通行经贸规则对接，特别是我国作为发展中大国，经济体量和贸易投资规模在全球占比相对较高，若无法顺利推进国内制度与国际标准的融通对接，无疑将对国际经贸规则改革进程起到了"拖后腿"的作用，于我国加快构建以国内大循环为主体、国内国际双循环相互促进的新发展格局不利。

二、我国服务贸易限制水平的国际比较

根据 OECD 服务贸易限制指数（Services Trade Restrictiveness Index，STRI 指数）①，2020 年，在 22 个服务业细分部门中的限制指数排名

————————

① 该指数是目前国际上衡量一国服务业开放度的客观评价指标，也是对提高一国服务业开放度的政策措施进行对标、比较和情景模拟的有效分析工具。该指数的值介于 0—1，0 表示完全开放，1 表示完全限制。计算这些数值是根据最惠国原则（不考虑优惠贸易协定），综合不同国家在外资准入限制、人员流动限制、竞争壁垒、监管透明度、其他歧视性措施 5 个方面的信息计算得到，涵盖 37 个 OECD 国家以及中国、巴西、哥斯达黎加、印度、印尼、哈萨克斯坦、马来西亚、秘鲁、俄罗斯、南非、泰国 11 个新兴市场和发展中国家，涉及 4 个大类、22 个服务行业。其中，数字网络服务业包括广播、计算机服务、影视、录音、电信 5 个行业；运销供应链服务业包括空运、邮政快递、批发零售、物流货物装卸、物流报关、物流货代、物流仓储、海运、铁路货运、公路货运 10 个行业；市场连接和支持服务业包括会计、商业银行、保险、法律 4 个行业；基建服务业包括建筑设计、建筑、工程咨询 3 个行业。该指数自 2014 年发布以来，已更新到 2020 年。

中，我国排名均较为靠前，服务业边境后限制程度偏高，除建筑设计、工程服务行业外，基本高于大多数 OECD 国家。其中，在影视、广播、录音、邮政快递 4 个行业中的限制指数排名第一，说明这四个行业服务业开放度在 48 个国家中最低。在货物装卸、物流仓储、物流货代、会计、电信、商业银行、保险、计算机服务、建筑等行业中，我国的服务贸易限制指数排名均在前十位以内，在其他行业中，只有海运、铁路运输、公路运输行业限制指数相对较低，但也基本高于一半左右的 OECD 国家。

表 5-3　2014 年和 2020 年服务贸易限制指数最高的前十个国家对比

排名	货物装卸		物流仓储		物流货代		物流报关		邮政快递	
	2014 年	2020 年	2014 年	2020 年	2014 年	2020 年	2014 年	2020 年	2014 年	2020 年
1	俄罗斯	俄罗斯	俄罗斯	俄罗斯	泰国	印尼	墨西哥	墨西哥	哈萨克斯坦	中国
2	印尼	印尼	泰国	泰国	印尼	泰国	泰国	泰国	中国	巴西
3	泰国	泰国	印尼	印尼	冰岛	冰岛	冰岛	冰岛	巴西	印度
4	中国	印度	哈萨克斯坦	印度	哈萨克斯坦	秘鲁	哈萨克斯坦	印尼	印度	印尼
5	哈萨克斯坦	哈萨克斯坦	印度	冰岛	中国	印度	印尼	俄罗斯	智利	智利
6	印度	土耳其	冰岛	巴西	秘鲁	俄罗斯	俄罗斯	印度	泰国	土耳其
7	巴西	巴西	巴西	秘鲁	马来西亚	土耳其	中国	巴西	冰岛	南非
8	土耳其	南非	中国	土耳其	印度	墨西哥	秘鲁	秘鲁	土耳其	墨西哥
9	秘鲁	中国	秘鲁	哈萨克斯坦	希腊	中国	巴西	土耳其	印尼	以色列
10	冰岛	冰岛	土耳其	中国	俄罗斯	哈萨克斯坦	印度	哈萨克斯坦	以色列	泰国

数据来源：OECD Data

表 5-3（续）　2014 年和 2020 年服务贸易限制指数最高的前十个国家对比

排名	航空运输		海运		公路运输		铁路运输		批发零售	
	2014 年	2020 年	2014 年	2020 年	2014 年	2020 年	2014 年	2020 年	2014 年	2020 年
1	泰国	泰国	印尼	印尼	印度	印度	以色列	冰岛	印尼	印尼
2	印度	土耳其	泰国	泰国	墨西哥	墨西哥	韩国	以色列	印度	印度
3	巴西	俄罗斯	中国	俄罗斯	泰国	印尼	印度	韩国	泰国	哈萨克斯坦
4	俄罗斯	印度	俄罗斯	希腊	印尼	泰国	哈萨克斯坦	印度	哈萨克斯坦	泰国
5	土耳其	挪威	希腊	印度	冰岛	冰岛	泰国	哈萨克斯坦	马来西亚	马来西亚
6	印尼	美国	印度	哈萨克斯坦	马来西亚	马来西亚	俄罗斯	泰国	冰岛	冰岛
7	挪威	马来西亚	哈萨克斯坦	巴西	哥斯达黎加	哥斯达黎加	中国	俄罗斯	中国	希腊
8	美国	冰岛	美国	美国	希腊	希腊	马来西亚	印尼	希腊	俄罗斯
9	马来西亚	印尼	冰岛	冰岛	中国	俄罗斯	印尼	马来西亚	加拿大	挪威
10	冰岛	韩国	秘鲁	秘鲁	哈萨克斯坦	巴西	墨西哥	墨西哥	芬兰	巴西

数据来源：OECD Data

表 5-3（续）　2014 年和 2020 年服务贸易限制指数最高的前十个国家对比

排名	电信		录音		影视		广播		计算机服务	
	2014 年	2020 年	2014 年	2020 年	2014 年	2020 年	2014 年	2020 年	2014 年	2020 年
1	中国	印尼	中国	中国	中国	中国	中国	中国	中国	冰岛
2	哈萨克斯坦	中国	印尼	冰岛	印尼	巴西	哥伦比亚	墨西哥	墨西哥	印尼
3	印尼	哈萨克斯坦	冰岛	泰国	冰岛	冰岛	墨西哥	哥伦比亚	哥伦比亚	俄罗斯
4	马来西亚	马来西亚	泰国	俄罗斯	巴西	印尼	秘鲁	秘鲁	秘鲁	泰国

续表

排名	电信		录音		影视		广播		计算机服务	
	2014 年	2020 年	2014 年	2020 年	2014 年	2020 年	2014 年	2020 年	2014 年	2020 年
5	泰国	印度	哈萨克斯坦	意大利	泰国	俄罗斯	巴西	巴西	巴西	巴西
6	以色列	俄罗斯	俄罗斯	土耳其	俄罗斯	泰国	泰国	土耳其	土耳其	土耳其
7	印度	泰国	意大利	以色列	哈萨克斯坦	印度	印尼	印尼	印尼	中国
8	俄罗斯	韩国	瑞士	比利时	希腊	瑞士	土耳其	哈萨克斯坦	哈萨克斯坦	希腊
9	韩国	冰岛	以色列	印度	瑞士	土耳其	冰岛	波兰	波兰	马来西亚
10	加拿大	以色列	比利时	瑞士	印度	哈萨克斯坦	哈萨克斯坦	俄罗斯	俄罗斯	印度

数据来源：OECD Data

表 5-3（续） 2014 年和 2020 年服务贸易限制指数最高的前十个国家对比

排名	会计		商业银行		保险		法律	
	2014 年	2020 年	2014 年	2020 年	2014 年	2020 年	2014 年	2020 年
1	韩国	韩国	印尼	印尼	泰国	泰国	卢森堡	卢森堡
2	泰国	泰国	印度	印度	印度	印尼	波兰	波兰
3	印度	印度	泰国	巴西	印尼	印度	印尼	印尼
4	中国	中国	巴西	泰国	中国	俄罗斯	印度	印度
5	印尼	印尼	中国	中国	巴西	中国	匈牙利	匈牙利
6	土耳其	土耳其	墨西哥	墨西哥	俄罗斯	巴西	马来西亚	马来西亚
7	意大利	意大利	冰岛	俄罗斯	冰岛	冰岛	泰国	泰国
8	希腊	希腊	哈萨克斯坦	冰岛	哈萨克斯坦	挪威	土耳其	土耳其
9	法国	法国	希腊	哈萨克斯坦	希腊	美国	法国	法国
10	比利时	比利时	俄罗斯	南非	马来西亚	希腊	日本	日本

数据来源：OECD Data

表 5-3（续）　2014 年和 2020 年服务贸易限制指数最高的前十个国家对比

排名	建筑设计		工程		建筑	
	2014 年	2020 年	2014 年	2020 年	2014 年	2020 年
1	印度	印度	斯洛伐克	斯洛伐克	泰国	冰岛
2	泰国	泰国	意大利	意大利	冰岛	印尼
3	斯洛伐克	斯洛伐克	泰国	波兰	印尼	泰国
4	意大利	意大利	波兰	葡萄牙	哈萨克斯坦	哈萨克斯坦
5	波兰	波兰	斯洛文尼亚	斯洛文尼亚	希腊	希腊
6	爱沙尼亚	葡萄牙	马来西亚	冰岛	中国	俄罗斯
7	葡萄牙	爱沙尼亚	冰岛	泰国	俄罗斯	印度
8	斯洛文尼亚	斯洛文尼亚	哈萨克斯坦	印尼	马来西亚	以色列
9	马来西亚	印尼	印尼	马来西亚	以色列	中国
10	法国	冰岛	希腊	俄罗斯	意大利	意大利

数据来源：OECD Data

表 5-4　2014 年和 2020 年服务贸易限制指数最低的前十个国家

排名	货物装卸		物流仓储		物流货代		物流报关		邮政快递	
	2014 年	2020 年	2014 年	2020 年	2014 年	2020 年	2014 年	2020 年	2014 年	2020 年
1	捷克	丹麦	捷克	韩国	丹麦	捷克	捷克	捷克	荷兰	法国
2	立陶宛	捷克	韩国	捷克	捷克	法国	荷兰	法国	法国	荷兰
3	丹麦	立陶宛	立陶宛	立陶宛	荷兰	荷兰	丹麦	荷兰	捷克	捷克
4	斯洛伐克	葡萄牙	荷兰	爱沙尼亚	法国	丹麦	法国	立陶宛	葡萄牙	葡萄牙
5	卢森堡	斯洛伐克	葡萄牙	葡萄牙	加拿大	英国	卢森堡	卢森堡	德国	德国
6	葡萄牙	卢森堡	拉脱维亚	拉脱维亚	葡萄牙	葡萄牙	立陶宛	英国	立陶宛	立陶宛
7	荷兰	拉脱维亚	爱沙尼亚	荷兰	波兰	拉脱维亚	加拿大	丹麦	斯洛文尼亚	斯洛文尼亚
8	拉脱维亚	荷兰	丹麦	丹麦	立陶宛	立陶宛	德国	拉脱维亚	卢森堡	卢森堡
9	德国	英国	斯洛伐克	英国	拉脱维亚	加拿大	波兰	加拿大	拉脱维亚	拉脱维亚
10	英国	法国	德国	法国	英国	斯洛伐克	拉脱维亚	爱沙尼亚	丹麦	英国

数据来源：OECD Data

表 5-4（续） 2014 年和 2020 年服务贸易限制指数最低的前十个国家

排名	航空运输		海运		公路货运		铁路运输		批发零售	
	2014 年	2020 年	2014 年	2020 年	2014 年	2020 年	2014 年	2020 年	2014 年	2020 年
1	智利	智利	荷兰	荷兰	捷克	捷克	荷兰	荷兰	捷克	日本
2	哥伦比亚	哥伦比亚	拉脱维亚	拉脱维亚	日本	日本	美国	美国	日本	捷克
3	哥斯达黎加	巴西	德国	葡萄牙	南非	智利	加拿大	葡萄牙	英国	智利
4	澳大利亚	哥斯达黎加	加拿大	德国	智利	卢森堡	丹麦	加拿大	拉脱维亚	英国
5	新西兰	澳大利亚	英国	加拿大	卢森堡	荷兰	葡萄牙	捷克	斯洛伐克	拉脱维亚
6	秘鲁	法国	西班牙	法国	荷兰	葡萄牙	捷克	英国	立陶宛	斯洛伐克
7	法国	秘鲁	日本	英国	立陶宛	澳大利亚	英国	丹麦	智利	爱沙尼亚
8	德国	加拿大	葡萄牙	日本	加拿大	立陶宛	立陶宛	澳大利亚	美国	美国
9	丹麦	墨西哥	波兰	爱尔兰	英国	加拿大	澳大利亚	立陶宛	哥伦比亚	哥伦比亚
10	墨西哥	丹麦	爱尔兰	立陶宛	西班牙	以色列	日本	卢森堡	西班牙	立陶宛

数据来源：OECD Data

表 5-4（续） 2014 年和 2020 年服务贸易限制指数最低的前十个国家

排名	电信		录音		影视		广播		计算机服务	
	2014 年	2020 年	2014 年	2020 年	2014 年	2020 年	2014 年	2020 年	2014 年	2020 年
1	丹麦	英国	日本	日本	日本	日本	卢森堡	葡萄牙	捷克	韩国
2	德国	丹麦	韩国	拉脱维亚	捷克	捷克	荷兰	卢森堡	韩国	捷克
3	英国	德国	拉脱维亚	韩国	丹麦	葡萄牙	捷克	荷兰	日本	法国
4	立陶宛	立陶宛	捷克	立陶宛	葡萄牙	美国	立陶宛	英国	法国	日本
5	西班牙	葡萄牙	荷兰	捷克	爱尔兰	荷兰	葡萄牙	捷克	丹麦	拉脱维亚

排名	电信		录音		影视		广播		计算机服务	
	2014年	2020年	2014年	2020年	2014年	2020年	2014年	2020年	2014年	2020年
6	荷兰	荷兰	立陶宛	荷兰	荷兰	卢森堡	英国	立陶宛	智利	智利
7	波兰	法国	德国	葡萄牙	斯洛伐克	拉脱维亚	新西兰	德国	美国	加拿大
8	拉脱维亚	西班牙	斯洛伐克	德国	立陶宛	韩国	爱尔兰	爱尔兰	加拿大	英国
9	奥地利	斯洛伐克	加拿大	英国	美国	丹麦	德国	丹麦	荷兰	荷兰
10	斯洛伐克	爱尔兰	葡萄牙	加拿大	卢森堡	爱尔兰	斯洛伐克	澳大利亚	立陶宛	葡萄牙

数据来源：OECD Data

表 5-4（续）　2014 年和 2020 年服务贸易限制指数最低的前十个国家

排名	会计		商业银行		保险		法律	
	2014年	2020年	2014年	2020年	2014年	2020年	2014年	2020年
1	智利	智利	捷克	捷克	韩国	法国	拉脱维亚	拉脱维亚
2	捷克	捷克	西班牙	西班牙	法国	韩国	哥斯达黎加	澳大利亚
3	拉脱维亚	拉脱维亚	爱尔兰	拉脱维亚	捷克	捷克	英国	哥斯达黎加
4	美国	斯洛伐克	法国	爱尔兰	立陶宛	立陶宛	智利	智利
5	立陶宛	美国	立陶宛	法国	荷兰	荷兰	澳大利亚	瑞典
6	斯洛伐克	立陶宛	拉脱维亚	立陶宛	爱尔兰	爱尔兰	芬兰	芬兰
7	荷兰	荷兰	丹麦	荷兰	斯洛伐克	拉脱维亚	加拿大	哥伦比亚
8	卢森堡	哥伦比亚	荷兰	丹麦	拉脱维亚	斯洛伐克	哥伦比亚	加拿大
9	哥伦比亚	卢森堡	斯洛文尼亚	爱沙尼亚	新西兰	爱沙尼亚	瑞典	英国
10	新西兰	德国	斯洛伐克	斯洛伐克	德国	德国	秘鲁	秘鲁

数据来源：OECD Data

表 5-4（续） 2014 年和 2020 年服务贸易限制指数最高的前十个国家对比

排名	建筑设计		工程		建筑	
	2014 年	2020 年	2014 年	2020 年	2014 年	2020 年
1	丹麦	拉脱维亚	日本	日本	日本	日本
2	拉脱维亚	智利	丹麦	法国	捷克	法国
3	智利	荷兰	法国	拉脱维亚	英国	英国
4	荷兰	日本	英国	立陶宛	法国	捷克
5	捷克	丹麦	拉脱维亚	英国	德国	荷兰
6	英国	捷克	立陶宛	荷兰	荷兰	立陶宛
7	立陶宛	瑞典	荷兰	韩国	立陶宛	韩国
8	日本	哥伦比亚	智利	澳大利亚	智利	智利
9	哥伦比亚	立陶宛	澳大利亚	丹麦	韩国	德国
10	澳大利亚	澳大利亚	加拿大	智利	丹麦	爱尔兰

数据来源：OECD Data

从 OECD STRI 数据库所列五个维度的视角看，通过对各国限制指数进行对比，可以较直观地反映出我国服务业边境后壁垒主要集中在哪些方面。各国服务业开放的边境措施主要体现在外资准入限制，这一维度上，各国限制指数总体呈较为明显的下降趋势，我国在这一维度上的限制指数下降较为明显，这也是我国近年来坚定不移地推行外资准入负面清单制度，不断缩减清单的主要成效。目前看，服务业外资准入管理的突破口主要体现在边境后环节，即服务业对外资的壁垒主要集中体现在对自然人流动的限制、竞争壁垒、其他歧视性措施、监管透明度等方面，这实际上也构成了服务业外资面临边境后几大制度瓶颈，是未来服务业外资管理在边境后领域推进相关体制机制改革的主要方向。

第二节　当前我国服务业外资准入后涉及面临的制度瓶颈

从边境后各类针对外资的管制措施看，准入后各环节的软性限制措施已经成为服务业领域外资面临的主要障碍。一类是相关服务业的直接限制措施，如行业许可、项目许可、建设许可、环评等环节存在部分针对外资企业的歧视性措施；另一类是与服务业非直接相关的限制措施，即与服务相关的人员、设备、耗材等管理政策，关于人员和货物的不少管理政策，虽不直接针对服务业，但会影响服务业开放水平，甚至导致相关服务企业面临"能进不能干"的问题。比如在人员管理方面，比较突出的是境内外职业资格互认问题，尤其在商务服务、教育培训、医疗护理服务、生活服务业领域，国外执业人员资格不被认可，不允许参加国内相关职业资格考试等，使这些领域的服务业开放水平大打折扣。比如，一些中外合资或合作的教育、医疗机构，其雇用外籍教师或医师受到职业资格不能互认的限制，提供国际服务的能力自然打折扣。在货物管理方面，医疗设备和药品进口限制会制约国际医疗机构设立；生物制品进口限制会制约医药研发服务开放；二手设备较高进口关税会制约全球检测和维修服务发展，等等。这些与人员和货物相关的管理政策，散见于各地各部门规章制度中，是外资在边境后领域面临的主要障碍。

一、以制度型开放的方式推动服务业开放的理念和思路尚未完全形成

制度型开放的核心在于一切有章可循，开放还是不开放、如何推进开放、如何进行事中事后监管等一系列问题应遵循制度型开放和管理的理念和思路进行，而不是依靠一系列朝令夕改的临时性、试点性政策举措来推

进。一方面，这些举措大多具有一定的时效，无法形成棘轮效应；另一方面，部分开放性举措缺乏具体落地的监督机制和问责机制，在实施过程中存在过高的主观性，特别是外资准许进入的领域，在外资实际运营过程中却依然面对部分地方政府针对外资设置的特殊门槛，甚至是行业层面的针对外资特殊壁垒的"潜规则"依然存在。比如，外商投资法及实施条例的出台在立法层面保障了负面清单外内外资一致的原则，满足了企业对公平竞争环境的期待，提升了外资企业在华深耕的信心，但在政策实际操作中仍客观存在内外资不一致的情况，比如部分地区和部分行业中，政府采购环节依然存在对国产产品和服务的偏向性，或对外资企业设立额外的标准。因此，服务业开放如果无法用制度的形式确定下来，就必然存在人为干扰开放步伐的影响因素，这种开放就存在大量不确定性，导致服务业诸多领域只是实现了原则性开放，外资仍然面临诸多事中事后环节的壁垒，其实质不过是将开放壁垒从边境环节挪到了边境后领域。而从各国服务业开放实践经验看，在法治层面给予制度型开放的法律支撑，以法治化的规制方式推动服务业高水平开放，即通过法律法规的"立改废"并及时制定和落实相关实施细则，是制度型开放的最好保障。目前，我国大多以短时期内的试点政策、各类临时性举措等推动服务业开放和提高投资便利化水平，这类政策缺乏稳定性和可预期性，并且因为没有在立法层面落实，这就导致这种临时性开放举措随时可以被修订甚至撤回。在这种试探型开放思路下，还会导致各级政府公职人员普遍存在"可松可紧"弹性开放理念和思路，对服务业开放不是一以贯之地坚定推行，而是根据所谓的宏观经济大环境、保障经济稳定运行的需要等，人为地决定开放或不开放，继续试点或暂停试点。这种政策机制的临时性＋落地执行的人为随意性大大削减了服务业开放的实际成效，推动服务业开放更多还是依靠各类临时性举措和少数官员的前瞻性，运用法律手段和制度手段不足，这也是多年来我国不少服务行业 STRI 指数居高不下、国际上认为我国服务业开放度不高的重要原因。尽管在扩大服务业开放中要先进行局部试点探索，但经实践证明行之有效、市场主体支持的成熟做法还需及时上升到法律法规层面，变成约束力强的制度规范。

二、要素跨境流动——服务业开放的核心要件的开放过于滞后

由于服务业自身的产业性质和发展特征，服务业最核心的竞争力体现在人才、技术、信息、数据等要素的创新能力以及支撑这几类要素创新的制度环境。因此，服务业的开放包括服务业利用外资实质上并非过于依赖商品和资本的跨境流动，而人员、信息、数据、技术等要素的跨境流动是推动一国服务业实质性开放的最为核心的要素，这类要素是否能顺利地实现跨境流动，决定了一国是否真正地实现了服务业开放，是否在服务业利用外资领域真正地降低外资进入所需的人才、技术、信息、数据等相应要素的准入门槛，关系到一国服务业市场对这类创新性要素的集聚能力，最终决定了一国服务业的国际竞争力。而这类要素的跨境流动涉及的相关制度基本属于一国边境后制度领域，这意味着一国国内的相关法律、法规、政策、规范、规则等都需要为服务业开放而进行相应的改革，这才是服务业外资准入管理要攻克的核心难题。而我国近年来在跨境人员流动、跨境技术交易、数据跨境流动等方面的开放步伐明显要滞后于外资准入领域的放开步伐。在跨境人员流动方面，我国实施外国人来华工作许可制度后，申请材料比过去减少一半，审批时间也比过去大大缩短，但近年来受疫情影响，人员跨境流动政策大大收紧，经常有外资企业反映，圣诞新年双节期间，外籍工作人员返乡需求增加，但由于近期全球疫情反弹明显，我国再次收紧跨境人员流动，外籍员工及其亲属跨境流动面临困难，外籍人才返乡后再度来华意愿下降，企业可能流失部分外籍人才，未来也难吸纳境外高端人才。在数据跨境流动方面，我国仍然存在强制性的数据存储标准[①]、数据和算法的强制披露等要求，数据跨境流动的便利性仍有待提升。除部分自贸区、自贸港等对外开放平台外，我国大部分地区对数据跨境流动需要针对每一起案例进行单独研究和审批，要求数据存储本地化，禁止

---

① 《网络安全法》第三十七条规定："关键信息基础设施的运营者在中华人民共和国境内运营中收集和产生的个人信息和重要数据应当在境内存储。因业务需要，确需向境外提供的，应当按照国家网信部门会同国务院有关部门制定的办法进行安全评估。"

数据转移。《中华人民共和国网络安全法》第三十七条、《全国人民代表大会常务委员会关于加强网络信息保护的决定》、《信息安全技术公共及商用服务信息系统个人信息保护指南》、《个人信息和重要数据出境安全评估办法》规定：数据跨境流动限制和数据本地存储要求（关键信息基础设施的运营者在中华人民共和国境内运营中收集和产生的个人信息与重要数据应当在境内存储。因业务需要，确需向境外提供的，应当按照国家网信部门会同国务院有关部门制定的办法进行安全评估，并实行"一事一评估"）。

三、服务业边境后开放的相关规则与国际标准相差甚远

首先，近年来，我国服务业扩大开放在商业存在模式方面取得了较多成效，建立了外资准入的负面清单管理模式，但在商业存在模式以外的跨境交付、自然人移动、境外消费模式的跨境服务贸易市场准入方面，则缺少类似的负面清单制度。同时，我国现行的服务贸易规则大多低于国际高水平规则的要求。例如，我国商签的多双边自贸协定中有关服务贸易的内容多是列出具体承诺减让表，强调有条件的国民待遇原则。

其次，部分服务行业标准、资质等与国际接轨程度不高。一方面，我国部分服务行业的强制性标准、技术法规和合格评定程序不完全符合国际通行的原则和要求。一些标准要求内容存在重复，相互间缺乏协调，全国范围和国内外间的标准互认仍有待加强。另一方面，法律、会计等专业服务领域缺少国际职业资质互认制度，很大程度上限制了我国利用国际化人才提供专业服务的有效性。即使在基本实现粤港澳服务贸易自由化的情况下，粤港澳也仅是在建筑、商业银行等少数行业实现了资质互认，而较为重要的专业服务领域，如法律、会计、医疗、兽医、专利代理等，港澳专业人士必须通过内地相关资格考试后，才能进入内地执业。并且，区域管理方式不同导致行业规则衔接困难，资质审批手续复杂，阻碍了粤港澳服务要素的自由流动。

最后，部分领域内外资不一致现象仍然存在。企业普遍反映外资法及实施条例出台在立法层面保障了负面清单外内外资一致的原则，满足了企业对公平竞争环境的期待，提升了企业在华深耕的信心，但在政策实际操

作中仍客观存在内外资不一致的情况，比如部分地区和部分行业中，政府采购环节依然存在对国产产品和服务的偏向性，对外资企业设立了额外的标准。

四、服务业边境后开放面临的最为突出的体制机制瓶颈——行业许可和市场准入不同步

虽然我国近年来在外资市场准入方面大幅取消了限制性措施，负面清单大幅缩减，医疗、教育、文化、金融等领域市场准入已取得较大成效，但在外商投资准入后阶段的各种行业层面的许可尚未相应地放开，导致负面清单管理与相应的行业管理措施未能实现有效衔接，对外资的经营模式、牌照、业务范围、经营条件、业务许可等边境内措施方面有待进一步开放。经常有外资企业反映虽然在市场准入环节没有面临障碍，但行业许可证仍难以取得，实际上处于"准入不准营"的状态。比如，相关行业许可政策在具体执行过程中的明确性不够，没有具体的实施方案，或者各地方对相关内容的理解不一致，行政程序不明确等。如英孚教育曾反映北京市未明确外资培训机构的行业归口管理部门，外资培训机构注册办证遇到困难。也有外资企业反映目前在智慧城市建设、智能汽车自动驾驶以及汽车涉及的网络安全问题等领域都没有明确政策，需要花很大精力和政府有关部门反复沟通。并且，虽然外商投资项目的管理方式由全面核准变为普遍备案、有限核准，但各地方在执行过程中存在"换汤不换药"的现象，仍对项目进行实质性审批，相关备案系统无法实现自动备案，依然要求企业提交项目申请报告（可研报告），等地方政府审批同意后才同意备案。部分行业还缺乏相应的实施细则，甚至有些地方政府尚未明确外资相关业务的行业主管部门，存在"只管不理"的现象。同时，部分服务行业国有企业改革步伐有待加快，政府不当干预市场的行为屡有发生，不利于内外资企业的公平竞争。当然，推动服务业高水平开放并不意味着一味地放开。从美国、日本等发达国家经验看，在总体扩大开放的同时，也对少数行业保留甚至强化了必要的规制措施等。

五、适应服务业高水平开放的安全审查制度不完善

扩大服务业高水平开放中一定程度上存在安全概念泛化的倾向。以国家安全为由限制外资在敏感领域投资，是世界各国的通行做法，我国有必要在服务业开放中设置合理的安全屏障。但目前来看，互联网、教育、文化等行业开放时常出现安全定义不明确、指向不精准、范围不聚焦等问题。从国际经验看，通过建立和完善相关的制度安排特别是外资安全审查制度，可以有效减轻准入要求放宽后可能带来的不利影响。我国虽然已于2020年12月出台了《外商投资安全审查办法》，但该法仍未明确安全审查的具体内容。《外资并购安审通知》与《自贸区安审办法》均对并购或外商投资的安全审查内空作出了明确规定。《外资并购安审通知》第二条规定，并购安全审查内容包括：（1）并购交易对国防安全，包括对国防需要的国内产品生产能力、国内服务提供能力和有关设备设施的影响；（2）并购交易对国家经济稳定运行的影响；（3）并购交易对社会基本生活秩序的影响；（4）并购交易对涉及国家安全关键技术研发能力的影响。《自贸区安审办法》第二条规定，安全审查的内容包括：（1）外商投资对国防安全，包括对国防需要的国内产品生产能力、国内服务提供能力和有关设施的影响；（2）外商投资对国家经济稳定运行的影响；（3）外商投资对社会基本生活秩序的影响；（4）外商投资对国家文化安全、公共道德的影响；（5）外商投资对国家网络安全的影响；（6）外商投资对涉及国家安全关键技术研发能力的影响。但是，《安审办法》并未明确安全审查的具体内容。未来或可参考《外资并购安审通知》与《自贸区安审办法》规定的内容进行审查。此外，证券领域外商投资安全审查规定尚未出台，根据《安审办法》第二十二条规定及工作机制办公室负责人答记者问，外国投资者通过证券交易所或者国务院批准的其他证券交易场所购买境内企业股票，影响或者可能影响国家安全的，其适用的安全审查办法由国务院证券监督管理机构会同工作机制办公室制定。目前相关办法尚未正式出台。

第六章　以制度型开放促进服务业外资准入管理优化的思路和路径

　　和制造业开放合作相比，服务业开放合作不但面临商业存在的股比限制等"边境"壁垒，也面临国内业务开展许可、行业规制、从业人员资格限制等"边境后"壁垒，而且后者对服务业开放的实际负面影响还要大于前者。通过对我国服务业外资准入前和准入后各项环节的存在的问题、瓶颈进行分析，也可以看出，服务业外资准入管理优化的关键在于准入前负面清单各项细节的持续完善，以及准入后诸多环节的体制机制改革的推进，使得外资准入后的实质性落地进程能够与准入前负面清单大刀阔斧的缩减和优化相匹配。因此，服务业外资准入管理优化的核心在于准入后环节的优化，这就需要以制度型开放的理念和模式为主，推进相应的各项体制机制的改革，以制度型开放促进服务利用外资持续优化，既要争取在重大开放政策上有所突破，逐步消除相关的"边境"壁垒，也要积极主动开拓创新不同领域开放合作模式，有效消除各类隐性或显性的"边境后"壁垒，真正意义上促进服务和相关要素自由流动。同时，对标国际先进规则，通过借鉴国际先进规则和经验为国内外资管理体制改革、服务业扩大开放提供制度供给，也为提供服务业制度型竞争力奠定基础，为我国引领高标准国际经贸规则体系改革提供制度基础。

　　扩大服务业开放是建设更高水平开放型经济新体制的重要着力点，服务业进一步开放的实现路径应是以制度型开放的逻辑倒逼国内各项体制机制改革步伐的加快，从制度供给层面真正为高水平服务业开放奠定基础，突破服务业外资准入的"最后一公里"，通过开放水平的提升为国内服务业市场主体创造充分竞争的市场环境，集聚服务业高质量发展所需的创新要素。因此，未来持续优化外资准入管理路径的核心，是以制度型开放的理念和思路，破解服务业外资准入后面临的几大机制难题，突破服务业发展相关要素流动的壁垒和瓶颈，强化我国服务业创新要素的集聚能力，以行业准入相关体制机制改革为主要路径提升服务业外资准入后实质性落地的便利化程度，在规则层面缩小与国际服务业高水平开放标杆的差距，推动规则、规制、标准、管理等持续优化，真正地从制度层面为服务业高质量利用外资，优化外资结构提供持续动力。

一、以制度型开放促进服务业外资准入管理优化的目标

以制度型开放提升服务业高水平发展所需要素跨境流动便利化水平，优化服务业外资结构，提高对创新性要素的集聚能力。服务业本身的产业特点决定了技术、人才、信息、数据等创新性要素对提升服务业发展水平起到决定性作用，尤其是随着新一代信息技术加速与新业态新模式的快速发展，对服务业内部组织、竞争优势、创新模式等产生了深刻影响，更加充分地释放人才、资本、信息、技术等要素活力，服务业高水平发展对提高这几大类要素流动速度和配置效率提出了更高的要求，可以说，一国对全球创新性要素的吸引力和配置能力在很大程度上决定了该国服务业国际竞争力。以全球高水平开放自贸港为例，不断聚集高端要素、形成多元化功能载体和平台，是全球自由贸易港繁荣发展的关键，如迪拜则大力培育高端产业集群效应，以互联网产业为例，迪拜积极吸引微软、惠普、戴尔、佳能等世界顶级公司打造迪拜互联网城，着力构建世界各大前沿科技公司的中东总部首选聚集地。据FDI杂志对全球120个国家和地区600个自由贸易区的排名结果显示，世界上十大自由贸易区有7个是大型多元化自贸区，产业高端化和功能多元化是目前全球范围内自由贸易港发展的大趋势。因此，服务业开放和扩大利用外资也必然要求提升对这些高端要素的集聚能力，而这类创新性要素的跨境流动所需要的条件和基础与传统的商品和资本跨境流动有本质的区别，需要各国在边境后领域实现规则对接，突破各类高端要素跨境流动的边境后壁垒，培育人才、资本、信息、技术等要素跨境流动、积累和发展的市场化环境。

以制度型开放突破服务业更高水平、更高层次开放的边境后体制机制瓶颈，突破服务业外资准入后的"最后一公里"。以制度型开放促进服务业外资准入管理优化，其主线在于以规则、规制、标准、管理的开放推动国内服务业开放边境后诸多环节的改革，通过边境后诸多开放瓶颈的突破促进国内相关体制机制改革，在经济体制关键性基础性重大改革上突破创新，通过开放倒逼国内加快建设高标准市场体系、推进要素市场制度建设步伐，实现高端要素自由高效地流动以及资源配置的效益最大化和效率最优化，以更加成熟稳定的制度体系为推动服务业高质量发展保驾护航，真正解决外资准入后面临的要素流动不畅、资源配置效率不高、项目无法落地、行业前置许可程序不畅等诸多问题，为服务业利用外资结构的持续优化和服务业高质量开放突破"最后一公里"中存在的制度壁垒，在破除制约服务业高水平开放的体制机制上寻求突破。

以边境后制度型开放为重点构建与国际先进规则相衔接的服务业发展制度体系。边境后制度型开放是优化服务业外资准入的突破点，边境后制度型开放也是我国建立与国际先进规则相衔接的服务业发展制度体系，引领全球规则体系重塑的必经之路。在当前外资准入环节门槛大幅降低，准入前规则体系已经和国际接轨的背景下，准入后面临的一系列边境后法律法规、管理体制、运行机制、政策体系仍需继续优化，为持续推动服务业向更大范围、更宽领域、更深层次开放提供相应的国内制度支撑，加快形成科学规范、运行有效、成熟定型的服务业发展制度框架，打造具有国际竞争力的制度优势，更好地与国际规则接轨，同时，也为我国积极参与国际规则构建奠定基础。

二、以制度型开放促进服务业外资准入管理优化的总体思路和重点任务

（一）总体思路

以边境后制度型开放推进服务业外资准入管理优化是服务业扩大开放的更高级阶段，是服务业开放水平和质量层面的进一步升级，是高水平利用外资发展到一定阶段的必经之路。边境后制度型开放具有更大的包容

性、公平性，有利于消除制度障碍，在世界更大范围实现服务业发展所需要素资源更有效的流动与配置，在知识产权保护、项目核准建设程序、数字贸易管理、高素质人才引进、跨国创新合作等重点领域，给出制度创新的具体思路和方案。

下一步，以制度型开放促进服务业外资准入管理优化的总体思路是：以大力促进服务业体制机制创新为引领，坚持扩大高水平开放和深化市场化改革共进，着力消除服务业对外开放面临的各类制度型壁垒，着力集聚优质高端要素，通过边境后外资管理制度体系的合理设计与改革，激发对外开放的内生活力，提升国际合作中的创造力与开拓力，为服务业对外开放高质量发展提供制度供给，营造内外资企业一视同仁、公平竞争的公正市场环境，破除各种市场准入隐性壁垒，打造市场化法治化国际化营商环境，深化竞争规则领域开放合作，促进内外贸法律法规、监管体制、经营资质、质量标准、检验检疫、认证认可等相衔接。主动参与认证认可有关国际标准和规则制定，提高外商投资服务水平。着力提升要素自由流动水平的同时，高度重视国家安全的有力维护。

（二）重点任务

着力破除阻碍服务业发展的创新要素自主有序跨境流动的体制机制障碍，提供全球创新要素集聚能力。以提升人才、数据跨境流动便利化程度为核心，打造服务业发展提供高水平的要素跨境流动便利政策环境。支持探索制定外国高端人才认定标准，为境外人才执业出入境、停居留等提供便利。对于大部分服务业领域，对外国服务提供者在我国从事各项服务业活动可设置行政许可和资质要求，在少数服务贸易领域设置禁止或限制措施，或保留维持或采取措施的权力，如在文化意识形态领域，对外资进入内容提供环节设定一定的限制，其他环节如出版物发行业务可对外资准入全面放开；如对新闻和广播电视行业的限制，主要是为了避免外资独资的相关机构成为境外势力刺探情报和获取信息的工具。在文物保护领域的限制，主要是为了防止境外大型跨国公司运用我国的独特文化优势赚取高额利润。参照 CEPA 现行关于专业人才资质互认的规定，在海南自贸港、粤港澳大湾区探索实行外国专业人才资质互认，允许获得认可的外国专业人才在一定范围内从事相关专业技术工作，适时扩大试点范围；在试点地区允许符合条件的外国专业人才参加国内专业资格考试。支持具备条件的试点地区围绕全球性议题在世界范围内吸引具有顶尖创新能力的科学家团队"揭榜挂帅"。梳理现行用工制度中针对外国劳动者的特殊规定，分析其合理性和适用性，如《外国人在中国就业管理规定》中关于外国人才就业范围的限制，针对类似规定研究试行放宽相关规定。

探索实施数据跨境流动安全评估制度。针对《网络安全法》中关于"强制性的数据存储标准""数据和算法的强制披露要求""以信息安全为由强制采购本国产品"等有关规定，探索在数据跨境流动安全评估基础上降低相关门槛，在确保数据流动安全可控的前提下，扩大数据领域开放，创新安全制度设计。在国家数据跨境传输安全管理制度框架下，率先在集成电路、人工智能、生物医药、总部经济等关键领域，开展数据跨境传输安全管理试点。建立数据保护能力认证、数据流通备份审查、跨境数据流通和交易风险评估等数据安全管理机制。

全力解决服务业边境后行业许可和市场准入不同步问题，突破外资准入后面临的国内市场和行业层面制度瓶颈。全面梳理服务业各细分行业中现存的各类行政许可和行业准入程序，健全各类市场主体平等准入，将相关行业前置许可和限制措施以及其他前置程序纳入《市场准入负面清单》框架，力争在行业行政许可层面逐步实现内外资同等开放。针对国内法律较为健全的行业领域，可以依据相关法律对内外资一致适用，比如，关于管辖海域及内陆水域水产品捕捞活动，可以依据《渔业捕捞许可管理规定》《渔业法》等行业法规和许可管理规定对外资进行相应管理。部分特殊行业可针对内外资企业设立相同的资金规模、企业执业资格认证方面的准入门槛，对企业授予不同的资质等级，允许从事相应等级范围内的业务，对企业资质进行定期审核，建立准入和淘汰机制。

强化知识产权保护与运用，依法保护外商合法权益。在知识产权转让、运用等方面开展制度创新，规范探索知识产权证券化。探索建立公允的知识产权评估机制，完善知识产权质押登记制度、知识产权质押融资风险分担机制以及质物处置机制。加强知识产权审判领域改革创新，完善知识产权司法保护制度。推进知识产权保险试点。加快对接国际高水平知识产权保护规则，开展对标 RCEP、CPTPP 知识产权规则试点。

三、完善我国服务业外资准入管理制度的政策建议

创新外籍专业人才引进与合作模式。在新型信息服务、医疗、金融、商务服务、文化创意等领域，大力引进相关外籍人才，探索试行外籍高端人才"不求所在、但求所用"的新机制，或采取成立由多种国籍人才共同构成的合作团队，或在互联网上开展相对松散的网格化合作等形式，吸收国外相关领域的各种专业技术从业人员来华创业并加盟当地的团队，共同开发高质量的服务业产品，提升服务业供给层次。着力解决人才跨境流动面临的签证时效短、部分职业领域的临时入境和过境不能免签等瓶颈，简化外国人来华工作许可管理程序，提高行政手续办理效率，精简申请资料，扩大 A 类高端人才免提供本国无犯罪证明政策的实施范围，改为实行承诺制。缩短扣留护照原件的时间。根据人才类型划分居留许可有效期限，进一步延长外籍高端人才的居留许可证有效期。针对服务业领域专业人才缺口较大的领域，对相关外籍人才资质进行评定，放宽这类急需人才入境政策门槛，如年龄、学历、工作经验限制等。

积极对接国际高水平知识产权保护规则。一是推动商标法保护范围进一步扩大，探索对气味商标等新型商标的认定技术，提高对驰名商标的跨品类保护水平，加强对地理标志知识产权的保护力度。二是做好专利法及相关法规规章的修订工作，放宽专利新颖性宽限期的适用条件，进一步细化和完善专利注册和审核程序。探索农用化学品专利保护工作。三是落实最新修订的著作权法，推动著作权法实施条例的修订，落实符合条件的外国人和无国籍人首次发表作品的国民待遇，探索对"未固定"作品的版权保护制度。四是在刑法的知识产权类犯罪条款中探讨增加对"具有商业规模的蓄意假冒商标或盗版"进行刑事处罚的条款。五是在海关法规中探讨增加对"过境"货物的知识产权执法条款，并将"混淆性相似商标"纳入执法范围。支持外资企业申请 PCT 国际专利、商标马德里国际注册、工业品外观设计国际注册。在实用新型和外观设计上引入实质审查制度，修改外

观设计制度，延长保护期。建立健全信息开放、数据采集、发布、存储、应用和保护的法规体系。

扩大跨境数据传输安全评估政策实施范围，放宽数据跨境流动限制。确保数据流动安全可控的前提下，扩大数据领域开放，创新安全制度设计。开展数据跨境流动的安全评估，建立数据保护能力认证、数据流通备份审查、跨境数据流通和交易风险评估等数据安全管理机制。探索建立数据保护能力认证等数据安全管理机制，推动数据出境安全管理和评估试点。制定公共数据管理办法，完善数据分类分级安全保护制度；探索创制数据确权、数据资产、数据服务等交易标准及数据交易流通的定价、结算、质量认证等服务体系。逐步取消跨境数据限制，吸引更多跨境电商企业落地运营。首先可以从电子签名、加密和透明度等难度较低的事项加大开放力度，对外资企业租用专线开展跨境经营活动进行试点等，同时加快数据安全监管系统建设，待时机成熟可消除数据本地化限制，完全实现跨境数据自由流动。积极参与数字经济国际标准、国际规则制定，探索构建既能有效促进数据自由流动，又能有效维护国家安全和个人隐私的新型数字贸易管理机制，为信息服务业开展国际合作创造良好条件。

优化营商环境的相关政策。深入推进"放管服"改革，进一步精简行政审批事项，采取直接取消审批、审批改备案、实行告知承诺、优化审批服务等方式分类推进改革，大幅度扩大告知承诺制在服务业的实施范围。统筹推进"证照分离"和"多证合一"改革，让更多市场主体持照即可经营，着力解决"准入不准营"问题。加快推进"互联网＋政务服务"，加快"一部手机办事通"推广应用，落实政务服务"一网、一门、一次"改革措施。完善简约透明的行业准入规则，消除隐性门槛，达到负面清单之外"零门槛"、收费清单之外"零收费"、对企业服务"零距离"和对侵权行为"零容忍"的"四零"目标，构建"亲""清"新型政商关系。打通政策落地"最后一公里"，让企业理解用好政策。强化竞争政策的基础性地位，按照竞争中性原则，在要素获取、准入许可、经营运行、政府采购和招投标等方面，对各类所有制企业平等对待，确保符合条件的外商投资企业、国有企业和民营企业同等享受科技创新、转型升级、技术改造、知识产权保护、标准化建设、业务牌照和资质申请等国家和省内有关扶持政策。对节能、环保、防灾减灾、公共防疫等领域的服务采购，对境外投标者和国内投标者实施相同待遇。全面落实加强商事裁判组织建设，健全民商事、知识产权等专业化审理机制，积极引入国际商事仲裁、调解等司法替代性解决机制，借鉴前海经验，探索在涉及境外知识产权诉讼时探索适用境外法。

参考文献

[1] 程大为.维护多边贸易体系是全球贸易治理当务之急 [J].国家治理，2018（27）：31-34.

[2] 崔卫杰.制度型开放的特点及推进策略 [J].开放导报，2020（4）：36.

[3] 戴翔.制度型开放：中国新一轮高水平开放的理论逻辑与实现路径 [J].国际贸易，2019（3）：4-12.

[4] 付丽.美欧国际贸易规则重构战略及其对中国的影响 [J].国际经济合作，2017（1）：56-59.

[5] 葛顺奇.外商投资"负面清单"管理模式研究 [M].北京：人民出版社，2018：50.

[6] 国务院发展研究中心、世界银行.创新中国：培育中国经济增长新动能 [M].北京：中国发展出版社，2019：77-87.

[7] 国务院发展研究中心课题组.迈向高质量发展：战略与对策 [M].北京：中国发展出版社，2017：34-40.

[8] 季剑军，曾昆.服务业对外开放与竞争力关系的研究 [J].经济与管理研究，2016（1）：63-69.

[9] 季剑军.服务业开放度与竞争力的国际比较 [J].宏观经济管理，2015（1）：28-30.

[10] 金碚.中国经济发展新常态研究 [J].中国工业经济，2015（1）：5-17.

[11] 蓝茵茵，罗新星.新型区域贸易协定：性质、影响及多边化问题研究 [J].经济问题探索，2015（4）：127-133.

[12] 卢进勇，余劲松，齐春生.国际投资条约与协定新论 [M].北京：人民出版社，2007：19-20.

[13] 罗跞.制约当前我国居民服务消费增长的因素及政策建议 [J/OL].中国商论，2016（12）.http://www.cnki.net/kcms/detail/10.1337.F.20160526.0941.002.html.

[14] 李大伟.新发展格局下如何推进制度型开放 [J].开放导报，2020（12）：31.

[15] 李钢.新时期我国扩大服务业开放的战略与实施路径 [J].国际贸易，2015（3）：4-9.

[16] 李鸿阶.世界自贸区发展趋势与福建自贸区建设选择 [J].学术评论，2014（4）：37-43.

[17] 李俊，李钢，武芳.服务贸易与服务产业的协调：现状、问题与建议 [J].首都经济贸易大学学报，2014（5）：85-91.

[18] 李善民等.中国自由贸易试验区发展蓝皮书（2018—2019）[M].广州：中山大学出版社，2019 年.

[19] 李艳丽.中国自由贸易区战略的政治经济研究 [M].北京：中国经济出版社，2012 年.

[20] 李扬，张晓晶."新常态"：经济发展的逻辑与前景 [J].经济研究，2015（5）：4-10.

[21] 李勇坚.经济增长中的服务业理论综述与实证分析 [J].财经论丛，2005（9）：78-80.

[22] 李勇坚，夏杰长.服务业是节约投资的产业吗？——基于总量与 ICOR 的研究 [J].中国社会科学院研究生院学报，2011（5）：45-59.

[23] 林发新.福建自贸区台商投资与负面清单制度之完善 [J].经济与社会发展，2015（6）：14-18.

[24] 林峰，戴磊，林珊.从国际服务贸易摩擦透视自由化谈判的利益差异——兼论中国服务贸易发展的战略选择 [J].亚太经济，2014（6）：44-47.

[25] 林晓伟，李非.福建自贸区建设现状及战略思考 [J].国际贸易，2015（1）：11-15.

[26] 刘鹭.服务业生产率与服务业发展研究 [M].北京：经济科学出版社，2013：67-80.

[27] 刘旭.国际服务贸易协定（TISA）对中国经济的影响及对策建议 [J].全球化，2014（9）：39-43.

[28] 刘艳.我国服务贸易进口、服务业 FDI 与技术进步的关系研究 [J].国际商务研究，2011（1）：33.

[29] 陆建明，杨宇娇，梁思焱.美国负面清单的内容、形式及其借鉴意义——基于 47 个美国 BIT 的研究 [J].亚太经济，2015（2）：55-60.

[30] 陆建人，孙玉红.制订亚太区域多边投资规则探索 [J].亚太经济，2014（6）：7-11.

[24] 罗芳.中国（上海）自贸区、香港、新加坡自贸区物流水平的比较 [J].中国集体经济，2014（8）：29-30.

[31] 罗海成.平潭综合实验区与台湾自由经济示范区对接合作——两岸自贸区合作发展探索 [J].福建行政学院学报，2014（2）：1-7.

[32] 罗月领.中国（上海）自贸区政策创新的路径依赖和路径选择 [J].上海金融学院学报，2013（6）：31-39.

[33] 马弘，秦若冰.美国经济的开放结构：兼论后危机时代美国贸易政策转向 [J].当代美国评论，2020（1）：58-62.

[34] 马俊炯.全球贸易规则重构的演变趋势及潜在风险 [J].中国国情国力，2018（12）：26-30.

[35] 綦彦冰.论 WTO 多边贸易体制改革的进展、困境与前景 [D].吉林：吉林大学，2020.

[36] 裴长洪，郑文.中国开放型经济新体制的基本目标和主要特征 [J].经济学动态，2014（4）：8-17.

[37] 裴长洪等.中国（上海）自由贸易试验区试验思路研究 [M].北京：社会科学文献出版社，2015：89-95.

[38] 彭海阳，詹圣泽，郭英远.基于厦门前沿的福建自贸区对台合作新探索 [J].中国软科学，2015（8）：72-86.

[39] 钱克明.更加注重制度型开放 [J].对外经贸实务，2019（12）：4.

[40] 沈铭辉.美国双边投资协定与 TPP 投资条款的比较分析——兼论对中美 BIT 谈判的借鉴 [J].国际经济合作，2014（3）：21-25.

[41] 盛斌. 天津自贸区：制度创新的综合试验田 [J]. 国际贸易，2015（1）：4-8.

[42] 盛斌. 国际投资协议中国民待遇原则与清单管理模式的比较研究及对中国的启示 [J]. 国际商务研究，2015（1）：5-17.

[43] 盛斌. 迎接国际贸易与投资新规则的机遇与挑战 [J]. 国际贸易，2014（2）：4-7.

[44] 石良平，姚磊. 外国投资法：自贸试验区下一步改革开放的新标杆 [J]. 学术月刊，2015（8）：55-59.

[45] 元欣. 外资负面清单管理的国际镜鉴：上海自贸区例证 [J]. 改革，2014（10）：37-45.

[46] 王冠凤. 上海自贸区新型贸易业态发展及服务功能的拓展——基于平台经济视角 [J]. 现代经济探讨，2015（2）：68-70；

[47] 王秋雯. 区域主义路径下互联网贸易规则的新发展与中国对策 [J]. 华中科技大学学报（社会科学版），2018（5）：68-76；

[48] 王孝松，张国旺，周爱农. 上海自贸区的运行基础、比较分析与发展前景 [J]. 经济与管理研究，2014（7）：52-64；

[49] 王中美. 负面清单转型经验的国际比较及对中国的借鉴意义 [J]. 国际经贸探索，2014（9）：72-84；

[50] 夏斌. 对上海自贸区的认识与建议 [J]. 全球化，2013（11）：40-44.

[51] 夏辉，薛求知. 服务型跨国公司全球模块化与服务业国际转移及其对中国的启示 [J]. 财贸经济，2011（3）：81-88.

[52] 夏杰长. 推动我国服务业大发展 [J]. 中国人大，2012（8）：89-90.

[53] 徐昕. 多边贸易体制的核心地位未变 [J].WTO 经济导刊，2018（7）：57-58.

[54] 荀克宁. 我国制度型对外开放的语境构建与路径探索 [J]. 山东社会科学，2019（10）：135-137.

[55] 杨长湧. 我国服务业对外开放的战略思路研究 [J]. 国际贸易，2015（4）：59-66；

[56] 叶琳. 日本经济国际化与经济体制变迁 [D]. 北京：外交学院，2019.

[57] 殷凤、朱榴军. 中国（上海）自由贸易试验区服务业开放度评估——基于负面清单的考查 [J]. 科学发展，2014（10）：32-39.

[58] 张二震. 构建开放型世界经济：理论内涵、引领理念与实现路径 [J]. 经济研究参考，2019（14）：93.

[59] 张骥. 统一后德国的政治文化与对外政策的选择 [J]. 当代世界与社会主义，2007（6）：73-75.

[60] 张健，王剑南. "德国问题" 回归及其对欧洲一体化的影响 [J]. 现代国际关系，2010（9）：11-12.

[61] 张幼文. 中国四十年开放型发展道路：战略节点与理论内涵 [J]. 当代月刊，2018（9）：46-48.

[62]Alan V. Deardorff. International provision of trade services, trade and fragmentation [J].Review of International Economics, 2001, 9(2).

[63]Arndt S. and Kierzkowski H. Fragmentation:New Production Patters in the World Economy, Oxford: Oxford University Press，2001.

[64]Antras,P. Firms,Contract,and Trade Structure..The Quarterly Journal of Economics,, 11, 2003, 1375-1418.

[65]Antras,P. and Helpman,E. "Global Sourcing.The journal of Political Economy, (6)，2004，552-580.

[66]Bernard Hoekman,CarloA.Primo Braga .Protection and Trade inServices:ASurvey[J]. Open Economics Review,1997,(8):285-308.

[67]Bernard, A.B, Eaton ,J. Jensen ,J.B. and Kortum ,S. Plants and Productivity in International Trade.American Economic Review, 93(4), 2003，1268-1292.

[68]Bernard，A.B.，Redding，S.J.andSehott，P.K. "Multi-Product Firms and Trade Liberlization." Working PaPer，2006，120-123.

[69]Borjas, G., Grogger, J. & Hanson, G. (2011).Substitution between Immigrants, Natives, and Skill Groups. NBER Working Paper available at http://www.nber.org/papers/w17461.

[70]Cattaneo, C., Fiorio, C. V. & Peri, G. (2015). What Happens to the

Careers of European Workers When Immigrants "Take Their Jobs" ?. Journal of Human Resources, 50(3), 655-693.

[71]Chee Kian Leong. Special economic zones and growth in China and India: an empirical investigation[J].InternationalEconomic Policy, 2012: 119-140.

[72] Coase, R,The Problem of Social Costs, Journal of Law and Economics,3, 1960, 1-44.

[73]Feenstra,R.C.Integration of Trade and Disintegration of Production in the Global Economy. The journal of Economic Perspectives, Vol.12, No.4, 1998, 31 ~ 50.

[74]Gereffi G. Humphrey J. Sturgeon T, The Governance of Global Value Chain,Forthcoming in Review of International Political Economy 11(4), 2003, 5-11.

[75]Harrigan, James.Technology, Factor Supplies, and International Specialization: Estimating the Neoclassical Model,American Economic Review, 1997, 87(4) : 475-494.

[76]HelPman, E. "Trade, FDI, and the Organization of Firms." IAI. WorkingPaPer, 2006/2.

[77]HelPman, E., Melitz, M.J.andYeaPle, S.R. Export Versus FDI with Heterogeneous Firms.The Ameriean Eeonomie Review, Vol.94.No.1, 2004, 300 ~ 316.

[78]Jensen,M.and W.Meckling, Rights and Production Functions:An Application to Labour Managed Firms and Codetermination, Journal of Business,52, 1979, 469-506.

[79]Jensen,M.and J.Warner, The Distribution of Power among Corporate Manager,Shareholders,and Directors ,Journal of Financial Economics, 20, 1988, 3-24.

[80]Jensen, M. and W. Meckling, Specific and General Knowledge, and OrganizationalStructure,in L. Werin and H.Wijkander,Contract Economics,

Oxford:Basil Blackwell Publishers；1992.

[81]Kugler M． The Sectoral Diffusion of Spillovers From Foreign Direct Investment[R]． Mimeo，University of Southhampton，2001.

[82]Melitz,M.J.The Impact of Trade on　Intra-industry　Reallocations and Aggregate Industry Productivity. Economitrica, Vol.71, No.6,2003, 1695-1725.

[83]Melitz,M.J. and Ottaviano ,G.I.P. "Market Size, Trade, and Productivity." 11393,2005, 6.

[84]Noorderhaven ,Niels .Transaction ,Interaction ,Institutionaliza-tion: Toward a dynamic Theory of Hybrid Governance.Scandinavia Journal Management, 11, 1995, 43-55.

[85]Padmanabhan，P.andCho，K.R. "Deeision-Specific experience in foreign Ownership Pandestablishment strategies:evidence from Japanese firms. Int. Bus Stud, 30(l)，1999，25-44.

[86]Presidential Regulation of the Republic of Indonesia Number 39 of 2014 on List of Business Fields Closed to Investment and Business Fields Open, with Conditions, to Investment, 2014.

[87]RAM C A，KELLER W． Estimating the productivity selection and technology spillover effects of imports[R].NBER Working Paper，2008，No．14079.

[88]Romer ,P., Endogenous Technological Change,Journal of Political Economy,98，1990，71-102.

[89]Rosen,S.(1985),Implicit Contracts:A Survey,Journal of Economic Literature, 9，1985，1144-117.

[90]Ross,S., "The Economic Theory of Agency:The Principal's Problem"，American Economic Review,63，1973，134-139.

[91]Schultz,T.,Investing in People-the Economics of Population Quality, University of California Press:Berkeley，1981.

[92]Stiglitz, J.and A.Weiss，Credit Rationing in Markets with Imperfect Information, American Economic Review,71，1981，393-410.

[93]Stephen Ross Yeaple. Firm Heterogeneity, International Trade, and Wages，The Review of Economics and Statistics.8。2003，726-734.

[94]Wilson，B.D.The propensity of multinational companies to expand through acquisitions.Int.Bus.Stud,11,1980，59-65.

附件　我国服务业细分行业外资准入面临的限制

服务业各细分行业开放程度不一，各行业外资准入后面临的障碍瓶颈各不相同，准入后外资管理的优化路径的设计也不能一概而论，不同类型的服务细分行业的外资准入后管理的改革重点和关键措施也应区别对待和进一步精准化。根据 OECD 服务贸易限制指数分析框架，服务贸易限制主要体现在外资准入限制、人员流动限制、竞争壁垒、监管透明度、其他歧视性措施五个方面。各细分行业在外资准入后的五大突出障碍方面面临的壁垒和限制程度差异较大，需要将每一细分行业突出体制机制问题和改革重点进行一一梳理，明确各行业亟待突破的突出瓶颈。

一、我国服务业各细分行业外资面临的普遍性限制

OECD 服务贸易限制指数数据库涵盖了 4 个大类、22 个服务行业。其中，运销供应链服务业包括空运、邮政快递、批发零售、物流货物装卸、物流报关、物流货代、物流仓储、海运、铁路货运、公路货运 10 个行业；数字网络服务业包括广播、计算机服务、影视、录音、电信 5 个行业；市场连接和支持服务业包括会计、商业银行、保险、法律 4 个行业，基建服务业包括建筑设计、建筑、工程咨询 3 个行业，各行业普遍限制情况如下：

（一）外资准入门槛大幅降低，但对标开放程度最高的国家仍有差距

各行业外资准入领域门槛普遍降低，2020 年，各细分行业的外资准入限制指数普遍低于 2014 年。但对标发达国家以及部分服务业开放水平较高的国家，我国各细分行业的外资准入限制指数仍然相对较高，特别是在影视、广播、商业银行、会计、法律、快递、航空运输行业。值得注意的是，数据跨境流动限制和数据本地存储要求是各行业在外资准入环节面临

普遍性限制，而数据跨境流动也是我国制度型开放以及国际经贸规则竞争中的焦点、难点问题。

表1　我国部分服务业细分行业外资准入限制指数
与服务贸易限制最低前十位国家对比

会计		航空运输		物流装卸		广播	
中国	0.398	中国	0.232	中国	0.112	中国	0.542
智利	0.022	智利	0.014	丹麦	0.037	葡萄牙	0.072
捷克	0.044	哥伦比亚	0.042	捷克	0.025	卢森堡	0.054
拉脱维亚	0.077	巴西	0.106	立陶宛	0.025	荷兰	0.054
斯洛伐克	0.066	哥斯达黎加	0.07	葡萄牙	0.025	英国	0.072
美国	0.033	澳大利亚	0.155	斯洛伐克	0.037	捷克	0.072
立陶宛	0.077	法国	0.218	卢森堡	0.012	立陶宛	0.072
荷兰	0.044	秘鲁	0.19	拉脱维亚	0.037	德国	0.108
哥伦比亚	0.033	加拿大	0.211	荷兰	0.012	爱尔兰	0.072
卢森堡	0.066	墨西哥	0.155	英国	0.025	丹麦	0.108
德国	0.077	丹麦	0.225	中国	0.112	澳大利亚	0.127
商业银行		计算机服务		快递		影视	
中国	0.204	中国	0.192	中国	0.417	中国	0.418
捷克	0.048	韩国	0.048	法国	0.029	日本	0.029
西班牙	0.036	捷克	0.032	荷兰	0.015	捷克	0.029
拉脱维亚	0.084	法国	0.032	捷克	0.029	葡萄牙	0.029
爱尔兰	0.048	日本	0.032	葡萄牙	0.029	美国	0.014
法国	0.06	拉脱维亚	0.064	德国	0.044	荷兰	0.029
立陶宛	0.072	智利	0.032	立陶宛	0.044	卢森堡	0.029
荷兰	0.072	加拿大	0.048	斯洛文尼亚	0.058	拉脱维亚	0.058
丹麦	0.084	英国	0.032	卢森堡	0.058	韩国	0.072
爱沙尼亚	0.06	荷兰	0.016	拉脱维亚	0.058	丹麦	0.058
斯洛伐克	0.072	葡萄牙	0.048	英国	0.044	中国	0.418

资料来源：OECD Services Trade Restrictiveness Index Simulator

（二）人员跨境流动限制并不是制约服务业利用外资的主要因素

在人员跨境流动限制方面，除会计、法律外，其他细分行业在人员跨境流动方面的限制基本与开放程度最高的一类国家持平，甚至更低，说明我国在人员跨境流动、跨境劳务合作的限制壁垒已大幅降低，尤其是各地方政府日益重视外籍高端人才的引进，往往在外国人来华签证和配套体系支撑方面争相出台优惠政策，进一步提升了外国人才引进便利化程度。需要注意的是，会计、法律这类需要专业执业资格的服务业领域，由于我国对外国相应的专业执业资格尚未实现互认，并且在外籍专业人才业务领域方面有极高的限制，如外籍律师禁止参与我国相关法律业务，因此，这类需要专业执业资质的服务业领域的人才引进和利用仍存在非常高的壁垒。

（三）国内市场竞争不充分是部分行业外资准入的竞争政策壁垒较高的根源

部分国内市场未实现充分竞争的行业在竞争政策壁垒方面问题较为明显，如电信、商业银行、保险以及运销供应链服务业，其他行业则与此类行业形成鲜明对比，即国内市场竞争本就较为充分的行业基本在制度型开放方面不存在竞争政策壁垒。因此，对于部分国内市场竞争不充分的行业而言，这类行业在边境后制度与国际高标准规则对接方面难度最大，未来提高利用外资质量、扩大开放更加需要从国内体制机制改革入手，从内而外释放市场竞争潜力，活跃市场主体。

（四）运销供应链服务业监管透明度问题较为突出

在监管透明度方面，除运销供应链服务业领域，其他行业的限制壁垒相对较低，甚至低于部分服务业开放水平较高的国家，这主要与运销供应链服务业本身涉及通关程序较为繁杂有关，这类行业的通关便利化问题是为了外资准入需要突破的难点。

（五）政府采购是外资面临歧视性措施较为集中的领域

除建筑、建筑设计、工程服务、批发零售行业外，其他行业普遍存在针对外资的政府采购歧视性措施，这是外资准入后领域较为集中的问题，在构建内外资一致的公平竞争环境方面，政府采购是亟待突破的"硬骨头"。

二、我国服务业各细分行业外资面临的差异化限制

（一）运销供应链服务业 [①]

1. 运销供应链行业外资面临的主要限制

在运销供应链行业，我国在服务贸易领域的政策限制主要体现在外资准入、竞争壁垒、监管透明度领域。

在外资准入方面，我国在机场、铁路设施、公路设施的货物装卸行业外资准入股比上限为100%，在港口装卸领域的外资股比上限为49%，2018年取消了国际海运货物装卸领域的限制。但在外资经营形式方面有合资企业的要求，并附有业绩要求，对跨境并购、数据跨境流动有限制，对数据跨境流动需要针对每一起案例进行单独研究和审批，要求数据存储本地化，禁止数据转移等。在部分案例中依然存在外资准入实质性审批，通关、签证政策依然不够灵活，注册登记仍有特殊要求。在其他歧视性措施方面，政府采购存在对本地供应商的偏好。在竞争壁垒方面，中央和地方政府在机场、港口、公路设施、铁路货物装卸等领域均控制了至少一家重要企业，行业本身的竞争度不够充分。在监管透明度方面，签证时效短，部分职业领域的临时入境和过境不能免签，完成公司注册需要9个工作日以上时间，对货运代理、报关代理、海关保税仓库等均有许可要求，清关时间超过一天，进口关税设有最低起征标准等。但在自然人流动方面，这些行业的限制指数反而低于法国、荷兰、丹麦、英国等国，这说明我国在促进自然人跨境流动领域政策改革和调整推进更快，大幅提升了人员流动便利程度。

[①] 运销供应链服务业包含10个细分行业，但OECD服务贸易限制指数数据库缺失海运和铁路运输两个行业的数据，在此只列了8个行业。

2. 各行业服务贸易限制情况与服务贸易限制最低前十位国家的对比以及具体限制政策内容

（1）物流货物装卸

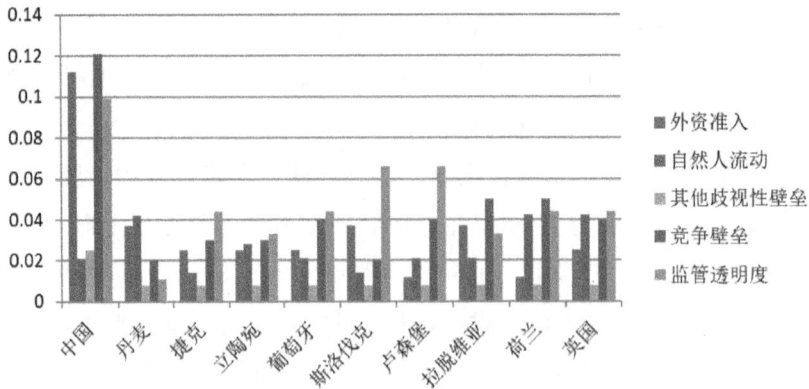

图1　我国与服务贸易限制最低前十位国家对比

表2　我国物流货物装卸行业服务贸易存在的限制

限制类别	限制措施	所涉条例
外资准入	只允许外资以合资合作形式经营国际船舶运输、国际船舶代理、国际船舶管理、国际海运货物装卸、国际海运集装箱站和堆场业务，外资股比不超过49%，国际船舶代理业务有高管从业经历要求和国籍要求。	《外商投资国际海运业管理规定》第4、7条
	只允许采用中外合资形式投资经营道路旅客运输、道路货物运输、道路货物搬运装卸、道路货物仓储和其他与道路运输相关的辅助性服务及车辆维修业务。	《外商投资道路运输业管理规定》第3条
	2016年9月，第十二届全国人民代表大会常务委员会第二十二次会议审议通过《关于修改〈中华人民共和国外资企业法〉等四部法律的决定》，将不涉及国家规定实施准入特别管理措施的外商投资企业设立及变更，由审批改为备案管理。但涉及负面清单的服务贸易领域需由商务部审批，并考虑其对国民经济发展的经济效益。部分物流服务如船舶代理服务属于限制服务，需经商务部批准。	国家发展改革委 商务部公告2016年第22号

限制类别	限制措施	所涉条例
外资准入	外国投资者并购境内企业并取得实际控制权，涉及重点行业、存在影响或可能影响国家经济安全因素或者导致拥有驰名商标或中华老字号的境内企业实际控制权转移的，当事人应就此向商务部进行申报。当事人未予申报，但其并购行为对国家经济安全造成或可能造成重大影响的，商务部可以会同相关部门要求当事人终止交易或采取转让相关股权、资产或其他有效措施，以消除并购行为对国家经济安全的影响。	《关于外国投资者并购境内企业的规定》第12条
	外国投资者通过股权合并合并境内公司时，参与合并的境内外公司的股权应当满足下列条件：（1）股权由股东合法持有，可以依法转让；（2）股本不存在所有权，质押或其他财产产权纠纷的任何争议；（3）境外公司的股权应当在境外公开，合法的证券交易市场（不包括任何场外柜台交易）上市；（4）最近一年该海外公司股权的交易价格稳定。	《关于外国投资者并购境内企业的规定》第3、4、5条
	数据跨境流动限制和数据本地存储要求（关键信息基础设施的运营者在中华人民共和国境内运营中收集和产生的个人信息和重要数据应当在境内存储。因业务需要，确需向境外提供的，应当按照国家网信部门会同国务院有关部门制定的办法进行安全评估）。	《中华人民共和国网络安全法》第37条、《全国人民代表大会常务委员会关于加强网络信息保护的决定》、《信息安全技术公共及商用服务信息系统个人信息保护指南》
自然人流动	用人单位决定用外国人担任的职位应为有特殊需要的职位，而本国候选人暂时不能担任这些职位。并且该职位是根据国家有关规定授权的。	《中华人民共和国劳动合同法》第66条、《外国人在中国就业管理规定》第6、7、8条、《劳务派遣暂行规定》第3、4条
其他歧视性措施	政府采购应当采购本国货物、工程和服务（货物装卸）	《中华人民共和国政府采购法》第10条
	采购法规未明确禁止歧视外国供应商（货物处理）、采购过程影响公平竞争（货物装卸）	《中华人民共和国政府采购法》、《中华人民共和国国际海运条例实施细则》第28条

限制类别	限制措施	所涉条例
竞争壁垒	国家或地方政府控制该行业中的至少一家大型公司（机场、港口、道路设施、铁路设施货物装卸）	《国务院国有资产监督管理委员会：央企名录》
	独立账户要求（机场、港口、铁路设施装卸货物）	《民用机场管理条例》《中华人民共和国民用航空法》《中华人民共和国国际海运条例实施细则》《港口经营管理规定》《中华人民共和国铁路法》
	禁止交叉补贴（机场、港口、铁路设施装卸货物）	《民用机场管理条例》《中华人民共和国民用航空法》《中华人民共和国国际海运条例实施细则》《港口经营管理规定》《中华人民共和国铁路法》
	提供服务的合同不完全通过竞争性招标（机场、港口货物装卸）来授予	《民用机场管理条例》《中华人民共和国民用航空法》《中华人民共和国国际海运条例实施细则》《港口经营管理规定》
监管透明度	签证期限少于三个月、临时入境/过境可享受抵港签证或免签证（机组人员、海员、卡车司机C签证）	《中华人民共和国外国人入境出境管理条例》第6、36条
	公司注册所需程序超过9天	世行营商环境相关指标
	仓储，货运代理和海关经纪服务有单独的许可/注册要求	《外商投资国际货物运输代理企业管理办法》第3、7条、《中华人民共和国海关对报关单位注册登记管理规定》第8条
	通关时间超过1天	世行营商环境相关指标
	进口关税有最低起征点	《中华人民共和国海关进出口货物征税管理办法》第21条

资料来源：OECD Services Trade Restrictiveness Index Simulator

（2）物流报关

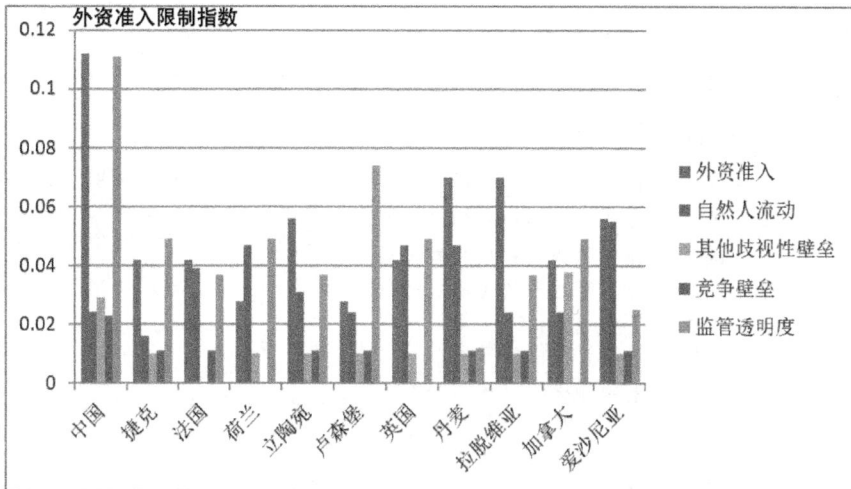

图2　我国与服务贸易限制最低前十位国家对比

表3　我国物流报关服务贸易存在的限制

限制类别	限制措施	所涉条例
外资准入	2016年9月，第十二届全国人民代表大会常务委员会第二十二次会议审议通过《关于修改〈中华人民共和国外资企业法〉等四部法律的决定》，将不涉及国家规定实施准入特别管理措施的外商投资企业设立及变更，由审批改为备案管理。但涉及负面清单的服务贸易领域需由商务部审批，并考虑其对国民经济发展的经济效益。部分物流服务如船舶代理服务属于限制服务，需经商务部批准。	国家发展改革委　商务部公告2016年第22号
	外国投资者并购境内企业并取得实际控制权，涉及重点行业、存在影响或可能影响国家经济安全因素或者导致拥有驰名商标或中华老字号的境内企业实际控制权转移的，当事人应就此向商务部进行申报。当事人未予申报，但其并购行为对国家经济安全造成或可能造成重大影响的，商务部可以会同相关部门要求当事人终止交易或采取转让相关股权、资产或其他有效措施，以消除并购行为对国家经济安全的影响。	《关于外国投资者并购境内企业的规定》第12条

续表

限制类别	限制措施	所涉条例
外资准入	外国投资者通过股权合并合并境内公司时，参与合并的境内外公司的股权应当满足下列条件：（1）股权由股东合法持有，可以依法转让；（2）股本不存在所有权，质押或其他财产权纠纷的任何争议；（3）境外公司的股权应当在境外公开，合法的证券交易市场（不包括任何场外柜台交易）上市；（4）最近一年该海外公司股权的交易价格稳定。	《关于外国投资者并购境内企业的规定》第19条、《商务部实施外国投资者并购境内企业安全审查制度的规定》第3、4、5条
外资准入	数据跨境流动限制和数据本地存储要求（关键信息基础设施的运营者在中华人民共和国境内运营中收集和产生的个人信息和重要数据应当在境内存储。因业务需要，确需向境外提供的，应当按照国家网信部门会同国务院有关部门制定的办法进行安全评估）。	《中华人民共和国网络安全法》第37条、《全国人民代表大会常务委员会关于加强网络信息保护的决定》、《信息安全技术公共及商用服务信息系统个人信息保护指南》
自然人流动	用人单位决定用外国人担任的职位应为有特殊需要的职位，而本国候选人暂时不能担任这些职位。并且该职位是根据国家有关规定授权的。	《中华人民共和国劳动合同法》第66条、《外国人在中国就业管理规定》第6、7、8条、《劳务派遣暂行规定》第3、4条
其他歧视性措施	政府采购应当采购本国货物、工程和服务（货物装卸）。	《中华人民共和国政府采购法》第10条
其他歧视性措施	采购法规未明确禁止歧视外国供应商（货物处理）、采购过程影响公平竞争（货物装卸）。	《中华人民共和国政府采购法》、《中华人民共和国国际海运条例实施细则》第28条
竞争壁垒	国家或地方政府控制该行业中的至少一家大型公司（机场、港口、道路设施、铁路设施货物装卸）。	《国务院国有资产监督管理委员会：央企名录》
竞争壁垒	地域限制，报关企业在取得注册登记许可的直属海关关区外从事报关服务的，应当依法设立分支机构，并且向分支机构所在地海关备案。报关企业在取得注册登记许可的直属海关关区内从事报关服务的，可以设立分支机构，并且向分支机构所在地海关备案。报关企业分支机构可以在备案海关关区内从事报关服务。备案海关为隶属海关的，报关企业分支机构可以在备案海关所属直属海关关区内从事报关服务。	《中华人民共和国海关报关单位注册登记管理规定》第8、15、16条

限制 类别	限制措施	所涉条例
监管 透明 度	签证期限少于三个月、临时入境／过境可享受抵港签证或免签证（机组人员、海员、卡车司机 C 签证）	《中华人民共和国外国人入境出境管理条例》第 6、36 条
	公司注册所需程序超过 9 天	世行营商环境相关指标
	仓储，货运代理和海关经纪服务有单独的许可／注册要求	《外商投资国际货物运输代理企业管理办法》第 3、7 条、《中华人民共和国海关对报关单位注册登记管理规定》第 8 条
	通关时间超过 1 天	世行营商环境相关指标
	进口关税有最低起征点	《中华人民共和国海关进出口货物征税管理办法》第 21 条

资料来源：OECD Services Trade Restrictiveness Index Simulator

（3）物流货代

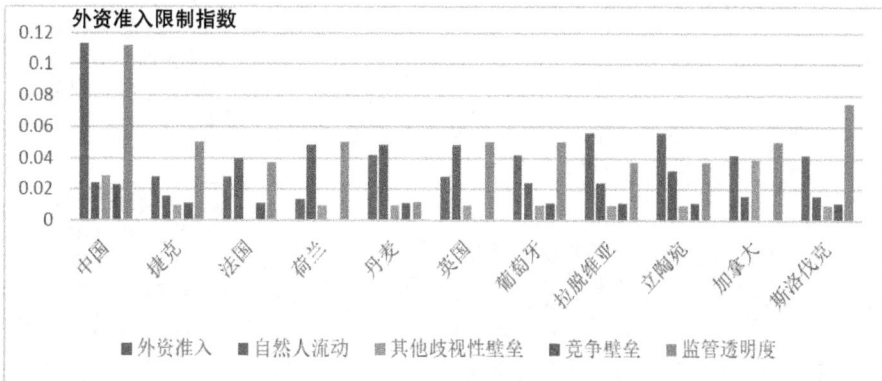

图 3：我国与服务贸易限制最低前十位国家对比

表 4：我国物流货代服务贸易存在的限制

限制类别	限制措施	所涉条例
外资准入	2016 年 9 月，第十二届全国人民代表大会常务委员会第二十二次会议审议通过《关于修改〈中华人民共和国外资企业法〉等四部法律的决定》，将不涉及国家规定实施准入特别管理措施的外商投资企业设立及变更，由审批改为备案管理。但涉及负面清单的服务贸易领域需由商务部审批，并考虑其对国民经济发展的经济效益。部分物流服务如船舶代理服务属于限制服务，需经商务部批准。	国家发展改革委 商务部公告 2016 年第 22 号
外资准入	外国投资者并购境内企业并取得实际控制权，涉及重点行业、存在影响或可能影响国家经济安全因素或者导致拥有驰名商标或中华老字号的境内企业实际控制权转移的，当事人应当就此向商务部进行申报。当事人未予申报，但其并购行为对国家经济安全造成或可能造成重大影响的，商务部可以会同相关部门要求当事人终止交易或采取转让相关股权、资产或其他有效措施，以消除并购行为对国家经济安全的影响。	《关于外国投资者并购境内企业的规定》第 12 条
外资准入	外国投资者通过股权合并合并境内公司时，参与合并的境内外公司的股权应当满足下列条件：（1）股权由股东合法持有，可以依法转让；（2）股本不存在所有权，质押或其他财产产权纠纷的任何争议；（3）境外公司的股权应当在境外公开，合法的证券交易市场（不包括任何场外柜台交易）上市；（4）最近一年该海外公司股权的交易价格稳定。	《关于外国投资者并购境内企业的规定》第 19 条、《商务部实施外国投资者并购境内企业安全审查制度的规定》第 3、4、5 条
	数据跨境流动限制和数据本地存储要求（关键信息基础设施的运营者在中华人民共和国境内运营中收集和产生的个人信息和重要数据应当在境内存储。因业务需要，确需向境外提供的，应当按照国家网信部门会同国务院有关部门制定的办法进行安全评估，并实行"一事一评估"）。	《中华人民共和国网络安全法》第 37 条、《全国人民代表大会常务委员会关于加强网络信息保护的决定》《信息安全技术公共及商用服务信息系统个人信息保护指南》《个人信息和重要数据出境安全评估办法》
自然人流动	用人单位决定用外国人担任的职位应为有特殊需要的职位，而本国候选人暂时不能担任这些职位。并且该职位是根据国家有关规定授权的。	《中华人民共和国劳动合同法》第 66 条、《外国人在中国就业管理规定》第 6、7、8 条、《劳务派遣暂行规定》第 3、4 条
其他歧视性措施	政府采购应当采购本国货物、工程和服务	《中华人民共和国政府采购法》第 10 条
	采购法规未明确禁止歧视外国供应商、采购过程影响公平竞争	《中华人民共和国政府采购法》

续表

限制类别	限制措施	所涉条例
竞争壁垒	国家或地方政府控制该行业中的至少一家大型公司（货运代理）	《国务院国有资产监督管理委员会：央企名录》
	设立外商投资国际货运代理企业的最低注册资本为100万美元	《外商投资国际货物运输代理企业管理办法》第6条
监管透明度	签证期限少于三个月、临时入境/过境可享受抵港签证或免签证（机组人员、卡车司机C签证）	《中华人民共和国外国人入境出境管理条例》第6、36条
	公司注册所需程序超过9天	世行营商环境相关指标
	仓储，货运代理和海关经纪服务有单独的许可/注册要求	《外商投资国际货物运输代理企业管理办法》第3、7条、《中华人民共和国海关对报关单位注册登记管理规定》第8条
	通关时间超过1天	世行营商环境相关指标
	进口关税有最低起征点	《中华人民共和国海关进出口货物征税管理办法》第21条

资料来源：OECD Services Trade Restrictiveness Index Simulator

（4）物流仓储

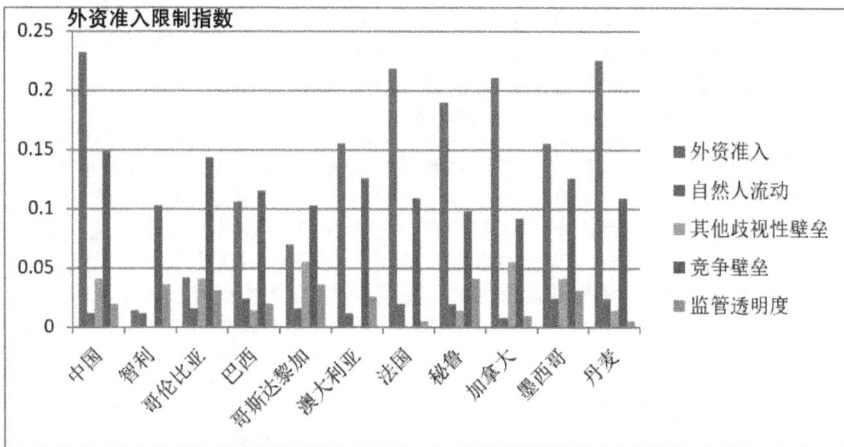

图4 我国与服务贸易限制最低前十位国家对比

表5　我国物流仓储服务贸易存在的限制

限制类别	限制措施	所涉条例
外资准入	2016年9月，第十二届全国人民代表大会常务委员会第二十二次会议审议通过《关于修改〈中华人民共和国外资企业法〉等四部法律的决定》，将不涉及国家规定实施准入特别管理措施的外商投资企业设立及变更，由审批改为备案管理。但涉及负面清单的服务贸易领域需由商务部审批，并考虑其对国民经济发展的经济效益。部分物流服务如船舶代理服务属于限制服务，需经商务部批准。	国家发展改革委 商务部公告2016年第22号
	外国投资者并购境内企业并取得实际控制权，涉及重点行业、存在影响或可能影响国家经济安全因素或者导致拥有驰名商标或中华老字号的境内企业实际控制权转移的，当事人应就此向商务部进行申报。当事人未予申报，但其并购行为对国家经济安全造成或可能造成重大影响的，商务部可以会同相关部门要求当事人终止交易或采取转让相关股权、资产或其他有效措施，以消除并购行为对国家经济安全的影响。	《关于外国投资者并购境内企业的规定》第12条
	外国投资者通过股权合并合并境内公司时，参与合并的境内外公司的股权应当满足下列条件：（1）股权由股东合法持有，可以依法转让；（2）股本不存在所有权，质押或其他财产产权纠纷的任何争议；（3）境外公司的股权应当在境外公开，合法的证券交易市场（不包括任何场外柜台交易）上市；（4）最近一年该海外公司股权的交易价格稳定。	《关于外国投资者并购境内企业的规定》第19条、《商务部实施外国投资者并购境内企业安全审查制度的规定》第3、4、5条
	数据跨境流动限制和数据本地存储要求（关键信息基础设施的运营者在中华人民共和国境内运营中收集和产生的个人信息和重要数据应当在境内存储。因业务需要，确需向境外提供的，应当按照国家网信部门会同国务院有关部门制定的办法进行安全评估，并实行"一事一评估"。	《中华人民共和国网络安全法》第37条、《全国人民代表大会常务委员会关于加强网络信息保护的决定》、《信息安全技术公共及商用服务信息系统个人信息保护指南》、《个人信息和重要数据出境安全评估办法》
自然人流动	用人单位决定用外国人担任的职位应为有特殊需要的职位，而本国候选人暂时不能担任这些职位。并且该职位是根据国家有关规定授权的。	《中华人民共和国劳动合同法》第66条、《外国人在中国就业管理规定》第6、7、8条、《劳务派遣暂行规定》第3、4条

续表

限制类别	限制措施	所涉条例
其他歧视性措施	政府采购应当采购本国货物、工程和服务	《中华人民共和国政府采购法》第 10 条
	采购法规未明确禁止歧视外国供应商、采购过程影响公平竞争	《中华人民共和国政府采购法》
竞争壁垒	国家或地方政府控制该行业中的至少一家大型公司（机场、铁路、公路仓储设施）	《国务院国有资产监督管理委员会：央企名录》
	提供服务的合同不是通过竞争性招标（机场、港口仓储和仓库）来授予	《中华人民共和国海关对保税仓库及所存货物的管理规定》《民用机场管理条例》《港口经营管理规定》
监管透明度	签证期限少于三个月、临时入境/过境可享受抵港签证或免签证（机组人员、卡车司机 C 签证）	《中华人民共和国外国人入境出境管理条例》第 6、36 条
	公司注册所需程序超过 9 天	世行营商环境相关指标
	仓储，货运代理和海关经纪服务有单独的许可/注册要求	《外商投资国际货物运输代理企业管理办法》第 3、7 条《中华人民共和国海关对报关单位注册登记管理规定》第 8 条
	通关时间超过 1 天	世行营商环境相关指标
	进口关税有最低起征点	《中华人民共和国海关进出口货物征税管理办法》第 21 条

资料来源：OECD Services Trade Restrictiveness Index Simulator

（5）航空运输

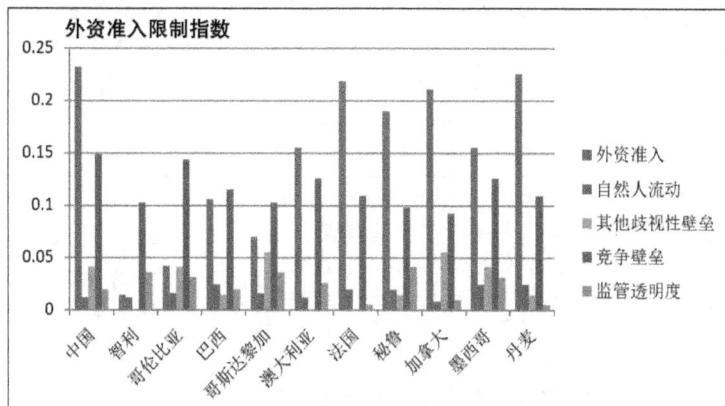

图 5　我国与服务贸易限制最低前十位国家对比

表 6　我国航空运输服务贸易存在的限制

限制类别	限制措施	所涉条例
外资准入	外资股权上限限制（33%—50%）（国际、国内货运、客运），在通用航空企业中，中国实体必须拥有多数股份，任何给定的外国公司及其子公司的股份不得超过25％。	《外商投资民用航空业规定》第6条、《指导外商投资方向规定》第5条
	外国投资者可以在公共控制公司（货运、客运）中购买的股份比例受到限制（25%）。	《外商投资民用航空业规定》第6条、《指导外商投资方向规定》第4条
	仅允许外资以合资合作企业的形式经营国际客运；外商以合作经营方式投资公共航空运输和从事公务飞行、空中游览的通用航空企业，必须取得中国法人资格。	《外商投资民用航空业规定》第4条
	董事会成员至少一人是本国居民。	《中华人民共和国公司法》
	2016年9月，第十二届全国人民代表大会常务委员会第二十二次会议审议通过《关于修改〈中华人民共和国外资企业法〉等四部法律的决定》，将不涉及国家规定实施准入特别管理措施的外商投资企业设立及变更，由审批改为备案管理。但涉及负面清单的服务贸易领域需由商务部审批，并考虑其对国民经济发展的经济效益。部分物流服务如船舶代理服务属于限制服务，须经商务部批准。	国家发展改革委　商务部公告2016年第22号
	外国投资者并购境内企业并取得实际控制权，涉及重点行业、存在影响或可能影响国家经济安全因素或者导致拥有驰名商标或中华老字号的境内企业实际控制权转移的，当事人应就此向商务部进行申报。当事人未予申报，但其并购行为对国家经济安全造成或可能造成重大影响的，商务部可以会同相关部门要求当事人终止交易或采取转让相关股权、资产或其他有效措施，以消除并购行为对国家经济安全的影响。	《关于外国投资者并购境内企业的规定》第12条
	外国投资者通过股权合并合并境内公司时，参与合并的境内外公司的股权应当满足下列条件：（1）股权由股东合法持有，可以依法转让；（2）股本不存在所有权，质押或其他财产产权纠纷的任何争议；（3）境外公司的股权应当在境外公开，合法的证券交易市场（不包括任何场外柜台交易）上市；（4）最近一年该海外公司股权的交易价格稳定。	《关于外国投资者并购境内企业的规定》第19条、《商务部实施外国投资者并购境内企业安全审查制度的规定》第3、4、5条

续表

限制类别	限制措施	所涉条例
外资准入	数据跨境流动限制和数据本地存储要求（关键信息基础设施的运营者在中华人民共和国境内运营中收集和产生的个人信息和重要数据应当在境内存储。因业务需要，确需向境外提供的，应当按照国家网信部门会同国务院有关部门制定的办法进行安全评估，并实行"一事一评估"。）	《中华人民共和国网络安全法》第37条、《全国人民代表大会常务委员会关于加强网络信息保护的决定》、《信息安全技术公共及商用服务信息系统个人信息保护指南》、《个人信息和重要数据出境安全评估办法》
自然人流动	用人单位决定用外国人担任的职位应为有特殊需要的职位，而本国候选人暂时不能担任这些职位。并且该职位是根据国家有关规定授权的。	《中华人民共和国劳动合同法》第66条、《外国人在中国就业管理规定》第6、7、8条、《劳务派遣暂行规定》第3、4条
其他歧视性措施	政府采购应当采购本国货物、工程和服务。	《中华人民共和国政府采购法》第10条
	采购法规未明确禁止歧视外国供应商、采购过程影响公平竞争。	《中华人民共和国政府采购法》
竞争壁垒	国家或地方政府控制该行业中的至少一家大型公司（机场、铁路、公路仓储设施）。	《国务院国有资产监督管理委员会：央企名录》
	提供服务的合同不是通过竞争性招标（机场、港口仓储和仓库）来授予。	《中华人民共和国海关对保税仓库及所存货物的管理规定》《民用机场管理条例》《港口经营管理规定》
	允许航空承运人从一个季节到下一个季节保留已经分配的时段；时段分配过程优先考虑历史时段，一旦分配了历史时段，则必须将剩余时段池的50%分配给新进入者；考虑到繁忙机场的预期延误，未允许航空承运人根据机场繁情况忙安排航班时间；未按竞价高低分配时段（国际、国内货运、客运）；不允许航空承运人进行商业性交换。	《民航航班时刻管理办法》第11、14、17、32条、《关于印发外航航班时刻申办工作程序的通知》第3、6条
	国内航线价格管制（公共航空运输企业的营业收费项目，由国务院民用航空主管部门确定。国内航空运输的运价管理办法，由国务院民用航空主管部门会同国务院物价主管部门制定，报国务院批准后执行。国际航空运输运价的制定按照中华人民共和国政府与外国政府签订的协定、协议的规定执行；没有协定、协议的，参照国际航空运输市场价格确定）。	《中华人民共和国民用航空法》第97条

限制类别	限制措施	所涉条例
监管透明度	签证期限少于三个月、临时入境/过境可享受抵港签证或免签证（机组人员、卡车司机 C 签证）	《中华人民共和国外国人入境出境管理条例》第 6、36 条
	公司注册所需程序超过 9 天	世行营商环境相关指标
	通关时间超过 1 天	世行营商环境相关指标

资料来源：OECD Services Trade Restrictiveness Index Simulator

（6）公路运输

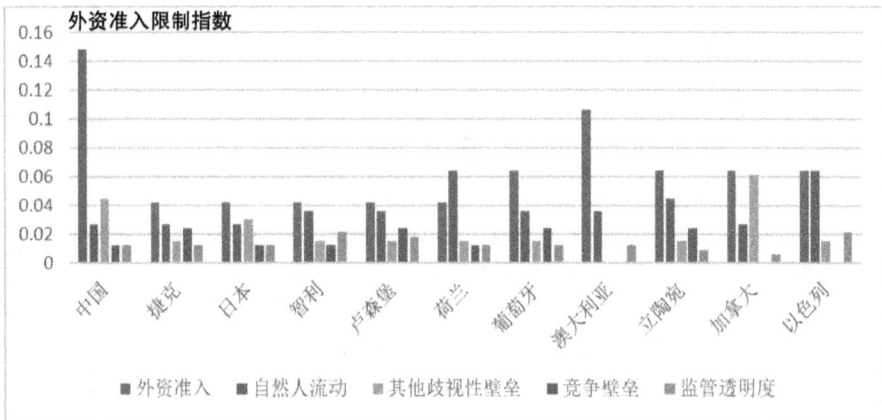

图 6   我国与服务贸易限制最低前十位国家对比

表 7   我国公路运输服务贸易存在的限制

竞争壁垒	限制措施	所涉条例
外资准入	外国投资者并购境内企业并取得实际控制权，涉及重点行业、存在影响或可能影响国家经济安全因素或者导致拥有驰名商标或中华老字号的境内企业实际控制权转移的，当事人应就此向商务部进行申报。当事人未予申报，但其并购行为对国家经济安全造成或可能造成重大影响的，商务部可以会同相关部门要求当事人终止交易或采取转让相关股权、资产或其他有效措施，以消除并购行为对国家经济安全的影响。	《关于外国投资者并购境内企业的规定》第 12 条

竞争壁垒	限制措施	所涉条例
外资准入	外国投资者通过股权合并合并境内公司时，参与合并的境内外公司的股权应当满足下列条件：（1）股权由股东合法持有，可以依法转让；（2）股本不存在所有权，质押或其他财产产权纠纷的任何争议；（3）境外公司的股权应当在境外公开，合法的证券交易市场（不包括任何场外柜台交易）上市；（4）最近一年该海外公司股权的交易价格稳定。	《关于外国投资者并购境内企业的规定》第 19 条、《商务部实施外国投资者并购境内企业安全审查制度的规定》第 3、4、5 条
	数据跨境流动限制和数据本地存储要求（关键信息基础设施的运营者在中华人民共和国境内运营中收集和产生的个人信息和重要数据应当在境内存储。因业务需要，确需向境外提供的，应当按照国家网信部门会同国务院有关部门制定的办法进行安全评估，并实行"一事一评估"）。	《中华人民共和国网络安全法》第 37 条、《全国人民代表大会常务委员会关于加强网络信息保护的决定》《信息安全技术公共及商用服务信息系统个人信息保护指南》《个人信息和重要数据出境安全评估办法》
自然人流动	用人单位决定用外国人担任的职位应为有特殊需要的职位，而本国候选人暂时不能担任这些职位。并且该职位是根据国家有关规定授权的。	《中华人民共和国劳动合同法》第 66 条、《外国人在中国就业管理规定》第 6、7、8 条、《劳务派遣暂行规定》第 3、4 条
其他歧视性措施	政府采购应当采购本国货物、工程和服务。	《中华人民共和国政府采购法》第 10 条
	未要求监管机构在制定新的国内标准之前要考虑可比的国际标准和规则，进入我国境内从事国际道路运输的外国运输车辆，应当符合我国有关运输车辆外廓尺寸、轴荷以及载质量的规定。	《国际道路运输管理规定》第 21 条
竞争壁垒	国家或地方政府控制该行业中的至少一家大型公司（机场、铁路、公路仓储设施）。	《国务院国有资产监督管理委员会：央企名录》
监管透明度	签证期限少于三个月、临时入境 / 过境可享受抵港签证或免签证（机组人员、卡车司机 C 签证）。	《中华人民共和国外国人入境出境管理条例》第 6、36 条
	公司注册所需程序超过 9 天。	世行营商环境相关指标
	通关时间超过 1 天。	世行营商环境相关指标

资料来源：OECD Services Trade Restrictiveness Index Simulator

（7）邮政快递

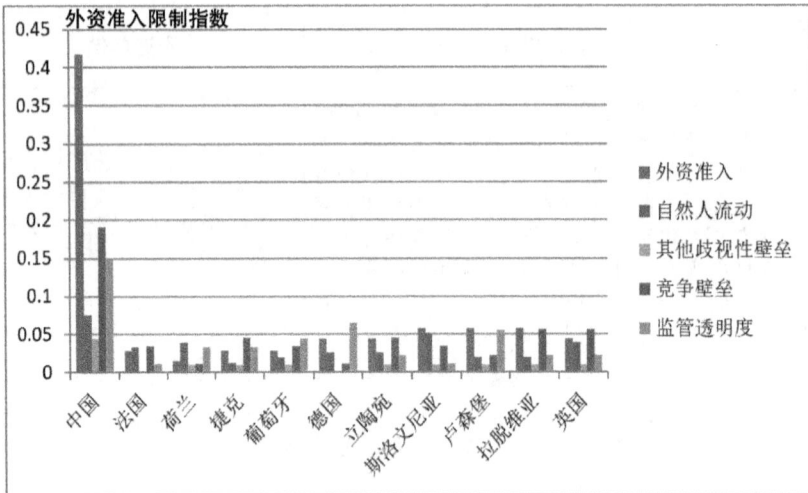

图7：我国与服务贸易限制最低前十位国家对比

表8：我国邮政快递服务贸易存在的限制

限制类别	限制措施	所涉条例
外资准入	外商不得投资经营信件的国内快递业务。禁止投资邮政公司、信件的国内快递业务。国务院规定范围内的信件寄递业务，由邮政企业专营。	《中华人民共和国邮政法》第5、51条、《外商准入特别管理措施》2020年版
	外商投资公共邮政企业有股权限制。	《快递业务经营许可管理办法》第10条
	董事会成员要求，多数董事会成员或至少一名董事会成员需为中国国籍、本国公民高级管理人员国籍要求。	《中华人民共和国公司法》
	外国投资者并购境内企业并取得实际控制权，涉及重点行业、存在影响或可能影响国家经济安全因素或者导致拥有驰名商标或中华老字号的境内企业实际控制权转移的，当事人应就此向商务部进行申报。当事人未予申报，但其并购行为对国家经济安全造成或可能造成重大影响的，商务部可以会同相关部门要求当事人终止交易或采取转让相关股权、资产或其他有效措施，以消除并购行为对国家经济安全的影响。	《关于外国投资者并购境内企业的规定》第12条
	外商投资需经国务院有关部门批准，对外国投资者所持股份或债券类型的限制。	外资准入负面清单

限制 类别	限制措施	所涉条例
外资 准入	外国投资者通过股权合并合并境内公司时，参与合并的境内外公司的股权应当满足下列条件：（1）股权由股东合法持有，可以依法转让；（2）股本不存在所有权，质押或其他财产权纠纷的任何争议；（3）境外公司的股权应当在境外公开，合法的证券交易市场（不包括任何场外柜台交易）上市；（4）最近一年该海外公司股权的交易价格稳定。	《关于外国投资者并购境内企业的规定》第19条、《商务部实施外国投资者并购境内企业安全审查制度的规定》第3、4、5条
	快递公司可用的许可证数量有限	《中华人民共和国邮政法》
	申请快递业务经营许可，应当具备下列条件： （一）符合企业法人条件； （二）在省、自治区、直辖市范围内经营的，注册资本不低于人民币五十万元，跨省、自治区、直辖市经营的，注册资本不低于人民币一百万元，经营国际快递业务的，注册资本不低于人民币二百万元； （三）有与申请经营的地域范围相适应的服务能力； （四）有严格的服务质量管理制度和完备的业务操作规范； （五）有健全的安全保障制度和措施； （六）法律、行政法规规定的其他条件。	《中华人民共和国邮政法》第52条、《快递业务经营许可管理办法》第6、7、8条
	数据跨境流动限制和数据本地存储要求（关键信息基础设施的运营者在中华人民共和国境内运营中收集和产生的个人信息和重要数据应当在境内存储。因业务需要，确需向境外提供的，应当按照国家网信部门会同国务院有关部门制定的办法进行安全评估，并实行"一事一评估"）。	《中华人民共和国网络安全法》第37条、《全国人民代表大会常务委员会关于加强网络信息保护的决定》、《信息安全技术公共及商用服务信息系统个人信息保护指南》、《个人信息和重要数据出境安全评估办法》
自然 人流 动	用人单位决定用外国人担任的职位应为有特殊需要的职位，而本国候选人暂时不能担任这些职位。并且该职位是根据国家有关规定授权的。	《中华人民共和国劳动合同法》第66条、《外国人在中国就业管理规定》第6、7、8条、《劳务派遣暂行规定》第3、4条
	外国人在中国就业应具有从事其工作所必需的专业技能和相应的工作经历以及满足其他要求；劳务派遣用工不得超过其用工总量的一定比例，用工单位只能在临时性、辅助性或者替代性的工作岗位上使用被派遣劳动者。	《外国人在中国就业管理规定》第7、8条，《中华人民共和国劳动合同法》第66条，《劳务派遣暂行规定》第3、4条

续表

限制类别	限制措施	所涉条例
自然人流动	外国人工作证有效期不超过五年。	《中华人民共和国劳动合同法》第18条,《中华人民共和国出境入境管理办法》第30条
	对在外国取得的业务资质的认证没有相应的法律规定。	《中华人民共和国邮政法》第7条,《快递业务员国家职业技能标准》
竞争壁垒	国家或地方政府控制该行业中的至少一家大型公司。	《国务院国有资产监督管理委员会:央企名录》
	最低注册资本要求(在省、自治区、直辖市范围内经营的,注册资本不低于人民币五十万元,跨省、自治区、直辖市经营的,注册资本不低于人民币一百万元,经营国际快递业务的,注册资本不低于人民币二百万元)。	《中华人民共和国邮政法》第52条,《快递业务经营许可管理办法》第6条
	国务院邮政管理部门负责对全国的邮政普遍服务和邮政市场实施监督管理。 省、自治区、直辖市邮政管理机构负责对本行政区域的邮政普遍服务和邮政市场实施监督管理。 按照国务院规定设立的省级以下邮政管理机构负责对本辖区的邮政普遍服务和邮政市场实施监督管理。	《中华人民共和国邮政法》第4条
	国家对邮政企业提供邮政普遍服务、特殊服务给予补贴,并加强对补贴资金使用的监督。	《中华人民共和国邮政法》第16条
	带有邮政专用标志的车船进出港口、通过渡口时,应当优先放行。 带有邮政专用标志的车辆运递邮件,确需通过公安机关交通管理部门划定的禁行路段或者确需在禁止停车的地点停车的,经公安机关交通管理部门同意,在确保安全的前提下,可以通行或者停车。 邮政企业不得利用带有邮政专用标志的车船从事邮件运递以外的经营性活动,不得以出租等方式允许其他单位或者个人使用带有邮政专用标志的车船。	《中华人民共和国邮政法》第28条
	邮政企业的邮政普遍服务业务与竞争性业务应当分业经营。	《中华人民共和国邮政法》第18条

续表

限制类别	限制措施	所涉条例
	会计信息公开	《中华人民共和国会计法》
	未以无歧视的方式授予对邮政网络的访问权限	《中华人民共和国邮政法》
监管透明度	完成注册公司所需的所有正式程序的总成本	世行营商环境相关指标
	公司注册所需程序超过9天，注册公司程序数量少于5条	世行营商环境相关指标
	快递业务许可的申请	《中华人民共和国邮政法》第52、53条
	通关时间超过1天	世行营商环境相关指标
	进口关税有最低起征点	《中华人民共和国海关进出口货物征税管理办法》第21条

资料来源：OECD Services Trade Restrictiveness Index Simulator

（8）批发零售

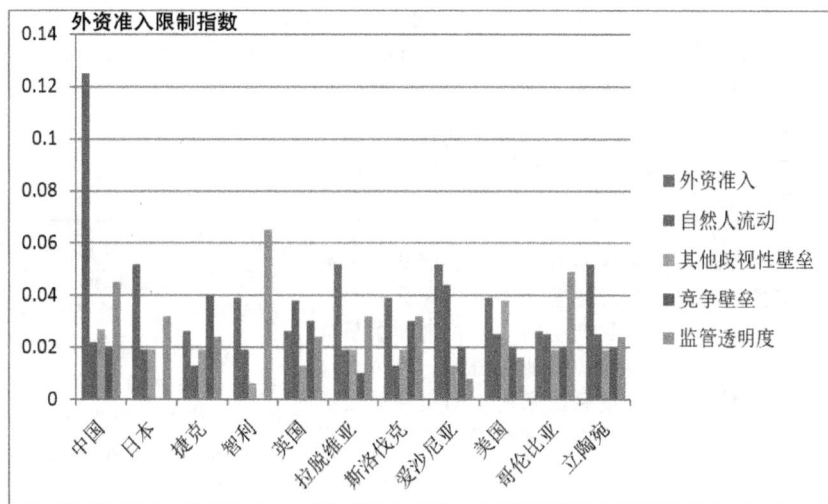

图8　我国与服务贸易限制最低前十位国家对比

表 9　我国批发零售服务贸易存在的限制

限制类别	限制措施	所涉条例
外资准入	国家建立外商投资安全审查制度，对影响或者可能影响国家安全的外商投资进行安全审查。依法做出的安全审查决定为最终决定。	《中华人民共和国外商投资法》第 35 条
	外国投资者通过股权合并合并境内公司时，参与合并的境内外公司的股权应当满足下列条件：（1）股权由股东合法持有，可以依法转让；（2）股本不存在所有权，质押或其他财产产权纠纷的任何争议；（3）境外公司的股权应当在境外公开，合法的证券交易市场（不包括任何场外柜台交易）上市；（4）最近一年该海外公司股权的交易价格稳定。	《关于外国投资者并购境内企业的规定》第 19 条、《商务部实施外国投资者并购境内企业安全审查制度的规定》第 3、4、5 条
	特许人从事特许经营活动应当拥有至少 2 个直营店，并且经营时间超过 1 年。	《商业特许经营管理条例》第 7 条
	外国投资者并购境内企业并取得实际控制权，涉及重点行业、存在影响或可能影响国家经济安全因素或者导致拥有驰名商标或中华老字号的境内企业实际控制权转移的，当事人应就此向商务部进行申报。当事人未予申报，但其并购行为对国家经济安全造成或可能造成重大影响的，商务部可以会同相关部门要求当事人终止交易或采取转让相关股权、资产或其他有效措施，以消除并购行为对国家经济安全的影响。	《关于外国投资者并购境内企业的规定》第 12 条
	数据跨境流动限制和数据本地存储要求（关键信息基础设施的运营者在中华人民共和国境内运营中收集和产生的个人信息和重要数据应当在境内存储。因业务需要，确需向境外提供的，应当按照国家网信部门会同国务院有关部门制定的办法进行安全评估，并实行"一事一评估"）。	《中华人民共和国网络安全法》第 37 条、《全国人民代表大会常务委员会关于加强网络信息保护的决定》、《信息安全技术公共及商用服务信息系统个人信息保护指南》、《个人信息和重要数据出境安全评估办法》
自然人流动	用人单位决定用外国人担任的职位应为有特殊需要的职位，而本国候选人暂时不能担任这些职位。并且该职位是根据国家有关规定授权的。	《中华人民共和国劳动合同法》第 66 条、《外国人在中国就业管理规定》第 6、7、8 条、《劳务派遣暂行规定》第 3、4 条

限制类别	限制措施	所涉条例
自然人流动	外国人在中国就业应具有从事其工作所必需的专业技能和相应的工作经历以及满足其他要求；劳务派遣用工不得超过其用工总量的一定比例，用工单位只能在临时性、辅助性或者替代性的工作岗位上使用被派遣劳动者。	《外国人在中国就业管理规定》第7、8条,《中华人民共和国劳动合同法》第66条,《劳务派遣暂行规定》第3、4条
其他歧视性措施	外国人或者外国企业在中国申请商标注册的,应当按其所属国和中华人民共和国签订的协议或者共同参加的国际条约办理,或者按对等原则办理。	《中华人民共和国商标法》第17条、《中华人民共和国商标法实施条例》第5条
竞争壁垒	国家或地方政府控制该行业中的至少一家大型公司	《国务院国有资产监督管理委员会：央企名录》
监管透明度	取得施工许可所需成本超过仓库价值的0.7%	世行营商环境相关指标
	取得施工许可证所需程序超过11个	世行营商环境相关指标
	取得施工许可所需的天数超过103.5天	世行营商环境相关指标
	通关时间超过1天	世行营商环境相关指标
	进口关税有最低起征点	《中华人民共和国海关进出口货物征税管理办法》第21条

资料来源：OECD Services Trade Restrictiveness Index Simulator

（二）基建服务业服务贸易限制比较

1. 基建服务业外资面临的主要限制

我国在工程咨询服务领域服务贸易限制主要体现在外资准入环节，如一些领域存在特殊资质要求，如总工程师要有当地执照或技术资格，普遍存在中外合作要求。但在自然人流动、其他歧视性政策、竞争壁垒、监管透明度领域的限制与其他前十位服务贸易限制指数最低的国家基本持平甚至更低。说明该领域未来外资准入环节还需持续改进。

2. 各行业服务贸易限制情况与服务贸易限制最低前十位国家的对比以及具体限制政策内容

（1）工程咨询服务

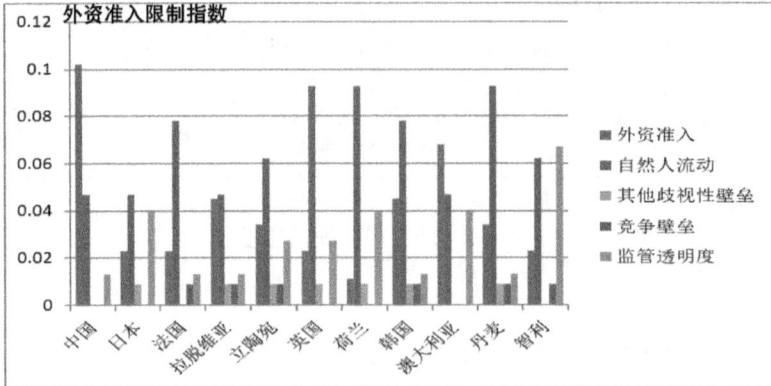

图 9　我国与服务贸易限制最低前十位国家对比

表 10　我国工程咨询服务贸易存在的限制

限制类别	限制措施	所涉条例
外资准入	国家建立外商投资安全审查制度，对影响或者可能影响国家安全的外商投资进行安全审查。依法做出的安全审查决定为最终决定。	《中华人民共和国外商投资法》第 35 条
	外国投资者通过股权合并合并境内公司时，参与合并的境内外公司的股权应当满足下列条件：（1）股权由股东合法持有，可以依法转让；（2）股本不存在所有权，质押或其他财产权纠纷的任何争议；（3）境外公司的股权应当在境外公开，合法的证券交易市场（不包括任何场外柜台交易）上市；（4）最近一年该海外公司股权的交易价格稳定。	《关于外国投资者并购境内企业的规定》第 19 条、《商务部实施外国投资者并购境内企业安全审查制度的规定》第 3、4、5 条
	要求总工程师具有当地执照或技术资格。	《工程设计资质标准》
	外国企业承担中华人民共和国境内建设工程设计，必须选择至少一家持有建设行政主管部门颁发的建设工程设计资质的中方设计企业进行中外合作设计，且在所选择的中方设计企业资质许可的范围内承接设计业务。	《关于外国企业在中华人民共和国境内从事建设工程设计活动的管理暂行规定》第 2—6 条

续表

限制类别	限制措施	所涉条例
外资准入	数据跨境流动限制和数据本地存储要求（关键信息基础设施的运营者在中华人民共和国境内运营中收集和产生的个人信息和重要数据应当在境内存储。因业务需要，确需向境外提供的，应当按照国家网信部门会同国务院有关部门制定的办法进行安全评估，并实行"一事一评估"。	《中华人民共和国网络安全法》第37条、《全国人民代表大会常务委员会关于加强网络信息保护的决定》、《信息安全技术公共及商用服务信息系统个人信息保护指南》、《个人信息和重要数据出境安全评估办法》
自然人流动	用人单位决定用外国人担任的职位应为有特殊需要的职位，而本国候选人暂时不能担任这些职位。并且该职位是根据国家有关规定授权的。	《中华人民共和国劳动合同法》第66条、《外国人在中国就业管理规定》第6、7、8条、《劳务派遣暂行规定》第3、4条
	外国人在中国就业应具有从事其工作所必需的专业技能和相应的工作经历以及满足其他要求；劳务派遣用工不得超过其用工总量的一定比例，用工单位只能在临时性、辅助性或者替代性的工作岗位上使用被派遣劳动者。	《外国人在中国就业管理规定》第7、8条，《中华人民共和国劳动合同法》第66条，《劳务派遣暂行规定》第3、4条
监管透明度	完成所有强制性程序以注册公司的工作日数超过9天	世行营商环境相关指标
	取得施工许可证所需程序超过11个	世行营商环境相关指标
	取得施工许可所需的天数超过103.5天	世行营商环境相关指标

资料来源：OECD Services Trade Restrictiveness Index Simulator

（2）建筑

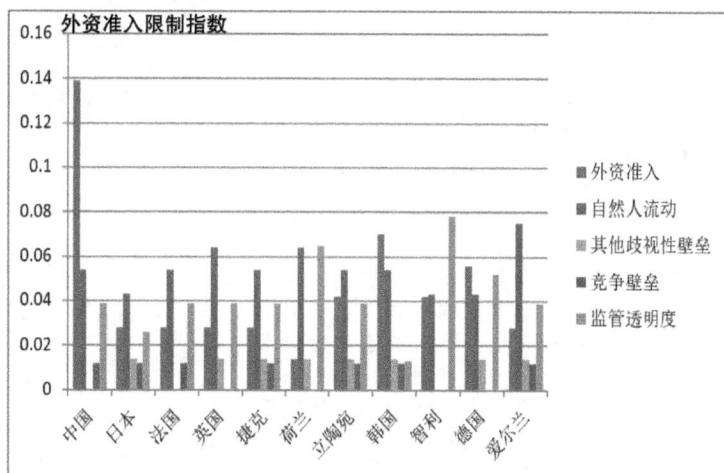

图10　我国与服务贸易限制最低前十位国家对比

表 11　我国建筑服务贸易存在的限制

限制类别	限制措施	所涉条例
外资准入	国家建立外商投资安全审查制度，对影响或者可能影响国家安全的外商投资进行安全审查。依法做出的安全审查决定为最终决定。	《中华人民共和国外商投资法》第 35 条
	外国投资者通过股权合并合并境内公司时，参与合并的境内外公司的股权应当满足下列条件：（1）股权由股东合法持有，可以依法转让；（2）股本不存在所有权，质押或其他财产产权纠纷的任何争议；（3）境外公司的股权应当在境外公开，合法的证券交易市场（不包括任何场外柜台交易）上市；（4）最近一年该海外公司股权的交易价格稳定。	《关于外国投资者并购境内企业的规定》第 19 条、《商务部实施外国投资者并购境内企业安全审查制度的规定》第 3、4、5 条
	建筑业企业资质证书不颁发给外国企业以及外国企业和其他经济组织在中国境内设立的分支机构。	《建设部关于外商投资建筑业企业管理规定中有关资质管理的实施办法》第 1 条、《外商投资建筑业企业管理规定》第 2 条
	在 2003 年 10 月 1 日以后，资质管理部门不再受理外国企业在中国境内承包工程的资质申请，不再办理资质延期以及扩大工程承包地域的审批。	《建设部关于外商投资建筑业企业管理规定中有关资质管理的实施办法》第 8 条
	外商独资的建筑施工企业只能承接四种类型的建设项目：（一）全部由外资或赠款出资的建设项目；（二）国际金融组织资助的建设项目；（三）外商投资额在 50% 以上的中外合资建设项目；中外合资建设项目，外方投资不足 50%，但中国建筑企业因技术困难，经有关设行政管理部门批准，不能独立承担的；（四）中国建筑企业因技术困难不能独立承担的中资建设项目。这些项目可以由中外建筑企业共同承担，但须经有关建设行政管理部门批准。	《外商投资建筑业企业管理规定》第 15 条、《建设部关于外商投资建筑业企业管理规定中有关资质管理的实施办法》第 4 条
	数据跨境流动限制和数据本地存储要求（关键信息基础设施的运营者在中华人民共和国境内运营中收集和产生的个人信息和重要数据应当在境内存储。因业务需要，确需向外提供的，应当按照国家网信部门会同国务院有关部门制定的办法进行安全评估，并实行"一事一评估"）。	《中华人民共和国网络安全法》第 37 条、《全国人民代表大会常务委员会关于加强网络信息保护的决定》、《信息安全技术公共及商用服务信息系统个人信息保护指南》、《个人信息和重要数据出境安全评估办法》

限制类别	限制措施	所涉条例
自然人流动	用人单位决定用外国人担任的职位应为有特殊需要的职位，而本国候选人暂时不能担任这些职位。并且该职位是根据国家有关规定授权的。	《中华人民共和国劳动合同法》第66条、《外国人在中国就业管理规定》第6、7、8条、《劳务派遣暂行规定》第3、4条
	外国人在中国就业应具有从事其工作所必需的专业技能和相应的工作经历以及满足其他要求；劳务派遣用工不得超过其用工总量的一定比例，用工单位只能在临时性、辅助性或者替代性的工作岗位上使用被派遣劳动者。	《外国人在中国就业管理规定》第7、8条，《中华人民共和国劳动合同法》第66条，《劳务派遣暂行规定》第3、4条
	未取得注册证书和执业印章的，不得担任大中型建设工程项目的施工单位项目负责人，不得以注册建造师的名义从事相关活动。如果外国工程师想成为注册建筑商，需参加国家考试。外商投资建筑业企业中的外国服务提供者需满足工作经历、技术职称等方面的条件。	《注册建造师管理规定》第3条、《建设部关于外商投资建筑业企业管理规定中有关资质管理的实施办法》第4条
	从事建筑活动的建筑施工企业、勘察单位、设计单位和工程监理单位，应当具备下列条件： （一）有符合国家规定的注册资本； （二）有与其从事的建筑活动相适应的具有法定执业资格的专业技术人员； （三）有从事相关建筑活动所应有的技术装备； （四）法律、行政法规规定的其他条件。	《建筑业企业资质标准》《中华人民共和国建筑法》第12条
竞争壁垒	国家或地方政府控制该行业中的至少一家大型公司	《国务院国有资产监督管理委员会：央企名录》
监管透明度	取得施工许可所需成本超过仓库价值的0.7%	世行营商环境相关指标
	取得施工许可证所需程序超过11个	世行营商环境相关指标
	取得施工许可所需的天数超过103.5天	《中华人民共和国邮政法》第52、53条

资料来源：OECD Services Trade Restrictiveness Index Simulator

（3）建筑设计

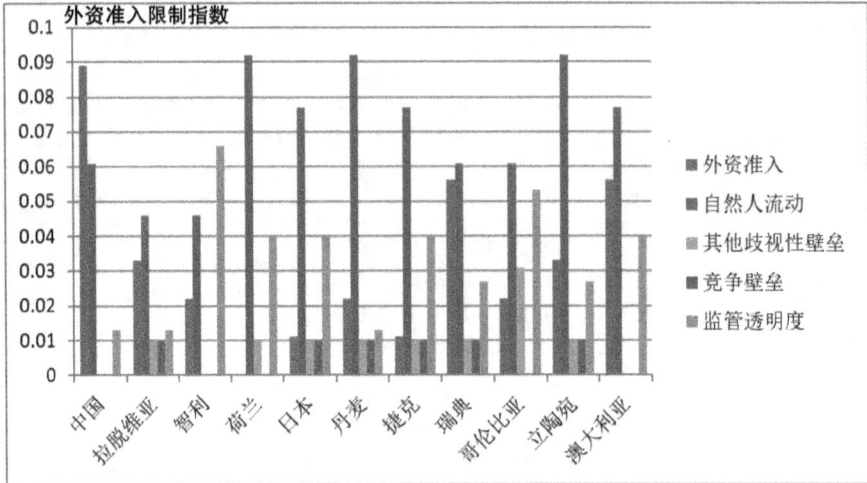

图 11   我国与服务贸易限制最低前十位国家对比

表 12   我国建筑设计服务贸易存在的限制

限制类别	限制措施	所涉条例
外资准入	国家建立外商投资安全审查制度，对影响或者可能影响国家安全的外商投资进行安全审查。依法作出的安全审查决定为最终决定。	《中华人民共和国外商投资法》第 35 条
	资质审批部门不受理外商投资企业（含新成立、改制、重组、合并、并购等）申请建设工程勘察资质。在中华人民共和国境内设立外商投资建设工程设计企业，申请建设工程设计企业资质，实施对外商投资建设工程设计企业监督管理，适用本规定。	《建设工程勘察设计资质管理规定实施意见》第 1 条、《建设工程勘察设计资质管理规定》、《外商投资建设工程设计企业管理规定》第 2 条
	首席技术官具有当地许可或技术资格。	《工程设计资质标准》
	外国投资者通过股权合并合并境内公司时，参与合并的境内外公司的股权应当满足下列条件：（1）股权由股东合法持有，可以依法转让；（2）股本不存在所有权，质押或其他财产产权纠纷的任何争议；（3）境外公司的股权应当在境外公开，合法的证券交易市场（不包括任何场外柜台交易）上市；（4）最近一年该海外公司股权的交易价格稳定。	《关于外国投资者并购境内企业的规定》第 19 条、《商务部实施外国投资者并购境内企业安全审查制度的规定》第 3、4、5 条

限制类别	限制措施	所涉条例
外资准入	数据跨境流动限制和数据本地存储要求（关键信息基础设施的运营者在中华人民共和国境内运营中收集和产生的个人信息和重要数据应当在境内存储。因业务需要，确需向境外提供的，应当按照国家网信部门会同国务院有关部门制定的办法进行安全评估，并实行"一事一评估"）。	《中华人民共和国网络安全法》第37条、《全国人民代表大会常务委员会关于加强网络信息保护的决定》、《信息安全技术公共及商用服务信息系统个人信息保护指南》、《个人信息和重要数据出境安全评估办法》
自然人流动	用人单位决定用外国人担任的职位应为有特殊需要的职位，而本国候选人暂时不能担任这些职位。并且该职位是根据国家有关规定授权的。	《中华人民共和国劳动合同法》第66条、《外国人在中国就业管理规定》第6、7、8条、《劳务派遣暂行规定》第3、4条
自然人流动	外国人在中国就业应具有从事其工作所必需的专业技能和相应的工作经历以及满足其他要求；劳务派遣用工不得超过其用工总量的一定比例，用工单位只能在临时性、辅助性或者替代性的工作岗位上使用被派遣劳动者。	《外国人在中国就业管理规定》第7、8条，《中华人民共和国劳动合同法》第66条，《劳务派遣暂行规定》第3、4条
自然人流动	如果外国工程师想成为注册建筑师，需参加国家考试。外商投资建筑业企业中的外国服务提供者需满足工作经历、技术职称等方面的条件。外国投资者在中华人民共和国境内设立外商投资建设工程设计企业，并从事建设工程设计活动，应当依法取得建设工程设计企业资质证书。	《注册建筑师管理规定》第3条、《外商投资建设工程设计企业管理规定》
监管透明度	完成所有强制性程序以注册公司的工作日数超过9天。	世行营商环境相关指标

资料来源：OECD Services Trade Restrictiveness Index Simulator

（三）市场连接和支持服务业

1.市场连接和支持服务业外资面临的主要限制

外资准入、自然人流动、竞争壁垒、其他歧视性政策是该类行业中外资面临的主要限制。外资准入程度普遍不高，主要表现在股比要求、业务限制等与外资投资行为直接相关的限制，甚至部分行业存在对董事会成员的国籍要求或者注册资本要求。该类行业的另一大主要限制体现在专人员执业资格要求，外籍专业人员资质无法得到承认，由于这类行业对专业人才的依赖程度较高，执业资格方面的限制在很大程度上等同于直接在准入环节关闭了外资进入的大门。

2. 各行业服务贸易限制情况与服务贸易限制最低前十位国家的对比以及具体限制政策内容

（1）会计

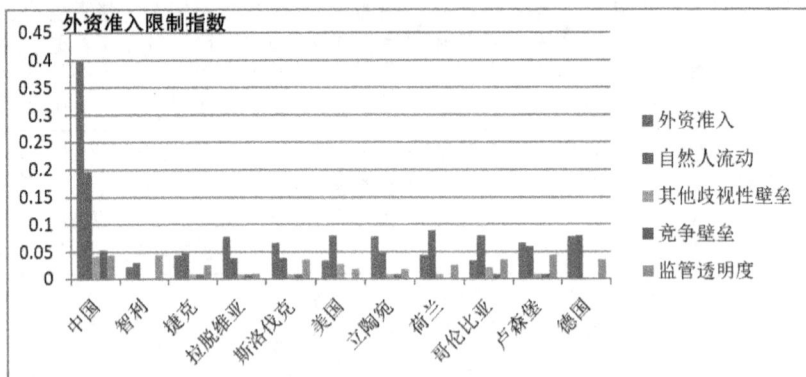

图12　我国与服务贸易限制最低前十位国家对比

表13　我国会计行业服务贸易存在的限制

限制类别	限制措施	所涉条例
外资准入	董事会成员国籍要求，至少有五个合伙人必须是注册会计师，但是法律没有规定多数。注册会计师也要执行审计。	《中华人民共和国注册会计师法》、《会计师事务所执业许可和监督管理办法》第8、9、10、11、12条
	会计师事务所的所有合伙人和股东必须是注册会计师（会计师事务所也可以提供审计服务），仅规定了以合伙制或有限责任会计师事务所形式设立的会计师事务所。建立会计师事务所为有限责任法人。禁止会计师或审计师与其他专业人员之间进行商业协会活动。	《中华人民共和国注册会计师法》第2、3、23、24条；《会计师事务所执业许可和监督管理办法》第8、9、10、11、12条
	外国投资者通过股权合并合并境内公司时，参与合并的境内外公司的股权应当满足下列条件：（1）股权由股东合法持有，可以依法转让；（2）股本不存在所有权，质押或其他财产产权纠纷的任何争议；（3）境外公司的股权应当在境外公开，合法的证券交易市场（不包括任何场外柜台交易）上市；（4）最近一年该海外公司股权的交易价格稳定。	《关于外国投资者并购境内企业的规定》第19条《商务部实施外国投资者并购境内企业安全审查制度的规定》第3、4、5条

续表

限制 类别	限制措施	所涉条例
外资 准入	限制外国人获取和使用土地和房地产。	《中华人民共和国土地管理法》第2条
	商业存在要求。	《中华人民共和国注册会计师法》第27、3、25条；《会计师事务所执业许可和监督管理办法》第8-12条；《会计师事务所审批和监督暂行办法》第6、7、8、9条
	对外国投资者所持股份或债券类型的限制，后续资本和投资转移的条件。	《中华人民共和国外商投资法实施条例》第22、33—37条
	国家建立外商投资安全审查制度，对影响或者可能影响国家安全的外商投资进行安全审查。依法做出的安全审查决定为最终决定。	《中华人民共和国外商投资法》第35条
	数据跨境流动限制和数据本地存储要求（关键信息基础设施的运营者在中华人民共和国境内运营中收集和产生的个人信息和重要数据应当在境内存储。因业务需要，确需向境外提供的，应当按照国家网信部门会同国务院有关部门制定的办法进行安全评估，并实行"一事一评估"）。	《中华人民共和国网络安全法》第37条、《全国人民代表大会常务委员会关于加强网络信息保护的决定》、《信息安全技术公共及商用服务信息系统个人信息保护指南》、《个人信息和重要数据出境安全评估办法》
自然 人流 动	用人单位决定用外国人担任的职位应为有特殊需要的职位，而本国候选人暂时不能担任这些职位。并且该职位是根据国家有关规定授权的。	《中华人民共和国劳动合同法》第66条、《外国人在中国就业管理规定》第6、7、8条、《劳务派遣暂行规定》第3、4条
	外国人在中国就业应具有从事其工作所必需的专业技能和相应的工作经历以及满足其他要求；劳务派遣用工不得超过其用工总量的一定比例，用工单位只能在临时性、辅助性或者替代性的工作岗位上使用被派遣劳动者。	《外国人在中国就业管理规定》第7、8条，《中华人民共和国劳动合同法》第66条，《劳务派遣暂行规定》第3、4条
	外国人工作证有效期不超过五年。	《中华人民共和国出入境管理法》第30条；《中华人民共和国劳动合同法》第18条
	执业许可证（会计）所需的国籍或公民身份，仅出于对等的理由，外国人才被认为符合参加CPA考试的资格。 执业许可证（会计）需要事先或永久居留权法律或法规建立了承认在国外获得的资格（会计）的程序，外国人需要通过考试取得执业资格，只要该教育机构得到中华人民共和国教育行政部门的认可，就可以承认外国学历。	《中华人民共和国注册会计师法》第7、8、44条；《香港特别行政区、澳门特别行政区、台湾地区居民及外国人参加注册会计师全国统一考试办法》第2、3条

续表

限制类别	限制措施	所涉条例
自然人流动	只有中国公民才能以注册专业会计师（CPA）的身份提供会计和审计服务。除非外国人以对等的理由给予中国公民同等的待遇，否则外国人不能获得注册会计师的资格。外国专业人员必须在当地实习至少一年（会计）；外国服务提供者必须完全重修本国的大学学位，通过实习和考试。	《中华人民共和国注册会计师法》第7、8、44条；《香港特别行政区、澳门特别行政区、台湾地区居民及外国人参加注册会计师全国统一考试办法》第2、3条
其他歧视性措施	在税收优惠和补贴方面有歧视性措施。	《中华人民共和国企业所得税法》第2、3、4条
	政府采购应当采购本国货物、工程和服务。	《中华人民共和国政府采购法》第10条；《外商投资法》第16条
	审计方面与国际标准不同。	《中华人民共和国标准化法》第8条
竞争壁垒	监管机构的决定可以上诉。	《中华人民共和国民事诉讼法》第5条；《中华人民共和国行政复议法》第2、5、41条
	当商业行为限制了给定市场的竞争时，企业可以采取补救措施。	《中华人民共和国反垄断法》第38条；《中华人民共和国反不正当竞争法》第17条
	允许不同省份的政府建议为审计服务设置费用。	财政部关于进一步落实《会计师事务所服务收费管理办法》的通知；委托会计师事务所审计招标规范
	业务限制，注册会计师（CPA）不得宣传其资格以招揽业务，只有CPA可以提供审核服务。	《中华人民共和国注册会计师法》第22条
	最低注册资本要求。	《公司法》第26、80条
监管透明度	完成所有强制性程序以注册公司的工作日数超过9天。	世行营商环境相关指标
	有足够的公众意见征询程序可供包括外国供应商在内的有关人士使用。	《中华人民共和国立法法》第37、38条
	完成注册公司所需的所有正式程序的总成本。	世行营商环境相关指标
	注册公司程序数量少于5条。	世行营商环境相关指标

资料来源：OECD Services Trade Restrictiveness Index Simulator

（2）商业银行

准入环节仍是商业银行领域外资面临的最大障碍。

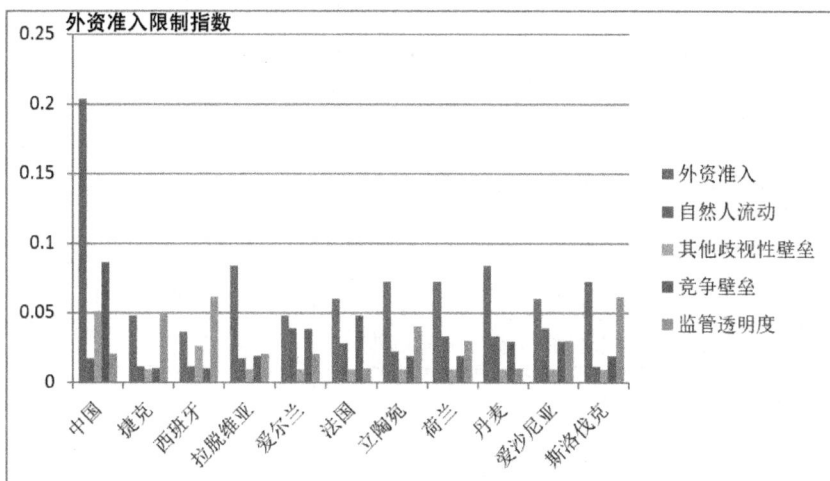

图 13　我国与服务贸易限制最低前十位国家对比

表 14　我国商业银行业服务贸易存在的限制

限制类别	限制措施	所涉条例
外资准入	所有分支机构投入的营运资金总额不超过银行总资本的60%。	《中国银监会外资银行行政许可事项实施办法》第40条
	国家建立外商投资安全审查制度，对影响或者可能影响国家安全的外商投资进行安全审查。依法做出的安全审查决定为最终决定。	《中华人民共和国外商投资法》第35条
	商务部必须批准外商投资企业进行的投资时应考虑投资对中国国民经济发展的"显著经济利益"。	《中华人民共和国外商投资法》
	外国投资者通过股权合并合并境内公司时，参与合并的境内外公司的股权应当满足下列条件：（1）股权由股东合法持有，可以依法转让；（2）股本不存在所有权，质押或其他财产权纠纷的任何争议；（3）境外公司的股权应当在境外公开，合法的证券交易市场（不包括任何场外柜台交易）上市；（4）最近一年该海外公司股权的交易价格稳定。	《关于外国投资者并购境内企业的规定》第19条、《商务部实施外国投资者并购境内企业安全审查制度的规定》第3、4、5条

续表

限制类别	限制措施	所涉条例
外资准入	外国公司获得许可证的标准更加严格：拟组建的外资银行或中外合资银行应符合下列条件：（1）具有符合公司章程的规定；（2）注册资本为实缴资本，最低限额为十亿元人民币或等值的自由兑换货币；（3）有具备任职资格的董事，高级管理人员和熟悉银行业务的合格人员；（4）组织机构健全，管理制度健全；（5）拥有营业场所，安全保护措施以及与其运营相称的其他设施；（6）建立了与其运营相称的信息技术框架，拥有必要，安全且合规的信息技术系统来支持其运营，并具有确保信息技术系统有效，安全运行的技术和措施。安全保护措施以及与其运营相称的其他设施；（7）建立了与其运营相称的信息技术框架，拥有必要，安全且合规的信息技术系统来支持其运营，并具有确保信息技术系统有效，安全运行的技术和措施。	《中华人民共和国外资银行管理条例》第10、11、12条；《外资银行行政许可实施办法》第9条
	部分业务限制。	《中华人民共和国外资银行管理条例》第29、30、31条；《中华人民共和国商业银行法》第3、4、5条
	商业存在要求。	《中华人民共和国商业银行法》第11、12条
	资金跨境转移限制。	《中华人民共和国外汇管理条例》第8、9条
	《电子银行业务管理办法》第11条规定，设立电子银行业务的外资金融机构，应当具有对电子银行业务进行监督的法律框架和监督能力。	《境外金融机构投资入股中资金融机构管理办法》第8条；《中华人民共和国外汇管理条例》第9、10、11条
	数据跨境流动限制和数据本地存储要求（关键信息基础设施的运营者在中华人民共和国境内运营中收集和产生的个人信息和重要数据应当在境内存储。因业务需要，确需向境外提供的，应当按照国家网信部门会同国务院有关部门制定的办法进行安全评估，并实行"一事一评估"）。	《中华人民共和国网络安全法》第37条、《全国人民代表大会常务委员会关于加强网络信息保护的决定》、《信息安全技术公共及商用服务信息系统个人信息保护指南》、《个人信息和重要数据出境安全评估办法》

续表

限制 类别	限制措施	所涉条例
自然 人流 动	用人单位决定用外国人担任的职位应为有特殊需要的职位，而本国候选人暂时不能担任这些职位。并且该职位是根据国家有关规定授权的。	《中华人民共和国劳动合同法》第66条、《外国人在中国就业管理规定》第6、7、8条、《劳务派遣暂行规定》第3、4条
	外国人在中国就业应具有从事其工作所必需的专业技能和相应的工作经历以及满足其他要求；劳务派遣用工不得超过其用工总量的一定比例，用工单位只能在临时性、辅助性或者替代性的工作岗位上使用被派遣劳动者。	《外国人在中国就业管理规定》第7、8条，《中华人民共和国劳动合同法》第66条，《劳务派遣暂行规定》第3、4条
其他 歧视 性措 施	从事人民币业务，外资银行必须在申请之前在中华人民共和国境内开业至少一年。	《中华人民共和国外资银行管理条例》第34条
	外资银行在国内筹集资金的限制，该措施主要针对银行间同业拆借业务。禁止特别是通过发行国内证券来筹集资金。同时，依照《中华人民共和国外资银行管理条例》第29条，外资银行不得经营金融证券的发行业务。	《中国建设银行对外资银行人民币融资管理暂行办法》；《中华人民共和国外资银行管理条例》第27条
	会计与国际标准不同。	《关于印发中国企业会计准则与国际财务报告准则》
竞争 壁垒	利率市场化程度不够。	《中华人民共和国商业银行法》第38条；债市参考2015年10月26日
	新产品或服务所需的监管机构的批准。	《中华人民共和国银行业监督管理法》第18条
	国家或地方政府控制该行业中的至少一家大型公司。	《国务院国有资产监督管理委员会：央企名录》
	新费率或费用需获监管机构批准。	《中华人民共和国商业银行法》第50条
	商业银行应当按照国家经济和社会发展的需要，在国家产业政策的指导下开展贷款业务。定向信贷计划。	《中华人民共和国商业银行的》第34条
	规定了提前还款的条件和费用，借款人提前还款的，除当事人另有约定的以外，其利息应按照贷款的实际期限计算。	《中华人民共和国合同法》

限制类别	限制措施	所涉条例
竞争壁垒	中国银行业监督管理委员会由国务院直接管理（政府可以推翻监管机构的决定），政府对监督机构的资金拥有全权控制。	《中华人民共和国银行业监督管理法》第2条
	监管结构领导的任期不超过4年。	《中华人民共和国银行业监督管理法》
监管透明度	完成所有强制性程序以注册公司的工作日数超过9天。	世行营商环境相关指标
	解决中国的破产需要22％的房地产成本。	世行营商环境相关指标

资料来源：OECD Services Trade Restrictiveness Index Simulator

（3）保险

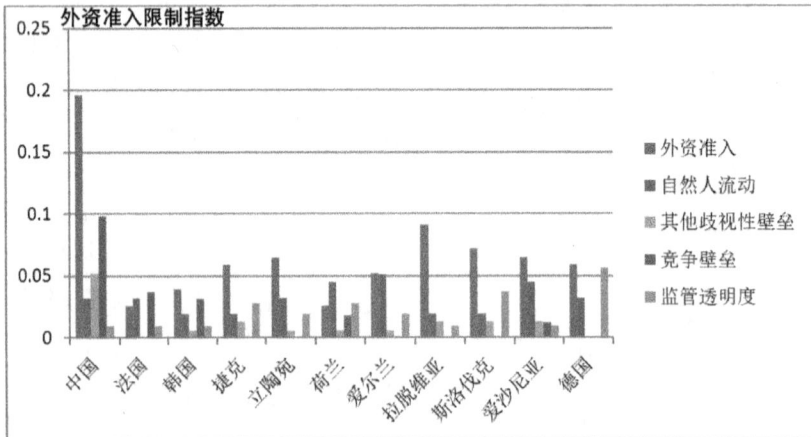

图14 我国与服务贸易限制最低前十位国家对比

表15 我国保险行业服务贸易存在的限制

限制类别	限制措施	所涉条例
外资准入	不允许外资独资公司从事人寿保险，而外资保险公司不得超过合资股份保险公司的50％。	《中华人民共和国外资保险公司管理条例实施细则》第3条；《中华人民共和国外资保险公司管理条例》第2条；《中国保监会关于〈保险公司股权管理办法〉第4条有关问题的通知》第1条

续表

限制类别	限制措施	所涉条例
外资准入	外国投资者在公共控制公司中可以购买的股份比例有限制,保险公司(包括关联公司)的单一股东的出资比例或持股比例可以大于1/3,但不超过51%	《保险公司股权管理办法》第4条
	仅允许合资。	《中华人民共和国外资保险公司管理条例实施细则》第3条;《中华人民共和国外资保险公司管理条例》第2条;《外商投资准入特别管理措施(负面清单)(2020年版)》
	对外资分支机构的限制,外国保险公司分支机构由总部公司分配不低于2亿元人民币的自由兑换货币作为其营运资金。	《中华人民共和国外资保险公司管理条例》第2、7条;《中华人民共和国外资保险公司管理条例实施细则》第27条
	国家建立外商投资安全审查制度,对影响或者可能影响国家安全的外商投资进行安全审查。依法作出的安全审查决定为最终决定。	《中华人民共和国外商投资法》第35条
	外国投资者通过股权合并合并境内公司时,参与合并的境内外公司的股权应当满足下列条件:(1)股权由股东合法持有,可以依法转让;(2)股本不存在所有权,质押或其他财产产权纠纷的任何争议;(3)境外公司的股权应当在境外公开,合法的证券交易市场(不包括任何场外柜台交易)上市;(4)最近一年该海外公司股权的交易价格稳定。	《关于外国投资者并购境内企业的规定》第19条、《商务部实施外国投资者并购境内企业安全审查制度的规定》第3、4、5条
	保险公司的注册资本最低限额为2亿元人民币。	《中华人民共和国保险法》第67、68条
	申请设立外资保险公司的外国保险公司应当满足补充条件,其中在中国境内至少有代表机构两年,且前一年的年末总资产不少于50亿美元。应用程序。	《中华人民共和国外资保险公司管理条例》第8条
	商业存在要求	《中华人民共和国外资保险公司管理条例》第5条

限制类别	限制措施	所涉条例
外资准入	跨境贸易限制：本地可用性测试，商业存在要求。	《中华人民共和国保险法》；《中华人民共和国外资保险公司管理条例》；《中华人民共和国公司法》第26、80条；《外国企业常驻代表机构登记管理条例》第1、2条
	数据跨境流动限制和数据本地存储要求（关键信息基础设施的运营者在中华人民共和国境内运营中收集和产生的个人信息和重要数据应当在境内存储。因业务需要，确需向境外提供的，应当按照国家网信部门会同国务院有关部门制定的办法进行安全评估，并实行"一事一评估"。）	《中华人民共和国网络安全法》第37条、《全国人民代表大会常务委员会关于加强网络信息保护的决定》、《信息安全技术公共及商用服务信息系统个人信息保护指南》《个人信息和重要数据出境安全评估办法》
	其他准入限制：1）外国保险公司的分支机构只能在分支机构所在的省、自治区或直辖市范围内开展业务。合资保险公司或全资保险公司准备在其所在地以外的其他省、自治区、直辖市开展业务的，应当在有关地方设立分支机构。（2）中国境外的金融机构可以投资境内保险公司，但所有外国投资者持有的总股份比例应小于保险公司全部股权的25％。如果所有外国投资者所持股份的总和超过保险公司全部股权的25％，则保险公司应遵守外资保险公司管理的有关规定。	《中华人民共和国外资保险公司管理条例》第45条；《中华人民共和国外资保险公司管理条例实施细则》第27条
自然人流动	用人单位决定用外国人担任的职位应为有特殊需要的职位，而本国候选人暂时不能担任这些职位。并且该职位是根据国家有关规定授权的。	《中华人民共和国劳动合同法》第66条、《外国人在中国就业管理规定》第6、7、8条、《劳务派遣暂行规定》第3、4条
	外国人在中国就业应具有从事其工作所必需的专业技能和相应的工作经历以及满足其他要求；劳务派遣用工不得超过其用工总量的一定比例，用工单位只能在临时性、辅助性或者替代性的工作岗位上使用被派遣劳动者。	《外国人在中国就业管理规定》第7、8条，《中华人民共和国劳动合同法》第66条，《劳务派遣暂行规定》第3、4条
	承认在国外获得的资格（经纪和代理服务）的程序需要经一定的法律程序。	《保险销售从业人员监管办法》第7条

限制类别	限制措施	所涉条例
其他歧视性措施	外国保险公司在中国境内经营保险业务时，应使用人民币报价和结算账户。	《中华人民共和国外资保险公司管理条例》第 24 条
	与国际标准差异。	财政部关于印发中国企业会计准则与国际财务报告准则持续趋同路线图的通知
	根据临时再保险合同，直接保险人不得将其承保的风险的 20% 转让给一个或多个关联方。	《再保险业务管理规定》第 11 条；《中华人民共和国外资保险公司管理条例》第 17 条；《中华人民共和国保险法第 103 条
	其他歧视性措施：除非经中国保监会批准，否则外资保险公司不得与其有关的企业进行再保险业务。	《再保险业务管理规定》第 23 条
竞争壁垒	国家或地方政府控制该行业中的至少一家大型公司。	《国务院国有资产监督管理委员会：央企名录》
	资产持有限制。	《保险资产管理公司管理暂行规定》第 8、9 条；《中华人民共和国保险法》第 106 条
	保费或费用受到监管。	《中华人民共和国保险法》第 135 条
	新产品或服务所需的监管机构的批准。	《人身保险产品审批和备案管理办法》第 6 条；《中华人民共和国保险法》第 135 条
	政府可以影响监管机构决定。	《中华人民共和国保险法》
	监管结构领导的任期不超过 4 年。	《事业单位领导人员管理暂行规定》第 19 条；《保监会机构简介》
	政府对监督机构的资金拥有全权控制。	《中华人民共和国预算法》第 6 条；《中央部门收入预算的编制》；《中国保监会部门决算 2016 年度》
	其他竞争壁垒：转让给子公司分支机构的临时再保险不得超过原始保险金额或责任限额的 20%。	《再保险业务管理规定》第 12 条
监管透明度	完成所有强制性程序以注册公司的工作日数超过 9 天。	世行营商环境相关指标

资料来源：OECD Services Trade Restrictiveness Index Simulator

（4）法律

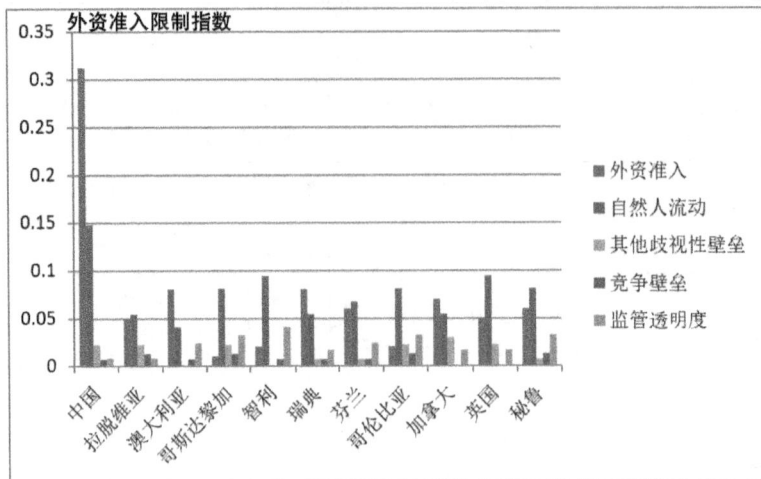

图15　我国与服务贸易限制最低前十位国家对比

表16　我国法律行业服务贸易存在的限制

限制类别	限制措施	所涉条例
外资准入	中国法律事务咨询被列入负面清单的禁止类别。	《外商投资准入特别管理措施（负面清单）（2020年版）》；《中华人民共和国外商投资法》
	执业中国法律的律师事务所仅能聘请本地合格的律师。外国律师事务所可以设立代表处，处理中国法律以外的法律事务。禁止独资。	《中华人民共和国律师法》第6、14、15条；《外国律师事务所驻华代表机构管理条例》第15条
	《律师法》仅规定以合伙和独资形式设立律师事务所。外国律师事务所可以设立代表处，以处理中国法律以外的法律。	《中华人民共和国律师法》第15、16条；《外国律师事务所驻华代表机构管理条例》第6条
	禁止雇用本地执业律师	《外国律师事务所驻华代表机构管理条例》第16条
	执业中国法律的律师事务所的股权和管理合伙人必须是具有本地资格的律师，因此必须具有中国国籍，对居住地没有明确的要求。从事外国和国际法业务的外国律师事务所没有国籍要求。	《外国律师事务所驻华代表机构管理条例》；《司法部关于执行〈外国律师事务所驻华代表机构管理条例〉的规定》

限制类别	限制措施	所涉条例
外资准入	执业中国法律的律师事务所的股权和管理合伙人必须是具有本地资格的律师，因此必须具有中国国籍。禁止外国人成为国内律师事务所合伙人。管理人员必须是中国国籍、本地居民、本国执业律师。	《外国律师事务所驻华代表机构管理条例》；《司法部关于执行〈外国律师事务所驻华代表机构管理条例〉的规定》；《外商投资准入特别管理措施（负面清单）（2020年版）》
	商务部必须批准外商投资企业进行的投资时应考虑投资对中国国民经济发展的"显著经济利益"。	《中华人民共和国外商投资法》；国家发展改革委 商务部公告2016年第22号；《外商投资准入特别管理措施（负面清单）（2020年版）》
	国家建立外商投资安全审查制度，对影响或者可能影响国家安全的外商投资进行安全审查。依法做出的安全审查决定为最终决定。	《中华人民共和国外商投资法》第35条
	外国投资者通过股权合并合并境内公司时，参与合并的境内外公司的股权应当满足下列条件：（1）股权由股东合法持有，可以依法转让；（2）股本不存在所有权，质押或其他财产产权纠纷的任何争议；（3）境外公司的股权应当在境外公开，合法的证券交易市场（不包括任何场外柜台交易）上市；（4）最近一年该海外公司股权的交易价格稳定。	《关于外国投资者并购境内企业的规定》第19条，《商务部实施外国投资者并购境内企业安全审查制度的规定》第3、4、5条
	数据跨境流动限制和数据本地存储要求（关键信息基础设施的运营者在中华人民共和国境内运营中收集和产生的个人信息和重要数据应当在境内存储。因业务需要，确需向境外提供的，应当按照国家网信部门会同国务院有关部门制定的办法进行安全评估，并实行"一事一评估"）。	《中华人民共和国网络安全法》第37条、《全国人民代表大会常务委员会关于加强网络信息保护的决定》、《信息安全技术公共及商用服务信息系统个人信息保护指南》、《个人信息和重要数据出境安全评估办法》
自然人流动	用人单位决定用外国人担任的职位应为有特殊需要的职位，而本国候选人暂时不能担任这些职位。并且该职位是根据国家有关规定授权的。	《中华人民共和国劳动合同法》第66条、《外国人在中国就业管理规定》第6、7、8条、《劳务派遣暂行规定》第3、4条
	外国人在中国就业应具有从事其工作所必须的专业技能和相应的工作经历以及满足其他要求；劳务派遣用工不得超过其用工总量的一定比例，用工单位只能在临时性、辅助性或者替代性的工作岗位上使用被派遣劳动者。	《外国人在中国就业管理规定》第7、8条，《中华人民共和国劳动合同法》第66条、《劳务派遣暂行规定》第3、4条

限制类别	限制措施	所涉条例
自然人流动	在中国从事外国和国际法的外国律师事务所的外国律师（即代表），每年在中国的居住时间不得少于6个月。对中国律师的居留权没有具体限制。有资格在中国执业（不被允许从事中国法律的外国律师除外）的必须是中华人民共和国的公民。外国专业人员不能参加中国司法考试。不认可外国律师的执业资格和经验。	《外国律师事务所驻华代表机构管理条例》第7、8、19条；《司法部关于执行〈外国律师事务所驻华代表机构管理条例〉的规定》；《中华人民共和国律师法》第14、15条；《国家司法考试实施办法》第15条
	外国律师事务所在华设立代表机构、派驻代表，应当经国务院司法行政部门许可。	《外国律师事务所驻华代表机构管理条例》第6条
竞争壁垒	有关规定未对中国境内从事外国法律和国际法律的外国律师事务所的收费水平进行限制。对于执业中国法律的国内律师，根据《法律服务费管理办法》，允许不同省份的政府为特定类型的法律服务（主要与诉讼有关）建议费用设置。此外，根据《业务守则》，中国律师不得为反竞争目的而高昂地收取费用或串谋提高或降低价格。	《外国律师事务所驻华代表机构管理条例》；《司法部关于执行〈外国律师事务所驻华代表机构管理条例〉的规定》
监管透明度	完成所有强制性程序以注册公司的工作日数等于或超过9天。	世行营商环境相关指标

资料来源：OECD Services Trade Restrictiveness Index Simulator

（四）数字网络服务业

1. 数字网络服务业外资面临的主要限制

外资准入、其他歧视性政策是该类行业外资面临的主要限制。对于电信行业而言，还存在竞争壁垒问题。外资准入方面的限制主要为股比限制、行政批准以及大量行政规定、业务限制等，由于该类行业涉及文化意识形态、价值观等因素，因此存在大量行政许可要求，对外资具体投资行为的监管也较多，如在广播领域，每天最多可将广播电视时间的25%以及用于电影和电视剧的广播时间分配给外国制作的电影和电视剧。在其他歧视性政策方面，存在部分针对外资的歧视性措施，如不允许外国权利人加入本地版权管理机构等。

2.各行业服务贸易限制情况与服务贸易限制最低前十位国家的对比以及具体限制政策内容

（1）广播

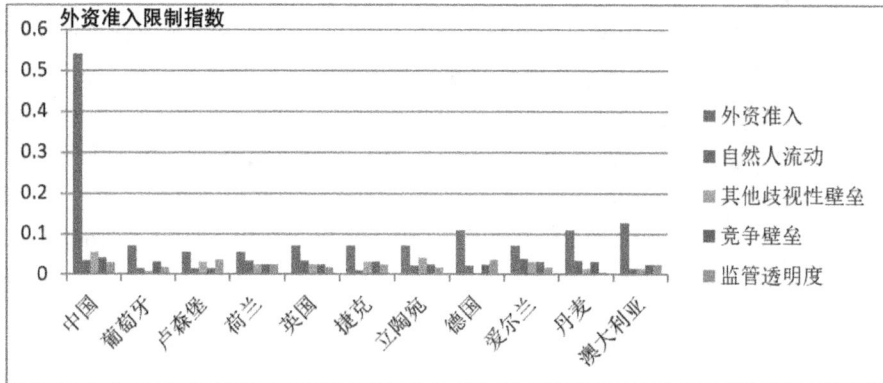

图 16　我国与服务贸易限制最低前十位国家对比

表 17　我国广播行业服务贸易存在的限制

限制类别	限制措施	所涉条例
外资准入	股权限制，《外国投资产业目录》禁止在广播电台、电视台卫星和有线电视上进行投资。音频和视频程序的在线流服务也属于此类别。	《广播电视管理条例》第 10 条
	广播电台、电视台播放境外广播电视节目的时间与广播电视节目总播放时间的比例，由国务院广播电视行政部门规定。	《广播电视管理条例》第 40 条
	董事会成员国籍要求，经理人员国籍要求。	《公司法》；《外商投资准入特别管理措施（负面清单）（2020 年版）》
	广播电台、电视台以卫星等传输方式进口、转播境外广播电视节目，必须经国务院广播电视行政部门批准。外国电视频道只能通过卫星登陆三星级或以上的酒店或认定为外国人的居民才能进入，需经广电总局批准。	《广播电视管理条例》第 40 条
	电视制作人有居住地要求。	《广播电视管理条例》
	商务部必须批准外商投资企业进行的投资时应考虑投资对中国国民经济发展的"显著经济利益"。	《中华人民共和国外商投资法》；国家发展改革委 商务部公告 2016 年第 22 号；《外商投资准入特别管理措施（负面清单）（2020 年版）》

续表

限制类别	限制措施	所涉条例
外资准入	国家建立外商投资安全审查制度，对影响或者可能影响国家安全的外商投资进行安全审查。依法做出的安全审查决定为最终决定。	《中华人民共和国外商投资法》第35条
	限制外国人获取和使用土地和房地产。	《中华人民共和国土地管理法》第2条
	对外国投资者所持股份或债券类型的限制。	《广播电视管理条例》第10条
	后续资本和投资转移的条件。	《中华人民共和国外商投资法实施条例》第22、33—37条；《外商投资准入特别管理措施（负面清单）（2020年版）》
	外国投资者通过股权合并合并境内公司时，参与合并的境内外公司的股权应当满足下列条件：（1）股权由股东合法持有，可以依法转让；（2）股本不存在所有权，质押或其他财产产权纠纷的任何争议；（3）境外公司的股权应当在境外公开，合法的证券交易市场（不包括任何场外柜台交易）上市；（4）最近一年该海外公司股权的交易价格稳定。	《关于外国投资者并购境内企业的规定》第19条、《商务部实施外国投资者并购境内企业安全审查制度的规定》第3、4、5条
	下载和流媒体的限制会影响跨境贸易。	《广播电视管理条例》第41条；《互联网视听节目服务管理规定》第8、17条
	数据跨境流动限制和数据本地存储要求（关键信息基础设施的运营者在中华人民共和国境内运营中收集和产生的个人信息和重要数据应当在境内存储。因业务需要，确需向境外提供的，应当按照国家网信部门会同国务院有关部门制定的办法进行安全评估，并实行"一事一评估"）。	《中华人民共和国网络安全法》第37条、《全国人民代表大会常务委员会关于加强网络信息保护的决定》、《信息安全技术公共及商用服务信息系统个人信息保护指南》、《个人信息和重要数据出境安全评估办法》
自然人流动	用人单位决定用外国人担任的职位应为有特殊需要的职位，而本国候选人暂时不能担任这些职位。并且该职位是根据国家有关规定授权的。	《中华人民共和国劳动合同法》第66条、《外国人在中国就业管理规定》第6、7、8条、《劳务派遣暂行规定》第3、4条

限制类别	限制措施	所涉条例
自然人流动	外国人在中国就业应具有从事其工作所必须的专业技能和相应的工作经历以及满足其他要求；劳务派遣用工不得超过其用工总量的一定比例，用工单位只能在临时性、辅助性或者替代性的工作岗位上使用被派遣劳动者。	《外国人在中国就业管理规定》第7、8条，《中华人民共和国劳动合同法》第66条，《劳务派遣暂行规定》第3、4条
	外国人工作证有效期不超过五年。	《中华人民共和国出入境管理法》第30条；《中华人民共和国劳动合同法》第18条
其他歧视性措施	在保护版权和邻接权方面对外国人的歧视性待遇：外国人、无国籍人的作品根据其作者所属国或者经常居住地同中国签订的协议或者共同参加的国际条约享有的著作权，受本法保护。外国人、无国籍人的作品首先在中国境内出版的，依照本法享有著作权。未与中国签订协议或者共同参加国际条约的国家的作者以及无国籍人的作品首次在中国参加的国际条约的成员国出版的，或者在成员国和非成员国同时出版的，受本法保护。	《中华人民共和国著作权法》第2条；《保护文学和艺术作品伯尔尼公约》
	不允许外国权利人加入本地版权管理机构	《中国广播电视协会章程》第8条
	改编、翻译、注释、整理已有作品而产生的作品，其著作权由改编、翻译、注释、整理人享有，但行使著作权时不得侵犯原作品的著作权。合作作品的著作权由合作作者通过协商一致行使；不能协商一致，又无正当理由的，任何一方不得阻止他方行使除转让、许可他人专有使用、出质以外的其他权利，但是所得收益应当合理分配给所有合作作者。不采纳《WIPO表演和录音制品条约》（WPPT）第15条第1款，该条款涉及直接或间接使用为商业目的广播或传播任何通信用录音制品而获得单一公平报酬的权利。	《中华人民共和国著作权法》第13条

续表

限制类别	限制措施	所涉条例
竞争壁垒	国家或地方政府控制该行业中的至少一家主流电视频道。	《国务院国有资产监督管理委员会：央企名录》
	国有经济占控制地位的关系国民经济命脉和国家安全的行业以及依法实行专营专卖的行业，国家对其经营者的合法经营活动予以保护，并对经营者的经营行为及其商品和服务的价格依法实施监管和调控，维护消费者利益，促进技术进步。	《中华人民共和国反垄断法》第7条；《中华人民共和国反不正当竞争法》第20条
	国务院广播电视行政部门负责制定全国广播电台、电视台的设立规划，确定广播电台、电视台的总量、布局和结构。设立广播电台、电视台，应当具备下列条件： （一）有符合国家规定的广播电视专业人员； （二）有符合国家规定的广播电视技术设备； （三）有必要的基本建设资金和稳定的资金保障； （四）有必要的场所。	《广播电视管理条例》第8、9条
监管透明度	完成所有强制性程序以注册公司的工作日数超过9天。	世行营商环境相关指标
	没有广播电视牌照，行政许可程序不够透明。	《广播电视管理条例》第10、11、12条
	临时入境/过境无法享受抵港签证或免签证。	《中华人民共和国外国人入境出境管理条例》第6条
	完成注册公司所需的所有正式程序的总成本少于2.4%（以人均收入的百分比表示）。	世行营商环境相关指标
	注册公司的强制性程序数量少于5条。	世行营商环境相关指标

资料来源：OECD Services Trade Restrictiveness Index Simulator

（2）计算机服务

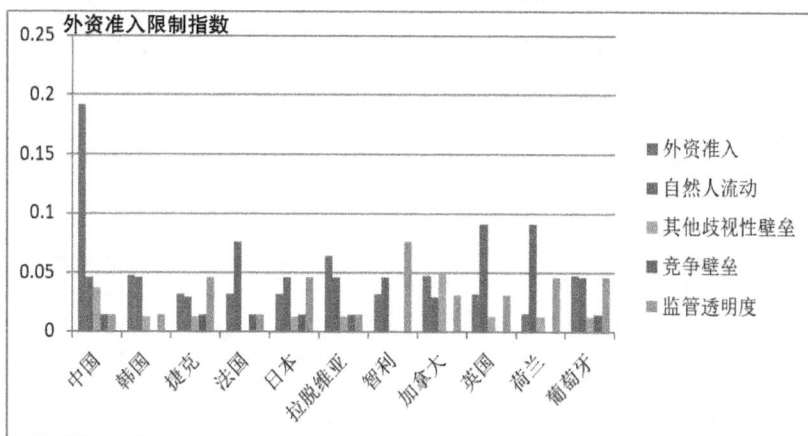

图 17　我国与服务贸易限制最低前十位国家对比

表 18　我国计算机服务行业服务贸易存在的限制

限制类别	限制措施	所涉条例
外资准入	股权限制（33%—50%），大部分计算机服务被归类为增值电信服务（VATS），包括计算机维护和管理服务以及各种信息服务活动，例如数据处理，云计算，电子邮件服务等。VATS 限制为 50%。在线数据处理服务有一个例外。	《外商投资电信企业管理规定》第6 条；《中华人民共和国外商投资法》；《外商投资准入特别管理措施（负面清单）（2020 年版）》
	董事会成员国籍要求，经理人员国籍要求。	《公司法》；《外商投资准入特别管理措施（负面清单）（2020 年版）》
	商务部必须批准外商投资企业进行的投资时应考虑投资对中国国民经济发展的"显著经济利益"。	《中华人民共和国外商投资法》；国家发展改革委 商务部公告 2016年第 22 号；《外商投资准入特别管理措施（负面清单）（2020 年版）》
	外国投资者通过股权合并合并境内公司时，参与合并的境内外公司的股权应当满足下列条件：（1）股权由股东合法持有，可以依法转让；（2）股本不存在所有权，质押或其他财产产权纠纷的任何争议；（3）境外公司的股权应当在境外公开，合法的证券交易市场（不包括任何场外柜台交易）上市；（4）最近一年该海外公司股权的交易价格稳定。	《关于外国投资者并购境内企业的规定》第 19 条、《商务部实施外国投资者并购境内企业安全审查制度的规定》第 3、4、5 条

续表

限制类别	限制措施	所涉条例
外资准入	国家建立外商投资安全审查制度，对影响或者可能影响国家安全的外商投资进行安全审查。依法做出的安全审查决定为最终决定。	《中华人民共和国外商投资法》第35条
	关键信息基础设施的运营者在中华人民共和国境内运营中收集和产生的个人信息和重要数据应当在境内存储。因业务需要，确需向境外提供的，应当按照国家网信部门会同国务院有关部门制定的办法进行安全评估；法律、行政法规另有规定的，依照其规定。	《中华人民共和国网络安全法》第37条；《信息安全技术公共及商用服务信息系统个人信息保护指南》第5.4节；《全国人民代表大会常务委员会关于加强网络信息保护的决定》
	数据跨境流动限制和数据本地存储要求（关键信息基础设施的运营者在中华人民共和国境内运营中收集和产生的个人信息和重要数据应当在境内存储。因业务需要，确需向境外提供的，应当按照国家网信部门会同国务院有关部门制定的办法进行安全评估，并实行"一事一评估"）。	《中华人民共和国网络安全法》第37条、《全国人民代表大会常务委员会关于加强网络信息保护的决定》、《信息安全技术公共及商用服务信息系统个人信息保护指南》、《个人信息和重要数据出境安全评估办法》
自然人流动	用人单位决定用外国人担任的职位应为有特殊需要的职位，而本国候选人暂时不能担任这些职位。并且该职位是根据国家有关规定授权的。	《中华人民共和国劳动合同法》第66条、《外国人在中国就业管理规定》第6、7、8条、《劳务派遣暂行规定》第3、4条
	外国人在中国就业应具有从事其工作所必须的专业技能和相应的工作经历以及满足其他要求；劳务派遣用工不得超过其用工总量的一定比例，用工单位只能在临时性、辅助性或者替代性的工作岗位上使用被派遣劳动者。	《外国人在中国就业管理规定》第7、8条，《中华人民共和国劳动合同法》第66条，《劳务派遣暂行规定》第3、4条
竞争壁垒	国家或地方政府控制该行业中的至少一家重要公司。	《国务院国有资产监督管理委员会：央企名录》
监管透明度	完成所有强制性程序以注册公司的工作日数超过9天。	世行营商环境相关指标

资料来源：OECD Services Trade Restrictiveness Index Simulator

（3）影视

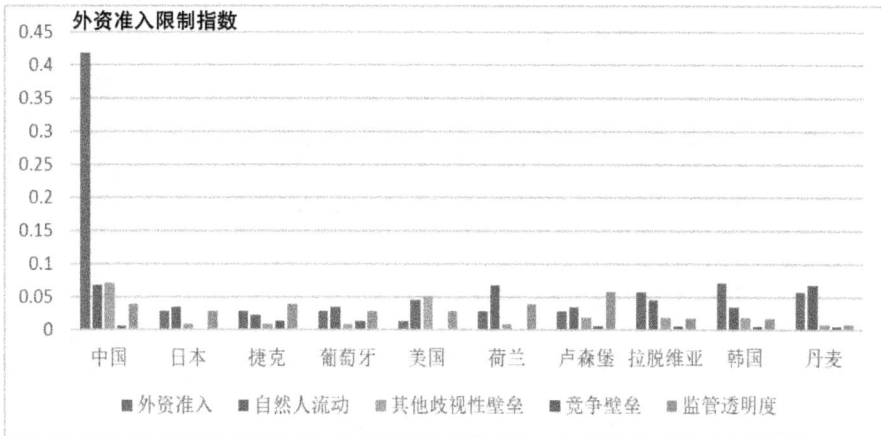

图18　我国与服务贸易限制最低前十位国家对比

表19　我国影视行业服务贸易存在的限制

限制类别	限制措施	所涉条例
外资准入	电影制作公司和发行公司的投资属于《外商投资产业目录》中被禁止的投资范围。境外组织不得在境内独立从事电影摄制活动；境外个人不得在境内从事电影摄制活动。股权比例受到限制。	《外商投资准入特别管理措施（负面清单）（2020年版）》；《中华人民共和国外商投资法》；《中华人民共和国电影产业促进法》第14条
	虽然禁止外资电影制作公司，但允许与中国公司合作制作。这可以采取以下三种形式之一：1.合资生产，外国公司和中国公司共享资本投入和收入（请注意，这与合资公司不同，因为在中国缺乏法人资格）；2.由中国制作公司提供的协助（例如，通过设备供应），或3.与中国制作公司为外国公司提供某些制作或电影服务的合同关系。	《中外合作摄制电影片管理规定》（广电总局令第3号）；《外商投资准入特别管理措施（负面清单）（2020年版）》
	董事会成员国籍要求，经理人员国籍要求。	《公司法》；《外商投资准入特别管理措施（负面清单）（2020年版）》
	商务部必须批准外商投资企业进行的投资时应考虑投资对中国国民经济发展的"显著经济利益"。	《中华人民共和国外商投资法》；国家发展改革委 商务部公告2016年第22号；《外商投资准入特别管理措施（负面清单）（2020年版）》

续表

限制类别	限制措施	所涉条例
外资准入	国家建立外商投资安全审查制度，对影响或者可能影响国家安全的外商投资进行安全审查。依法做出的安全审查决定为最终决定。	《中华人民共和国外商投资法》第35条
	外商独资企业的土地使用期限应与该企业的批准营业期限相同。	《中华人民共和国土地管理法》第2条
	外国投资者通过股权合并合并境内公司时，参与合并的境内外公司的股权应当满足下列条件：（1）股权由股东合法持有，可以依法转让；（2）股本不存在所有权，质押或其他财产产权纠纷的任何争议；（3）境外公司的股权应当在境外公开，合法的证券交易市场（不包括任何场外柜台交易）上市；（4）最近一年该海外公司股权的交易价格稳定。	《关于外国投资者并购境内企业的规定》第19条、《商务部实施外国投资者并购境内企业安全审查制度的规定》第3、4、5条
	每天最多可将广播电视时间的25%以及用于电影和电视剧的广播时间分配给外国制作的电影和电视剧。这些内容可能无法在主要观看时间（晚上7点至晚上10点）播放。	《电影管理条例》第44条；《广播电视管理条例》第40条
	电影院经营者必须确保中国电影的放映时间不少于所有电影的每年放映时间的2/3。	《中华人民共和国电影产业促进法》第29条；《电影管理条例》第44条
	国家对出版物的发行实行许可证制度。未经许可，任何单位或个人不得从事发行出版物的活动。本规定所称"经销"，包括一般经销、批发、零售、租赁、销售展览等活动。	《出版物市场管理规定》第2、3条；《中华人民共和国电影产业促进法》
	国家对电影摄制、进口、出口、发行、放映和电影片公映实行许可制度，视频点播必须以国内节目为主，下载和流媒体的限制影响跨境贸易。	《电影管理条例》第5条；《中华人民共和国电影产业促进法》
	数据跨境流动限制和数据本地存储要求（关键信息基础设施的运营者在中华人民共和国境内运营中收集和产生的个人信息和重要数据应当在境内存储。因业务需要，确需向境外提供的，应当按照国家网信部门会同国务院有关部门制定的办法进行安全评估，并实行"一事一评估"）。	《中华人民共和国网络安全法》第37条、《全国人民代表大会常务委员会关于加强网络信息保护的决定》、《信息安全技术公共及商用服务信息系统个人信息保护指南》、《个人信息和重要数据出境安全评估办法》
	电影剧本和完成的电影必须先经国家新闻出版广电总局批准，然后才能进口到中国。	《中华人民共和国电影产业促进法》

续表

限制类别	限制措施	所涉条例
自然人流动	用人单位决定用外国人担任的职位应为有特殊需要的职位，而本国候选人暂时不能担任这些职位。并且该职位是根据国家有关规定授权的。	《中华人民共和国劳动合同法》第66条、《外国人在中国就业管理规定》第6、7、8条、《劳务派遣暂行规定》第3、4条
	外国人在中国就业应具有从事其工作所必须的专业技能和相应的工作经历以及满足其他要求；劳务派遣用工不得超过其用工总量的一定比例，用工单位只能在临时性、辅助性或者替代性的工作岗位上使用被派遣劳动者。	《外国人在中国就业管理规定》第7、8条，《中华人民共和国劳动合同法》第66条，《劳务派遣暂行规定》第3、4条
	外国人工作证有效期不超过五年。	《中华人民共和国出入境管理法》第30条；《中华人民共和国劳动合同法》第18条
其他歧视性措施	进口和发行用于预览的胶卷或拷贝的业务（包括35毫米，16毫米和超8毫米胶卷，录像带上的胶卷和视盘上的胶卷，以下统称为"胶卷"）来自外国以及香港和澳门地区的影片，应由中国电影发行放映公司（以下简称"中国电影公司"）独家处理和控制。	《进口影片管理办法》第2条；《中华人民共和国电影产业促进法》
	需要聘用国外主要人员进行联合制作的，应当经广电总局批准，外方主要行为人的比例不得超过主要行为人总数的三分之二。	《中外合作摄制电影片管理规定》第13条；《中华人民共和国电影产业促进法》
	在保护版权和邻接权方面对外国人的歧视性待遇：外国人、无国籍人的作品根据其作者所属国或者经常居住地国同中国签订的协议或者共同参加的国际条约享有的著作权，受本法保护。 外国人、无国籍人的作品首先在中国境内出版的，依照本法享有著作权。 未与中国签订协议或者共同参加国际条约的国家的作者以及无国籍人的作品首次在中国参加的国际条约的成员国出版的，或者在成员国和非成员国同时出版的，受本法保护。	《中华人民共和国著作权法》第2条；《保护文学和艺术作品伯尔尼公约》
	禁止与外国组织进行电影制作合作，也禁止雇用损害该国名誉和利益或威胁社会稳定的外国个人（例如演员）。	《中华人民共和国电影产业促进法》第14条

限制类别	限制措施	所涉条例
竞争壁垒	国家或地方政府控制该行业中的至少一家重要公司。	《国务院国有资产监督管理委员会：央企名录》
监管透明度	完成所有强制性程序以注册公司的工作日数等于或超过 9 天。	世行营商环境相关指标
	临时入境／过境无法享受抵港签证或免签证。	《中华人民共和国外国人入境出境管理条例》第 6 条
	完成注册公司所需的所有正式程序的总成本少于 2.4%（以人均收入的百分比表示）。	世行营商环境相关指标
	注册公司的强制性程序数量少于 5 条。	世行营商环境相关指标

资料来源：OECD Services Trade Restrictiveness Index Simulator

（4）录音

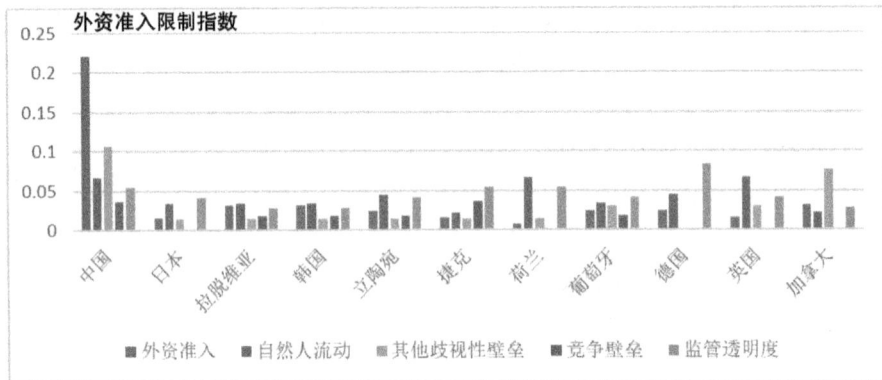

图 19　我国与服务贸易限制最低前十位国家对比

表 20　我国录音行业服务贸易存在的限制

限制类别	限制措施	所涉条例
外资准入	禁止外国投资音像制品和电子出版物的出版和生产。	《外商投资准入特别管理措施（负面清单）（2020 年版）》；《中华人民共和国外商投资法》
	董事会成员国籍要求，经理人员国籍要求。	《公司法》；《外商投资准入特别管理措施（负面清单）（2020 年版）》

续表

限制类别	限制措施	所涉条例
外资准入	商务部必须批准外商投资企业进行的投资时应考虑投资对中国国民经济发展的"显著经济利益"。	《中华人民共和国外商投资法》；国家发展改革委 商务部公告2016年第22号；《外商投资准入特别管理措施（负面清单）（2020年版）》
	国家建立外商投资安全审查制度，对影响或者可能影响国家安全的外商投资进行安全审查。依法做出的安全审查决定为最终决定。	《中华人民共和国外商投资法》第35条
	外商独资企业的土地使用期限应与该企业的批准营业期限相同。	《中华人民共和国土地管理法》第2条
	外国投资者通过股权合并合并境内公司时，参与合并的境内外公司的股权应当满足下列条件：（1）股权由股东合法持有，可以依法转让；（2）股本不存在所有权，质押或其他财产权纠纷的任何争议；（3）境外公司的股权应当在境外公开，合法的证券交易市场（不包括任何场外柜台交易）上市；（4）最近一年该海外公司股权的交易价格稳定。	《关于外国投资者并购境内企业的规定》第19条、《商务部实施外国投资者并购境内企业安全审查制度的规定》第3、4、5条
	音乐著作权集体管理存在垄断	中国音乐著作权协会
	不允许外商投资企业提供录音的电子发行。	《信息网络传播权保护条例》
	数据跨境流动限制和数据本地存储要求（关键信息基础设施的运营者在中华人民共和国境内运营中收集和产生的个人信息和重要数据应当在境内存储。因业务需要，确需向境外提供的，应当按照国家网信部门会同国务院有关部门制定的办法进行安全评估，并实行"一事一评估"）。	《中华人民共和国网络安全法》第37条、《全国人民代表大会常务委员会关于加强网络信息保护的决定》、《信息安全技术公共及商用服务信息系统个人信息保护指南》、《个人信息和重要数据出境安全评估办法》
自然人流动	用人单位决定用外国人担任的职位应为有特殊需要的职位，而本国候选人暂时不能担任这些职位。并且该职位是根据国家有关规定授权的。	《中华人民共和国劳动合同法》第66条、《外国人在中国就业管理规定》第6、7、8条、《劳务派遣暂行规定》第3、4条
	外国人在中国就业应具有从事其工作所必须的专业技能和相应的工作经历以及满足其他要求；劳务派遣用工不得超过其用工总量的一定比例，用工单位只能在临时性、辅助性或者替代性的工作岗位上使用被派遣劳动者。	《外国人在中国就业管理规定》第7、8条，《中华人民共和国劳动合同法》第66条，《劳务派遣暂行规定》第3、4条

限制类别	限制措施	所涉条例
自然人流动	外国人工作证有效期不超过五年	《中华人民共和国出入境管理法》第30条；《中华人民共和国劳动合同法》第18条
其他歧视性措施	在保护版权和邻接权方面对外国人的歧视性待遇：外国人、无国籍人的作品根据其作者所属国或者经常居住地国同中国签订的协议或者共同参加的国际条约享有的著作权，受本法保护。外国人、无国籍人的作品首先在中国境内出版的，依照本法享有著作权。未与中国签订协议或者共同参加国际条约的国家的作者以及无国籍人的作品首次在中国参加的国际条约的成员国出版的，或者在成员国和非成员国同时出版的，受本法保护。	《中华人民共和国著作权法》第2条；《保护文学和艺术作品伯尔尼公约》
	需要聘用国外主要人员进行联合制作的，应当经广电总局批准，外方主要行为人的比例不得超过主要行为人总数的三分之二。	《中外合作摄制电影片管理规定》第13条；《中华人民共和国电影产业促进法》
	不允许外国权利人加入本地版权管理机构	《中国音乐著作权协会章程》第11、12条
	必须具备中国国籍才能加入中国音乐版权协会	《中华人民共和国著作权法》第8条；《中国音乐著作权协会章程》
	不采纳《WIPO表演和录音制品条约》（WPPT）第15条第1款，该条款涉及直接或间接使用为商业目的广播或传播任何通信用录音制品而获得单一公平报酬的权利。	《中华人民共和国著作权法》第13条
	禁止与外国组织进行电影制作合作，也禁止雇用损害该国名誉和利益或威胁社会稳定的外国个人（例如演员）。	《中华人民共和国电影产业促进法》第14条
竞争壁垒	纵向协议：地区或客户组销售限制受法规约束。	《中华人民共和国反不正当竞争法》第10条
监管透明度	完成所有强制性程序以注册公司的工作日数等于或超过9天。	世行营商环境相关指标

续表

限制 类别	限制措施	所涉条例
监管 透明 度	临时入境/过境无法享受抵港签证或免签证。	《中华人民共和国外国人入境出境管理条例》第6条
	完成注册公司所需的所有正式程序的总成本少于2.4%（以人均收入的百分比表示）。	世行营商环境相关指标
	注册公司的强制性程序数量少于5条。	世行营商环境相关指标

资料来源：OECD Services Trade Restrictiveness Index Simulator

（5）电信

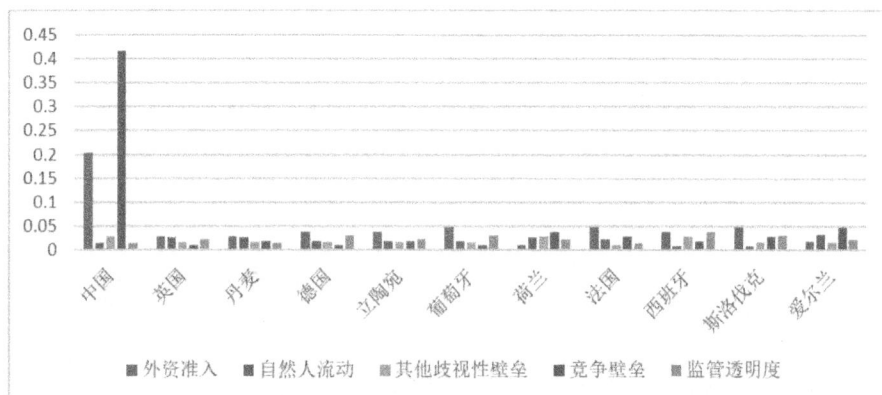

图 20　我国与服务贸易限制最低前十位国家对比

表 21　我国电信行业服务贸易存在的限制

限制 类别	限制措施	所涉条例
外资 准入	从事基础电信业务的外资电信企业的外国投资者出资的最终比例不得超过49%。	《外商投资电信企业管理规定》第6条；《外商投资准入特别管理措施（负面清单）（2020年版）》；《电信业务分类目录》（2015年版）
	根据行业法规，外国投资者必须与国有企业（其股权或持股比例不得低于51%）进行合作，才能成为基础电信服务的运营商。	《电信业务经营许可管理办法》第5条；《公司法》
	董事会成员国籍要求，经理人员国籍要求。	《公司法》；《外商投资准入特别管理措施（负面清单）（2020年版）》

续表

限制类别	限制措施	所涉条例
外资准入	商务部必须批准外商投资企业进行的投资时应考虑投资对中国国民经济发展的"显著经济利益"。	《中华人民共和国外商投资法》；国家发展改革委 商务部公告 2016 年第 22 号；《外商投资准入特别管理措施（负面清单）（2020 年版）》
	国家建立外商投资安全审查制度，对影响或者可能影响国家安全的外商投资进行安全审查。依法做出的安全审查决定为最终决定。	《中华人民共和国外商投资法》第 35 条
	外国投资者通过股权合并合并境内公司时，参与合并的境内外公司的股权应当满足下列条件：（1）股权由股东合法持有，可以依法转让；（2）股本不存在所有权，质押或其他财产产权纠纷的任何争议；（3）境外公司的股权应当在境外公开，合法的证券交易市场（不包括任何场外柜台交易）上市；（4）最近一年该海外公司股权的交易价格稳定。	《关于外国投资者并购境内企业的规定》第 19 条、《商务部实施外国投资者并购境内企业安全审查制度的规定》第 3、4、5 条
	商业存在要求。	《电信业务经营许可管理办法》第 5、6、9、14 条；《外商投资电信企业管理规定》2、3、4 条
	数据跨境流动限制和数据本地存储要求（关键信息基础设施的运营者在中华人民共和国境内运营中收集和产生的个人信息和重要数据应当在境内存储。因业务需要，确需向境外提供的，应当按照国家网信部门会同国务院有关部门制定的办法进行安全评估，并实行"一事一评估"）。	《中华人民共和国网络安全法》第 37 条、《全国人民代表大会常务委员会关于加强网络信息保护的决定》、《信息安全技术公共及商用服务信息系统个人信息保护指南》、《个人信息和重要数据出境安全评估办法》
自然人流动	用人单位决定用外国人担任的职位应为有特殊需要的职位，而本国候选人暂时不能担任这些职位。并且该职位是根据国家有关规定授权的。	《中华人民共和国劳动合同法》第 66 条、《外国人在中国就业管理规定》第 6、7、8 条、《劳务派遣暂行规定》第 3、4 条
	外国人在中国就业应具有从事其工作所必须的专业技能和相应的工作经历以及满足其他要求；劳务派遣用工不得超过其用工总量的一定比例，用工单位只能在临时性、辅助性或者替代性的工作岗位上使用被派遣劳动者。	《外国人在中国就业管理规定》第 7、8 条，《中华人民共和国劳动合同法》第 66 条，《劳务派遣暂行规定》第 3、4 条

限制类别	限制措施	所涉条例
其他歧视性措施	外国供应商不能不受歧视地获得国际移动漫游批发和零售服务（移动电信业务）的规定价格和条件。	《中华人民共和国电信条例》
竞争壁垒	外国人，无国籍人，外国企业和组织与中国公民，法人和其他组织具有相同的诉讼权利和义务。	《中华人民共和国民事诉讼法》第5条；《中华人民共和国行政复议法第2、5、41条
	对侵权经营者造成损害的，应当承担损害赔偿责任。	《中华人民共和国反垄断法》第38条；《中华人民共和国反不正当竞争法》第17条
	国家或地方政府控制该行业中的至少一家重要公司。	《国务院国有资产监督管理委员会：央企名录》
	从事基本电信业务，应当具备下列条件：1.经营者应当是专门从事基本电信业务的合法成立的公司，国家的股权或者持股比例不低于51%。该州的股权或持股比例不低于51%，但并未提及特别表决权，例如黄金股。	《中华人民共和国电信条例》第10条
	公有制公司免于适用一般竞争法。	《中华人民共和国反垄断法》第7条；《中华人民共和国反不正当竞争法》第20条
	政府可干预监管机构决策，国务院信息产业主管部门应当依照本条例对全国的电信业进行监督管理。省、自治区、直辖市的电信行政管理部门，在国务院信息产业主管部门的领导下，依照本条例对本地区的电信业进行监督管理。	《中华人民共和国电信条例》第3条
	工信部可以通过任命或招标的方式分配业务。	《中华人民共和国电信条例》
	不要求携号转网（固定电信业务），规定了可转网的条件和时间。	《中华人民共和国电信条例》
	要求可携号转网（移动电信业务），没有规定可转网的条件和时间。	《移动电话用户号码携带试验管理办法》
	国家对电信业务经营按照电信业务分类，实行许可制度，不允许转售公共电信服务（固定电信业务）。	《中华人民共和国电信条例》第7、68条

续表

限制类别	限制措施	所涉条例
竞争壁垒	取得电信资源使用权的，应当在规定的时限内启用所分配的资源，并达到规定的最低使用规模。未经国务院信息产业主管部门或者省、自治区、直辖市电信管理机构批准，不得擅自使用、转让、出租电信资源或者改变电信资源的用途。（移动电信业务）	《中华人民共和国电信条例》第28条
	不允许二级频谱交易（移动电信业务），除非获得电信管理当局的批准，否则电信服务提供商不得转让或租赁频谱权利。	《中华人民共和国电信条例》第26、28、29条
	强制网间互联：电信网之间应当按照技术可行、经济合理、公平公正、相互配合的原则，实现互联互通。	《中华人民共和国电信条例》第17条；《公用电信网间互联管理规定》第3、5条
	网间互联双方必须在协议约定或者决定规定的时限内实现互联互通。遵守网间互联协议和国务院信息产业主管部门的相关规定，保障网间通信畅通，任何一方不得擅自中断互联互通。网间互联遇有通信技术障碍的，双方应当立即采取有效措施予以消除。网间互联双方在互联互通中发生争议的，依照本条例第二十条规定的程序和办法处理。互联规程应当报国务院信息产业主管部门审查同意。 网间互联的通信质量应当符合国家有关标准。主导的电信业务经营者向其他电信业务经营者提供网间互联，服务质量不得低于本网内的同类业务及向其子公司或者分支机构提供的同类业务质量。（固定电信业务）	《中华人民共和国电信条例》第17、18、21、22、23条；《公用电信网间互联管理规定》第3、5、7条
	电信资费实行市场调节价。电信业务经营者应当统筹考虑生产经营成本、电信市场供求状况等因素，合理确定电信业务资费标准。（固定电信业务）	《中华人民共和国电信条例》第23条；《公用电信网间互联管理规定》第3、5、7条

限制 类别	限制措施	所涉条例
竞争 壁垒	国家对电信资源统一规划、集中管理、合理分配，实行有偿使用制度。 电信业务经营者占有、使用电信资源，应当缴纳电信资源费。具体收费办法由国务院信息产业主管部门会同国务院财政部门、价格主管部门制定，报国务院批准后公布施行。电信资源的分配，应当考虑电信资源规划、用途和预期服务能力。分配电信资源，可以采取指配的方式，也可以采用拍卖的方式。取得电信资源使用权的，应当在规定的时限内启用所分配的资源，并达到规定的最低使用规模。未经国务院信息产业主管部门或者省、自治区、直辖市电信管理机构批准，不得擅自使用、转让、出租电信资源或者改变电信资源的用途。（固定电信业务）	《中华人民共和国电信条例》第26、27、28条
	网间互联的费用结算与分摊应当执行国家有关规定，不得在规定标准之外加收费用。网间互联的技术标准、费用结算办法和具体管理规定，由国务院信息产业主管部门制定。（固定电信业务）	《中华人民共和国电信条例》第22条；《公用电信网间互联管理规定》
	移动中继费率按照《公共电信网络之间的互连结算和中继费用分摊办法》附件中的规定管理，并由《调整费用结算通知》部分更新在公共电信网络之间。根据《电信条例》第23条，电信服务的收费标准应主要基于成本。	《中华人民共和国电信条例》第22、23条；《公用电信网间互联结算及中继费用分摊办法》
	强制要求提供参考报价以进行端接和互连。（移动电信业务）	《公用电信网间互联管理规定》第7、31、44条；《中华人民共和国电信条例》第18条《公用电信网间互联管理规定》第3、5、7条

续表

限制类别	限制措施	所涉条例
竞争壁垒	互连包括另一电信服务提供商对公共网络的访问以及所有类型的公共电信服务的使用。根据经济，合理和公平的原则，要求电信网络之间进行互连。占主导地位的公共电信服务提供商有义务在透明和不歧视的基础上颁布互连规则。互连规则由主管部门进行审查，并对主要的公共电信服务提供商具有约束力。电信服务的收费标准应主要基于成本。当主要的电信服务提供商提供与其他电信业务提供商的互连时，服务质量不得低于其自身网络中与子公司或分支机构等效的服务。	《中华人民共和国电信条例》第17、18、21、22、23条；《公用电信网间互联管理规定》第3、5、7条
	零售价格受到管制。	《公用电信网间互联管理规定》
监管透明度	完成所有强制性程序以注册公司的工作日数等于或超过9天。	世行营商环境相关指标
	从法律公布到生效没有强制性的最短时间间隔。	《中华人民共和国立法法》第57、58条

资料来源：OECD Services Trade Restrictiveness Index Simulator

三、我国服务业细分行业外资准入差异性优化总体思路

（一）运销供应链行业

在运销供应链行业，由于我国向行业突出的限制体现在外资准入、竞争壁垒、监管透明度领域。因此，外资准入是该类行业未来首先需要突破的环节，通过放宽准入促进市场主体的活跃程度。有序取消外资股比限制，特别是要取消对外资准入方式的限制，实质性落实备案制度，以内外资一致的公平竞争为准则，改善相应政府采购等政策。其次要继续提升通关便利化水平，在跨境物流相关行业放宽临时入境政策。

（二）基建服务业

我国在基建服务业领域的外资准入路径改革重点在于放宽外资准入，特别是针对部分领域的资质要求，可在内外资一致的基础上，实行评级制

度，根据相应的等级确定准许进入的业务范围，通过制度化管理方式在准入环节创造公平的准入竞争环境。

（三）市场连接和支持服务业

虽然2021年版外资准入负面清单关于该类行业的限制措施只有1条，即"禁止投资中国法律事务（提供有关中国法律环境影响的信息除外），不得成为国内律师事务所合伙人"，但外资准入仍是该类行业的主要壁垒，因此，准入备案政策的真正落地是该行业准入环节仍需突破的瓶颈。对于这类服务业而言，专业人才的跨境流动和外籍专业人才资质在我国的适用和准入程度是直接相关的。因此，在一定范围内试点外籍专业人才执业资质的互认、允许外籍人才参与国内相关专业执业资格考试等举措是外资准入优化的总体方向。

（四）数字网络服务业

由于此类行业中诸多环节涉及意识形态、文化、价值观等敏感影响因素，因此，在外资准入环节仍有股比限制和对业务领域的禁止性措施。未来这类行业的外资准入优化政策应更加精准化和弹性化，可基于全产业链环节进一步细分，重点对互联网新闻信息服务、网络出版服务、网络视听节目服务、互联网文化经营等领域的产业链细化，研究各环节开放与安全的统筹问题，用"抓大放小"管理模式，仅对于内容提供环节设置外资准入门槛，分销、出版、管理等渠道性环节可试点逐步放开。

表22　服务业细分行业外资准入面临的主要限制

	细分行业	外资准入	自然人流动	其他歧视性措施	竞争壁垒	监管透明度
运销供应链服务业	邮政快递	× ×	×	×	×	×
	批发零售	×				
	物流货物装卸	×		×	×	×
	物流报关	×			×	×
	物流货代	×			×	×
	物流仓储	×		×	×	×
	航空运输	×			×	
	公路运输	×		×		

	细分行业	外资准入	自然人流动	其他歧视性措施	竞争壁垒	监管透明度
数字网络服务业	广播	××		×		
	影视	××		×		
	录音	×		×		
	计算机服务	×		×		
	电信	×			××	
市场连接和支持服务业	会计	××	×	×	×	
	商业银行	×		×	×	
	保险	×		×	×	
	法律	××	×			
基建服务业	建筑设计	×				
	建筑	×				
	工程咨询	×				

资料来源：作者根据各细分行业分类限制指数国际对比自行整理

注："××"表示限制程度与高水平开放国家差距较大；"×"表示限制指数与高水平开放国家差距较小或一般。